统计学

——基于SPSS（第3版）

贾俊平　编著

Statistics with SPSS

(Third Edition)

中国人民大学出版社
· 北京 ·

前　言

在大数据时代，每天不仅产生大量的数据，而且需要处理和分析这些数据。作为数据分析方法的统计学受到越来越多人的关注，越来越广泛地应用于各个领域。难以想象，不使用计算机或统计软件如何处理和分析海量数据。

SPSS 是最早引入国内的优秀统计分析软件之一，因其视窗操作、易于使用和输出结果直观易懂等特点得到广泛使用。本书是一本完全基于 SPSS 实现全部计算的统计学教材，书中例题的解答给出了 SPSS 的详细操作步骤。考虑到多数读者使用上的方便，本书使用的是 SPSS19.0 中文版（建议有能力的读者使用英文版）。全书共 11 章，包括数据的描述性分析方法、推断方法以及常用的一些统计方法等。每章均以一个实际问题引入该章要介绍的内容。本书在写法上完全立足于统计应用，避免统计公式的推导，力求通俗易懂。

第 3 版在保留前两版内容框架的基础上，对部分内容做了修改和补充。主要变化如下：第 3 章（数据的描述性分析：概括性度量）更换了例 3－1 的数据；3.1.2 节介绍分位数，增加了百分位数的内容；3.4 节的例 3－8 增加了使用 SPSS【探索】分析的内容。第 4 章（随机变量的概率分布）更换了图 4－1、图 4－4、图 4－5、图 4－6 和图 4－8。第 5 章（参数估计）更换了图 5－3、图 5－7 和图 5－8。第 6 章（假设检验）修改了图 6－1，更换了图 6－6。第 8 章（方差分析）增加了将短格式数据转换成长格式数据的 SPSS 操作步骤。第 11 章（时间序列预测）更换和更新了部分例题数据，并对相应的例题做了重新计算与分析。

本书可作为高等院校经济管理类专业本科生统计学课程的教材，也可作为其他文科专业及部分理、工、农、林、医、药专业的教材或参考书，对广大实际工作者也极具参考价值。由于作者水平有限，错误难免，希望读者对本书的不足之处多提宝贵意见，以便进一步修改和完善。

贾俊平

目　录

第 1 章 Chapter 1 数据与统计学

问题与思考：怎样理解统计结论？

每天我们都会看到各种统计数字或统计研究的某些结论。下面就是一些有趣的统计结论：

● 吸烟对健康是有害的，吸香烟的男性寿命减少 2 250 天。

● 不结婚的男性寿命会减少 3 500 天，不结婚的女性寿命会减少 1 600 天。

● 身体超重 30%会使寿命减少 1 300 天。

● 每天摄取 500 毫升维生素 C，生命可延长 6 年。

● 身材高的父亲，其子女的身材也较高。

● 一项研究表明，杰出科学家做出重大贡献的最佳年龄在 25～45 岁之间，其最佳峰值年龄和首次贡献的最佳成名年龄随着时代的变化而逐渐增大。

● 学生们在听了 10 分钟莫扎特钢琴曲后做的推理，要比他们听 10 分钟其他娱乐性曲目后做的更好。

● 上课坐在前排的学生平均考试分数比坐在后排的高。

● 中国科学院空间环境研究预报中心的专家称，在神舟七号载人航天飞船飞行期间，遭遇空间碎片的概率在百万分之一以下。

这些结论是怎么得出的？你相信这些结论吗？你相信或不相信的理由是什么？要看懂这些结论似乎并不困难，但要合理解释这些结论就需要具备一定的统计学知识了。统计结论是一种归纳推理，这意味着不能肯定统计结论就一定正确。

在日常生活中，经常会接触到统计数据或统计研究结果，比如，在电视、报纸、网络等媒体上经常看到一些报道使用统计数据、图表等。作为一门科学的统计学研究什么呢？怎样获得所需要的统计数据呢？这就是本章将要介绍的内容。

1.1 统计学及其应用

每个人都离不开统计，了解一些统计学知识对每个人来说都是必要的。比如，在外出旅游时，你需要关心一段时间内的详细天气预报；在投资股票时，你需要了解股票市场的价格信息，了解某只股票的有关财务信息；在观看足球比赛时，除了关心进球数之外，你还要知道各支球队的技术统计；等等。要正确阅读并理解统计数据或统计结论，需要具备一些统计学知识。

1.1.1 什么是统计学

在日常工作或管理中，总会面对各种各样的数据。如果不去分析这些数据，那它们也仅仅是一堆数据而已，没有太多的价值。如何分析这些数据，用什么方法分析数据，并从分析中得出某些结论以帮助我们做出决策，这正是统计学要解决的问题。简言之，**统计学**（statistics）是收集、处理、分析、解释数据并从数据中得出结论的原则和方法。统计学提供的是一系列有关数据收集、处理和分析的方法。

数据收集就是取得所需要的数据。数据的收集方法可分为两大类：一是观察方法；二是实验方法。观察方法是通过调查或观测获得数据；实验方法是在控制实验对象条件下通过实验获得数据。

数据处理是对所获得的数据进行加工和处理，包括数据的计算机录入、筛选、分类和汇总等，以符合进一步分析的需要。

数据分析是利用统计方法对数据进行分析。数据分析所使用的方法大体上可分为**描述统计**（descriptive statistics）和**推断统计**（inferential statistics）两大类。描述统计主要是利用图表形式对数据进行展示，或通过计算一些简单的统计量（诸如比例、比率、平均数、标准差等）对数据进行分析。推断统计主要研究如何根据样本信息来推断总体的特征，内容包括参数估计和假设检验两大类。参数估计是利用样本信息推断所关心的总体特征，假设检验则是利用样本信息判断关于总体的某个假设是否成立。比如，从一批灯泡中随机抽取少数几个作为样本，测出它们的使用寿命，然后根据样本灯泡的平均使用寿命估计这批灯泡的平均使用寿命，或者检验这批灯泡的使用寿命是否等于某个假定值，这就是推断统计要解决的问题。

数据解释是对分析结果进行的说明，包括结果的含义、从分析中得出的结论等。

统计学是一门关于数据的科学，它研究的是来自各领域的数据，提供的是一套通用于所有学科领域的获取数据、分析数据并从数据中得出结论的原则和方法。统计方法通用于所有学科领域，并不是为某个特定的问题或领域构造的。当然，统计方法和技术并不是一成不变的，使用者在给定的情况下必须根据所掌握的专业知识选择使用这些方法，如有需要还要进行必要的修正。

正如有的学者所指出的那样，“统计学基本上是寄生的，靠研究其他领域内的工作而生存。这不是对统计学的轻视，这是因为对很多寄主来说，如果没有寄生虫就会死。对有的动物来说，如果没有寄生虫就不能消化它们的食物。因此，人类奋斗的很多领域，如果没有统计学，虽然不会死亡，但一定会变得很弱”①。看上去统计似乎被边缘化了，但实际上正说明了统计在各学科领域的独特地位和作用，也表明了统计作为一门独立学科而具有的特点。

1.1.2 统计学的应用

说出哪些领域要应用统计，这很困难，因为几乎所有的领域都用到统计；说出哪些领域不用统计，同样也很困难，因为几乎找不到一个不用统计的领域。可以说，统计是适用于所有学科领域的通用数据分析方法，是一种通用的数据分析语言。只要有数据的地方就会用到统计方法。

1. 统计学的应用领域

统计学广泛应用于各个学科领域，为各学科的发展做出了重要贡献。这里，我们不想列举统计学的应用领域，只想通过几个简单的例子说明统计学的应用。

例 1-1

用统计识别作者。1787—1788 年，三位作者亚历山大·汉密尔顿（Alexander Hamilton）、约翰·杰伊（John Jay）和詹姆斯·麦迪逊（James Madison）为了说服纽约人认可宪法，匿名发表了著名的 85 篇论文。这些论文中的大多数作者已经得到了确认，但是，其中的 12 篇论文的作者身份引起了争议。通过对这些论文不同单词的频数进行统计分析，得出的结论是，詹姆斯·麦迪逊最有可能是这 12 篇论文的作者。现在，对于这些存在争议的论文，认为詹姆斯·麦迪逊是原创作者的说法占主导地位，而且几乎可以肯定这种说法是正确的。

例 1-2

用简单的描述统计量得到一个重要发现。费希尔（R. A. Fisher）在 1952 年的一篇文章中举了一个例子，说明如何由基本的描述统计量知识引出一个重要的发现。20 世纪早期，哥本哈根卡尔堡实验室的施密特（J. Schmidt）发现在不同地区捕获的同种鱼类的脊椎骨和鳃线的数量有很大不同，甚至在同一海湾内不同地点捕获的同种鱼类也有这样的倾向。然而，鳗鱼的脊椎骨数量变化不大。施密特在从欧洲各地、冰岛、亚速尔群岛以及尼罗河等几乎分离的海域里捕获的鳗鱼的样本中，计算发现了几乎一样的均值和标准偏差值。由此，施密特推断所有不同海域内的鳗鱼是由海洋中某公共场所繁殖的。后来名为“戴纳”（Dana）的科学考察船在一次远征中发

① C. R. 劳. 统计与真理——怎样运用偶然性. 北京：科学出版社，2004.

现了这个场所。

例 1-3

挑战者号航天飞机失事预测。1986 年 1 月 28 日清晨，载有 7 名航天员的挑战者号进入发射状态。发射几分钟后，航天飞机发生爆炸，机上的航天员全部遇难。在失事前，该航天飞机 24 次发射成功。将航天飞机送入太空的两个固体燃料推进器由 6 个 O 型项圈密封，在几次飞行中，曾发生过 O 型项圈被腐蚀或气体泄漏事故。这类事故与气温是否有关系呢？本次发射时天气预报气温为 -0.56℃。下面的表 1-1 是 23 次飞行中 O 型项圈因腐蚀或泄漏事故损坏的个数（因变量 y）及发射时火箭连接处的温度（自变量 x）数据。

表 1-1　挑战者号航天飞机 23 次飞行中损坏的 O 型项圈个数和发射时的温度

飞行频数	O 型项圈的损坏个数	温度（℃）	飞行频数	O 型项圈的损坏个数	温度（℃）
1	2	11.7	13	1	21.1
2	1	13.9	14	1	21.1
3	1	14.4	15	0	22.2
4	1	17.2	16	0	22.8
5	0	18.9	17	0	23.9
6	0	19.4	18	2	23.9
7	0	19.4	19	0	24.4
8	0	19.4	20	0	25.6
9	0	20.0	21	0	26.1
10	0	20.6	22	0	27.2
11	0	21.1	23	0	24.4
12	0	21.1			

根据表 1-1 的数据进行线性回归得到的回归方程为 $\hat{y}=2.1771-0.0856x$。由此得到当温度为 -0.56℃时，O 型项圈发生事故的预计个数为 2.225 个。结果显示连接处的温度与 O 型项圈事故之间有一定的相关性。如果当时管理者看到了回归的预测结果，选择延迟发射也许会成为最佳选择。

前两个是统计得以应用并取得成效的例子，后一个是统计结果未被采纳而酿成惨剧的例子。不管怎样，它们都表明统计在许多领域都有广泛的应用。

2. 统计的误用与滥用

大约在一个世纪以前，政治家本杰明·迪斯雷利（Benjamin Disraeli）曾有一个著名的论断："谎言有三种：谎言、糟透的谎言和统计。"统计常常被人们有意或无意地滥用，比如错误的统计定义、错误的图表展示、不合理的样本、数据的篡改或造假，等等。这些误用有些是常识性的，有些是技术性的，有些则是故意的。作为从数据中寻找事实的统计，却被有些人变成了歪曲事实的工具。你也许常常看到这样的产品质检报告：某产品的抽样合格率是 80%。乍看上去还可以，但如果实际上只抽查了 5 件产品，有 4 件合格，这样的合格率能说明什么问题呢？在路上随便采访几个人，他们的看法能代表大多数人的观点吗？“调查结果表明……”调查了多少个人？是随机调查的吗？样本是怎样选取的？这看上去是在用事实说话，实际上成了统计陷阱。

在管理领域，统计也往往被作为两个极端使用：一个极端是复杂问题简单化，一些不懂或不太懂统计的人认为统计没什么用，他们因为不懂统计而看不起统计，他们不用或几乎不用统计方法分析数据，即使做些统计分析，也往往是表面上的。走入这一极端的人，他们决策的依据就是自己大脑中一些杂乱无章的信息组合出的某种直觉。如果他们的决策是正确的，他们会更加自信，更加感到不用统计也挺好；如果他们的决策出了毛病，则会找出一大堆推脱的理由：市场难测、环境突变、竞争激烈、需求疲软、价格下跌、管理不善、成本上升、出口下降……另一个极端是把简单问题复杂化，特别是在管理领域。一些管理者把本来可以用简单方法解决的问题故意复杂化，他们不用简单的分析方法，而用复杂的分析方法；他们为证明管理的科学性，建立一个别人看不懂的模型，编一大堆程序，输出一大堆数字和符号；他们得出用统计语言陈述的结论，提出一些似是而非的建议……这样的分析往往既脱离了管理问题，对实际决策也未必有用。在管理中，这两个极端都是不可取的。管理决策中不用统计几乎不可想象，但把简单问题复杂化对管理决策未必有用。从统计的实际应用来看，简单的方法不一定没用，复杂的方法也不一定有用。统计应该被恰当地应用到它能起作用的地方。不能把统计神秘化，更不能歪曲统计，把统计作为掩盖事实的陷阱。

曲解统计是一种常见现象。在有些人看来，使用统计就是寻找支持：在他们的心目中可能早已有了某种结论性的东西，或者说他们希望看到符合自己需要的某种结论，便去找些数据来支持他们的结论。如果数据分析的结果与他们预期的结论一致，他们就会声称自己是用科学方法得到的结论；如果与预期的不一致，他们要么会篡改数据，要么对统计弃而不用。这恰恰背离了数据分析的本质。数据分析的真正目的是从数据中找出结论，从数据中寻找启发，而不是寻找支持。真正的数据分析事先是没有结论的，通过对数据的分析才得出结论。

1.2　数据及其来源

统计分析离不开数据，没有数据统计方法就成了无米之炊。数据是什么？怎样获得所需的数据？这就是本节将要介绍的内容。

1.2.1　变量与数据

观察一个企业的销售额，你会发现这个月和上个月有所不同；观察股票市场上涨股票数，今天与昨天的数量不一样；观察一个班学生的生活费支出，一个人和另一个人不一样；投掷一枚色子观察其出现的点数，这次投掷的结果和下一次也不一样。这里的

“企业销售额”“上涨股票数”“生活费支出”“投掷一枚色子出现的点数”等就是变量。简言之，**变量**（variable）是描述观察对象某种特征的概念，其特点是从一次观察到下一次观察可能会出现不同结果。变量的观测结果就是**数据**（data）。

根据观测结果的特征，变量可以分为类别变量和数值变量两种。

类别变量（categorical variable）是取值为事物属性或类别以及区间值的变量，也称**分类变量**（classified variable）或**定性变量**（qualitative variable）。比如，观察人的性别、公司所属的行业、用户对商品的评价时，得到的结果就不是数字，而是事物的属性。例如，观测性别的结果是“男”或“女”，公司所属的行业为“建造业”“零售业”“旅游业”等；用户对商品的评价为“很好”“好”“一般”“差”“很差”。人的性别、公司所属的行业、用户对商品的评价等作为变量取的值不是数值，而是事物的属性或事物的类别。此外，考虑学生月生活费支出的档次可能分为1 000 元以下、1 000～1 500元、1 500～2 000 元、2 000 元以上 4 档，变量“月生活费支出档次”的这 4 档取值也不是普通的数值，而是数值区间，因而变量也称为区间值类别变量。人的性别、公司所属的行业、用户对商品的评价、学生月生活费支出的档次等都是类别变量。

类别变量根据取值是否有序通常分为两种：**名义**（nominal）**值类别变量**和**顺序**（ordinal）**值类别变量**。名义值类别变量也称无序类别变量，其取值是不可以排序的。比如“公司所属的行业”这一变量的取值为“建造业”“零售业”“旅游业”等，这些取值之间不存在顺序关系。又如“商品的产地”这一变量的取值为甲、乙、丙、丁，这些取值之间也不存在顺序关系。顺序值类别变量也称有序类别变量，其取值可以排序。例如“对商品的评价”这一变量的取值为“很好”“好”“一般”“差”“很差”，这 5 个值之间是有顺序的。取区间值的变量当然是有序类别变量。当类别变量只取两个值时也称**二值**（binary）**类别变量**，例如“性别”这一变量的取值为“男”和“女”。二值变量可以看作名义变量，也可以看作有序变量。

类别变量的观测结果称为**类别数据**（categorical data）。类别数据也称分类数据或定性数据。与类别变量相对应，类别数据分为名义值类别数据和顺序值类别数据两种。其中只取两个值的类别数据也称二值类别数据。

数值变量（metric variable）是取值为数字的变量，也称**定量变量**（quantitative variable）。例如“企业销售额”“上涨股票数”“生活费支出”“投掷一枚色子出现的点数”等变量的取值可以用数字来表示，都属于数值变量。数值变量的观察结果称为**数值数据**（metric data）或定量数据。

数值变量根据其取值的不同，可以分为**离散变量**（discrete variable）和**连续变量**（continuous variable）。离散变量是只能取有限个值的变量，而且其取值可以一一列举，如“企业数”“产品数量”等就是离散变量。连续变量是可以在一个或多个区间中取任意值的变量，它的取值是连续不断的，不能一一列举，比如“年龄”“温度”“零件尺寸的误差”等都是连续变量。当离散变量的取值很多时，也可以将离散变量当作连续变量来处理。

图 1-1 显示了变量的基本分类。

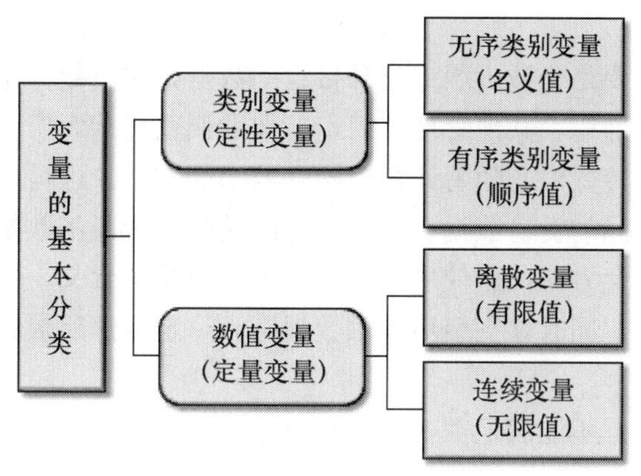

图 1-1　变量的基本分类

上面介绍的是变量的基本分类。当然，也可以从其他角度对变量进行分类，比如随机变量、经验变量和理论变量等。随机变量是用数值来描述特定实验一切可能出现的结果，它的取值事先不能确定，具有随机性。经验变量描述的是周围环境中可以观察到的事物。理论变量则是由统计学家用数学方法构造出来的一些变量，比如本书后面有些章节中将要用到的 z 统计量、t 统计量、χ^2 统计量、F 统计量等都是理论变量。

数据还可以从其他角度进行分类。比如，按照数据的收集方法可分为**观测数据**（observational data）和**实验数据**（experimental data）。观测数据是通过调查或观测收集到的数据，这类数据是在没有对事物进行人为控制的条件下得到的。有关社会经济现象的数据几乎都是观测数据。实验数据则是在实验中控制实验对象收集到的数据，比如，一种新药疗效的实验数据、一种新的农作物品种的实验数据。自然科学领域的大多数数据都是实验数据。按照描述的现象与时间的关系，可以将数据分为**截面数据**（cross-sectional data）和**时间序列数据**（time series data）。截面数据是在相同或近似相同的时间点上收集的数据，这类数据通常是在不同的空间上获得的，用于描述现象在某一时刻的变化情况，比如，2014 年我国各地区的国内生产总值（GDP）数据就是截面数据。时间序列数据是在不同时间上收集到的数据，这类数据是按照时间顺序收集的，用于描述现象随时间变化的情况，比如 2000—2014 年我国的国内生产总值数据就是时间序列数据。

区分数据的类型是必要的，因为对不同类型的数据需要采用不同的统计方法来处理和分析。比如，对类别数据通常进行比例和比率分析、列联表分析和 χ^2 检验等；对数值数据可以采用更多的分析方法，比如计算各种统计量、进行参数估计和检验等。

1.2.2　数据的来源

从哪里取得所需的数据呢？对大多数人来说，亲自去做调查或实验往往是不可能的。所使用的数据大多数是别人通过调查或科学实验得到的，其对使用者来说就是二手数据。

二手数据主要是公开出版或公开报道的数据，这类数据主要来自各研究机构、国家和地方的统计部门、其他管理部门、专业的调查机构，广泛分布在报纸、杂志、图书、广播、电视传媒中。随着计算机网络技术的发展，也可以从网络上获取所需的数据，比如金融产品的交易数据、官方统计网站的宏观经济数据等。利用二手数据对使用者来说既经济又方便，但使用时应注意统计数据的含义、计算口径和计算方法，以避免误用或滥用。同时，在引用二手数据时，一定要注明数据的来源，以示尊重他人的劳动成果。

当已有的数据不能满足需要时，可以亲自去做调查或实验。比如，你想了解全校学生的生活费支出状况，可以从中抽出一个由 200 人组成的样本，通过对样本的调查获得数据。这里“全校所有学生生活费支出状况”是你所关心的**总体**（population），它是包含所要研究的全部个体（数据）的集合。所抽取的 200 人就是一个**样本**（sample），它是从总体中抽取的一部分元素的集合。构成样本的元素的数目称为**样本量**（sample size），抽取 200 人组成一个样本，样本量就是 200。

怎样获得一个样本呢？要在全校学生中抽取 200 人组成一个样本，如果全校学生中每一个学生被抽中与否完全是随机的，而且每个学生被抽中的概率是已知的，这样的抽样方法称为**概率抽样**（probability sampling）。概率抽样方法有简单随机抽样、分层抽样、系统抽样、整群抽样等。

简单随机抽样（simple random sampling）是从含有 N 个元素的总体中，抽取 n 个元素组成样本，使得总体中的每一个元素都有相同的机会（概率）被抽中。采用简单随机抽样时，如果抽取一个个体记录下数据后，再把这个个体放回到原来的总体中参加下一次抽选，这样的抽样方法叫作**有放回抽样**（sampling with replacement）；如果抽中的个体不再放回，而从剩下的个体中抽取第二个元素，直到抽取 n 个个体为止，这样的抽样方法叫作**无放回抽样**（sampling without replacement）。当总体数量很大时，无放回抽样可以视为有放回抽样。由简单随机抽样得到的样本称为**简单随机样本**（simple random sample）。多数统计推断都是以简单随机样本为基础的。

分层抽样（stratified sampling）也称分类抽样，它是在抽样之前先将总体的元素划分为若干层（类），然后从各个层中抽取一定数量的元素组成一个样本。比如，你要研究学生的生活费支出，可先将学生按地区进行分类，然后从各类中抽取一定数量的学生组成一个样本。分层抽样的优点是可以使样本分布在各个层内，从而使样本在总体中的分布比较均匀，降低抽样误差。

系统抽样（systematic sampling）也称等距抽样，它是先将总体各元素按某种顺序排列，并按某种规则确定一个随机起点，然后每隔一定的间隔抽取一个元素，直至抽取 n 个元素组成一个样本为止。比如，要从全校学生中抽取一个样本，可以找到全校学生的花名册，按花名册中的学生顺序，用随机数找到一个随机起点，然后依次抽取得到样本。

整群抽样（cluster sampling）是先将总体划分成若干群，然后以群作为抽样单元从中抽取部分群组成一个样本，再对抽中的每个群中包含的所有元素进行观察。比如，可以把每一个学生宿舍看作一个群，从全校学生宿舍中抽取一定数量的宿舍，然后对被抽中宿舍中的每一个学生进行调查。整群抽样的误差相对大一些。

下面通过一个例子说明从总体中抽取随机样本的过程。

例 1－4

表 1－2 是某班级 50 个学生的名单。

表 1－2　　某班级 50 个学生的名单

学生编号	姓名	学生编号	姓名
1	张　松	26	姜　洋
2	王　翔	27	隗　佳
3	田　雨	28	于　静
4	徐丽娜	29	李　华
5	张志杰	30	高　云
6	赵　颖	31	金梦迪
7	王智强	32	徐海涛
8	宋　媛	33	张　洋
9	袁　方	34	李冬茗
10	张建国	35	李宗洋
11	李　佳	36	刘皓天
12	马凤良	37	刘文涛
13	陈　风	38	卢　阳
14	杨　波	39	马　强
15	孙学伟	40	孟子铎
16	林　丽	41	潘　凯
17	谭英键	42	邱　爽
18	欧阳飞	43	邵海阳
19	吴　迪	44	王浩波
20	周　祥	45	孙梦婷
21	刘晓军	46	唐　健
22	李国胜	47	尹　韩
23	蒋亚迪	48	王　迪
24	崔　勇	49	王　倩
25	黄向春	50	王思思

采用简单随机抽样方法抽出 10 个学生组成一个随机样本。

解：下面的文本框中给出了用 SPSS 抽取随机样本的操作步骤。

使用【选择个案】抽取一个随机样本

第 1 步：选择【数据】→【选择个案】。

第2步：在【选择】下点击【随机个案样本】，点击【样本】。

第3步：在【样本尺寸】→【大约】后写入要抽取的个案百分比（比如要抽取全部记录10%的样本，则输入10）。若要抽取指定样本量的一个随机样本，则在【精确】后写入指定的样本量；在【从第1个开始的个案】后写入指定从前若干个记录中抽取。比如，要在50人里面抽取10人，在【精确】后写入10，在【从第1个开始的个案】后写入50。点击【继续】返回主对话框。单击【确定】。

从50人中抽取大约20%样本的结果如表1-3所示。

表1-3　从50人中抽取20%样本的结果（部分显示）

	学生编号	姓名	filter_$
1	1	张　松	1
2	2	王　翔	0
3	3	田　雨	1
4	4	徐丽娜	1
5	5	张志杰	0
6	6	赵　颖	1
7	7	王智强	0
8	8	宋　媛	0
9	9	袁　方	0
10	10	张建国	1
11	11	李　佳	0
12	12	马凤良	0
13	13	陈　风	0
14	14	杨　波	1
15	15	孙学伟	0
16	16	林　丽	0
17	17	谭英键	0
18	18	欧阳飞	0
19	19	吴　迪	0
20	20	周　祥	0

表1-3标号栏中画有斜杠“/”的表示未被选中，系统也会自动产生一个名为“filter _ $”的筛选指示变量，被选中的记录取值为1，未被选中的记录取值为0。

表1-4给出了指定抽取大约20%的一个随机样本的结果①（实际上抽取了12个人）。

① 该表的生成过程请参照第2章例2-1。

表 1-4　指定抽取大约 20%的一个随机样本的结果（共 12 人）

姓名

		频率	百分比	有效百分比	累积百分比
有效	高 云	1	8.3	8.3	8.3
	黄向春	1	8.3	8.3	16.7
	李宗洋	1	8.3	8.3	25.0
	刘皓天	1	8.3	8.3	33.3
	孙梦婷	1	8.3	8.3	41.7
	田 雨	1	8.3	8.3	50.0
	徐海涛	1	8.3	8.3	58.3
	徐丽娜	1	8.3	8.3	66.7
	杨 波	1	8.3	8.3	75.0
	张 松	1	8.3	8.3	83.3
	张建国	1	8.3	8.3	91.7
	赵 颖	1	8.3	8.3	100.0
	合计	12	100.0	100.0	

表 1-5 给出了指定抽取 10 个人的一个随机样本的结果。

表 1-5　指定抽取 10 个人的一个随机样本的结果

姓名

		频率	百分比	有效百分比	累积百分比
有效	高 云	1	10.0	10.0	10.0
	李 佳	1	10.0	10.0	20.0
	李宗洋	1	10.0	10.0	30.0
	林 丽	1	10.0	10.0	40.0
	马 强	1	10.0	10.0	50.0
	欧阳飞	1	10.0	10.0	60.0
	宋 媛	1	10.0	10.0	70.0
	田 雨	1	10.0	10.0	80.0
	王 倩	1	10.0	10.0	90.0
	徐海涛	1	10.0	10.0	100.0
	合计	10	100.0	100.0	

1.3　统计学与统计软件

随着互联网和大数据时代的来临，实际统计分析中的数据量都非常大，而且有些统计方法的计算也十分复杂。可以想象，若不用计算机处理数据则很难在实际中应用统计。

在前计算机时代，计算问题使统计的应用受到了极大限制，很多人因计算问题对统计学望而却步。然而，在计算机普及的今天，尤其是统计软件的使用，不仅促进了统计科学的发展，而且使统计教学和学习发生了革命性变化，人们对统计方法的学习和应用也容易了许多。对多数学习统计的人来说，可以拿出更多的时间去理解统计方法的思想和原理，而不必过多地纠缠计算问题，只要把那些虽然繁杂但属于简单劳动的计算交给计算机就可以了。

学习统计离不开计算机。大多数统计方法都可利用现成的软件来实现。对多数人而言，只要理解了统计方法的思想、原理及其适用条件，就很容易利用统计软件分析数据。本书的例题计算全部由 SPSS 软件完成，在附录部分给出了 SPSS 简介和使用的一些操作提示。下面再介绍几种常用的统计软件，供读者参考。

● SAS

SAS 是统计分析系统（statistical analysis system）的缩写，该系统具有十分完备的数据访问、数据管理、数据分析功能。SAS 具有强大的数据分析能力，一直是业界比较著名的应用软件，在数据处理方法和统计分析领域被誉为国际上的标准软件和最具权威的优秀统计软件包。SAS 系统中提供的主要分析功能包括统计分析、经济计量分析、时间序列分析、决策分析、财务分析和全面质量管理工具等。SAS 系统是一个具有模块组合式结构的软件系统，共有 30 多个功能模块。SAS 是用汇编语言编写而成的，使用时需要编写程序，适合统计专业人员使用，对于非统计专业人员来说较难。目前 SAS 软件对 Windows 和 Unix 两种平台都提供支持。

● R

R 是基于 R 语言的一款优秀统计软件。R 语言是一种优秀的统计计算语言，是贝尔实验室开发的 S 语言（S 语言是由 AT&T 贝尔实验室开发的一种用来进行数据探索、统计分析、作图的解释型语言）的一种实现。其最早由奥克兰大学的罗伯特·金特尔曼（Robert Gentleman）和罗斯·伊哈卡（Ross Ihaka）等人员开发。R 语言有许多优点，比如，与多数统计软件相比，R 语言是免费的；更新速度快，可以包含很多最新方法的实现方案；可以提供丰富的数据分析技术，功能强大；绘图功能强大，可以根据需求画出图形，实现可视化。

从 CRAN 网站 http://www.r-project.org/上可以下载 R 的各种版本，包括 Windows，Linux 和 Mac OX 三个版本，用户可以根据自己的平台选择相应的版本。

● EViews

EViews 是 Econometrics Views 的缩写，通常称为计量经济学软件包。计量经济学研究的核心是设计模型、收集资料、估计模型、检验模型、运用模型进行预测、求解模型和运用模型。使用 EViews 软件包可以对时间序列数据和非时间序列数据进行分析，建立序列（变量）间的统计关系式，并用该关系式进行预测、模拟，等等。虽然 EViews 是由经济学家开发的，并且大多应用于经济学领域，但并不意味着该软件包仅适用于处理经济方面的时间序列数据。EViews 处理非时间序列数据照样得心应手。实际上，相当大型的非时间序列（截面数据）项目也能在 EViews 中处理。

● Excel

Excel 是微软公司推出的 Office 系列产品之一，是一款功能强大的电子表格软件。特点是在表格的管理和统计图的制作方面功能强大，容易操作。Excel 虽然不是一款统计软件，但提供了常用的统计函数和数据分析工具（其中包含一些基本的统计方法），可供非专业人士做简单的数据分析。

□ 本书图解：统计方法分类与本书框架[①]

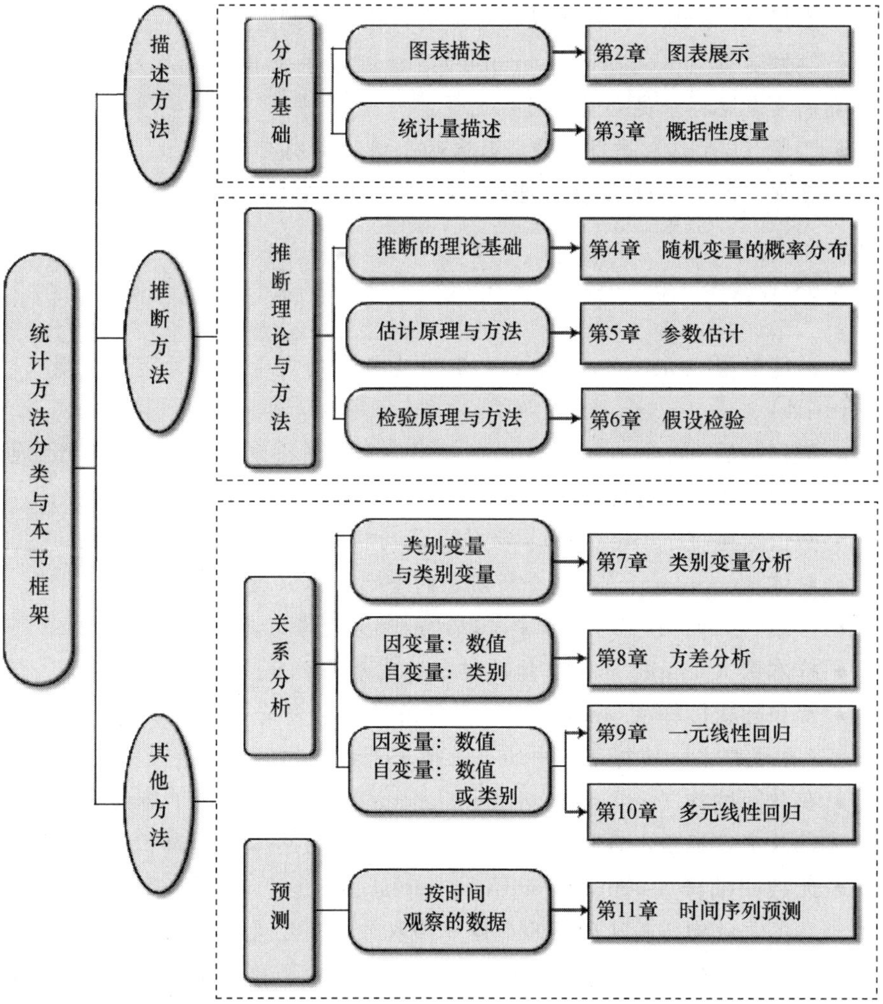

- 统计方法分类与本书框架
  - 描述方法
    - 分析基础
      - 图表描述 → 第2章　图表展示
      - 统计量描述 → 第3章　概括性度量
  - 推断方法
    - 推断理论与方法
      - 推断的理论基础 → 第4章　随机变量的概率分布
      - 估计原理与方法 → 第5章　参数估计
      - 检验原理与方法 → 第6章　假设检验
  - 其他方法
    - 关系分析
      - 类别变量与类别变量 → 第7章　类别变量分析
      - 因变量：数值 自变量：类别 → 第8章　方差分析
      - 因变量：数值 自变量：数值或类别 → 第9章　一元线性回归；第10章　多元线性回归
    - 预测
      - 按时间观察的数据 → 第11章　时间序列预测

① 本分类只针对本书所包括的内容，并不代表严格的统计方法分类体系。事实上，很多方法可同时归于不一样的类别中，很难严格归类。

□ 主要术语

- **统计学**（statistics）：收集、处理、分析、解释数据并从数据中得出结论的原则和方法。
- **描述统计**（descriptive statistics）：研究数据收集、处理和描述的统计学方法。
- **推断统计**（inferential statistics）：研究如何利用样本信息来推断总体特征的统计学方法。
- **变量**（variable）：描述观察对象某种特征的概念。
- **类别变量**（categorical variable）：取值为事物属性或类别以及区间值的变量。类别变量也称分类变量或定性变量。
- **二值**（binary）**类别变量**：只取两个值的类别变量。
- **名义**（nominal）**值类别变量**：取值不可以排序的类别变量，也称无序类别变量。
- **顺序**（ordinal）值类别变量：取值可以排序的类别变量，也称有序类别变量。
- **数值变量**（metric variable）：取值为数字的变量，也称**定量变量**（quantitative variable）。
- **类别数据**（categorical data）：观察类别变量得到的数据。类别数据也称分类数据或定性数据。类别数据分为名义值类别数据和顺序值类别数据两种。
- **数值数据**（metric data）：数值变量的观察结果，也称定量数据。
- **总体**（population）：包含所研究的全部个体（数据）的集合。
- **样本**（sample）：从总体中抽取的一部分元素的集合。
- **样本量**（sample size）：构成样本的元素的数目。
- **简单随机抽样**（simple random sampling）：从含有 N 个元素的总体中，抽取 n 个元素组成样本，使得总体中的每一个元素都有相同的机会（概率）被抽中。
- **有放回抽样**（sampling with replacement）：在进行简单随机抽样时，抽取一个个体记录下数据后，再把这个个体放回到原来的总体中参加下一次抽选。
- **无放回抽样**（sampling without replacement）：在进行简单随机抽样时，抽中的个体不再放回，而从剩下的个体中抽取第二个元素，直至抽取 n 个个体为止。
- **简单随机样本**（simple random sample）：由简单随机抽样得到的样本。
- **分层抽样**（stratified sampling）：也称分类抽样，在抽样之前先将总体的元素划分为若干层（类），然后从各个层中抽取一定数量的元素组成一个样本。

● **系统抽样**（systematic sampling）：也称等距抽样，先将总体各元素按某种顺序排列，并按某种规则确定一个随机起点，然后每隔一定的间隔抽取一个元素，直至抽取 n 个元素组成一个样本为止。

● **整群抽样**（cluster sampling）：先将总体划分成若干群，然后以群作为抽样单元从中抽取部分群组成一个样本，再对抽中的每个群中包含的所有元素进行观察。

□ 思考与练习

一、思考题

1.1　请举出统计应用的几个例子。

1.2　请举出应用统计的几个领域。

1.3　你怎样理解统计的研究内容?

1.4　举例说明类别变量和数值变量。

1.5　获得数据的概率抽样方法有哪些?

二、练习题

1.1　指出下列变量的类型。

(1) 年龄。

(2) 性别。

(3) 汽车产量。

(4) 员工对企业某项改革措施的态度（赞成、中立、反对）。

(5) 购买商品时的支付方式（现金、信用卡、支票）。

1.2　一家研究机构从 IT 从业者中随机抽取 1 000 人作为样本进行调查，其中 60%的人回答他们的月收入在 5 000 元以上，50%的人回答他们的消费支付方式是使用信用卡。

(1) 这一研究的总体是什么？样本是什么？样本量是多少?

(2)“月收入”是名义值类别变量、顺序值类别变量还是数值变量?

(3)“消费支付方式”是名义值类别变量、顺序值类别变量还是数值变量?

1.3　一项调查表明，消费者每月在网上购物的平均花费是 200 元，他们选择在网上购物的主要原因是“价格便宜”。

(1) 这一研究的总体是什么?

(2)“消费者在网上购物的原因”是名义值类别变量、顺序值类别变量还是数值变量?

1.4　某大学的商学院为了解毕业生的就业倾向，分别从会计专业抽取 50 人、从市场营销专业抽取 30 人、从企业管理专业抽取 20 人进行调查。

(1) 这种抽样方式是分层抽样、系统抽样还是整群抽样？

(2) 样本量是多少？

1.5　下面是我国 31 个地区的名称及编号。

编号	地区	编号	地区
1	北京市	17	湖北省
2	天津市	18	湖南省
3	河北省	19	广东省
4	山西省	20	广西壮族自治区
5	内蒙古自治区	21	海南省
6	辽宁省	22	重庆市
7	吉林省	23	四川省
8	黑龙江省	24	贵州省
9	上海市	25	云南省
10	江苏省	26	西藏自治区
11	浙江省	27	陕西省
12	安徽省	28	甘肃省
13	福建省	29	青海省
14	江西省	30	宁夏回族自治区
15	山东省	31	新疆维吾尔自治区
16	河南省		

(1) 随机抽取 30%的地区作为样本。

(2) 指定随机抽取 5 个地区作为样本。

第 2 章 Chapter 2 数据的描述性分析：图表展示

问题与思考：怎样用图表看数据?

下面的数据是 2012 年 7 月 27 日至 8 月 12 日在伦敦举办的第 30 届奥运会上获得金牌数排名前 6 位的国家奖牌数的分布状况。

名次	国家	金牌	银牌	铜牌	总数
1	美国	46	29	29	104
2	中国	38	27	23	88
3	英国	29	17	19	65
4	俄罗斯	24	26	32	82
5	韩国	13	8	7	28
6	德国	11	19	14	44

显然，用这样的一张表格表示奖牌的分布要比用文字叙述更清晰。如果我们用某种图形来表示这些数据，将会更加直观易懂。根据这些数据，你认为可以选择哪些图形来展示这 6 个国家获得奖牌的情况？你选择这些图形的理由是什么？学完本章的图表展示技术，这些问题就会迎刃而解。

当一堆数据摆在我们面前时，无论要做何种分析，首先都是从描述性分析开始。比如，对企业所有员工的工资画出直方图观察其分布状况，计算出每个员工的平均工资，等等。通过描述可以发现数据的一些基本特征，为进一步分析提供思路。数据的描述性分析包括用图表展示数据和用统计量描述数据等内容。本章将介绍如何用图表来描述数据。

2.1 类别数据的图表展示

类别数据包括名义值类别数据和顺序值类别数据两种，它们的图表展示方法基本相同。

2.1.1 用频数分布表观察类别数据

频数分布（frequency distribution）是指由变量的取值及其相应的频数形成的分布。**频数分布表**（frequency distribution table）是展示变量的取值及其相应频数分布的表格。由于类别数据本身就是对事物的一种分类，因此只要先把所有的类别都列出来，然后统计出每一类别的频数，就会得到一张频数分布表。频数分布表中落在某一特定类别的数据个数称为**频数**（frequency）。当只涉及一个类别变量时，这个变量的取值可以放在频数分布表中“行”的位置，也可以放在“列”的位置。当涉及两个类别变量时，通常将一个变量的取值放在“行”的位置，将另一个变量的取值放在“列”的位置（行和列可以互换），这种有两个类别变量交叉分类的频数分布表称为**列联表**（contingency table），也称**交叉表**（cross table）。

频数分布包含很多有用的信息，通过它可以观察不同类型数据的分布状况。比如，通过不同品牌产品销售量的分布可以了解其市场占有率；通过一所大学不同学院或专业学生人数的分布了解该大学的学生构成；通过社会中不同收入阶层的人数分布了解收入的分配状况；等等。下面通过一个例子来说明类别数据频数分布表的生成过程。

例 2－1

为研究人们对不同品牌牛奶的偏好情况，一家调查公司随机调查了 100 名消费者。表 2－1 是消费者性别及其所偏好的牛奶品牌记录。

表 2－1　　消费者性别及其所偏好的牛奶品牌

性别	牛奶品牌	性别	牛奶品牌	性别	牛奶品牌	性别	牛奶品牌
男	伊利	男	蒙牛	男	蒙牛	女	光明
女	三元	女	其他	男	伊利	女	其他
女	光明	女	伊利	女	光明	男	蒙牛
男	伊利	女	其他	男	三元	女	其他
男	蒙牛	男	三元	女	伊利	男	蒙牛
男	伊利	女	伊利	男	蒙牛	女	其他
女	光明	女	蒙牛	男	光明	女	伊利
男	三元	女	光明	女	伊利	女	其他
女	伊利	女	其他	男	蒙牛	男	三元
男	蒙牛	男	蒙牛	男	蒙牛	女	伊利
男	光明	女	光明	女	伊利	男	蒙牛
女	伊利	女	三元	男	伊利	女	伊利
男	蒙牛	女	伊利	女	蒙牛	男	伊利
男	伊利	男	蒙牛	男	三元	女	蒙牛
女	其他	男	三元	女	蒙牛	女	光明
男	三元	女	三元	女	伊利	女	三元
女	光明	男	伊利	女	三元	女	伊利
男	三元	男	三元	男	光明	男	蒙牛
女	蒙牛	女	伊利	男	伊利	男	三元
女	伊利	女	蒙牛	女	其他	女	三元
女	三元	男	其他	男	三元	男	伊利
男	光明	男	伊利	女	光明	男	三元
女	伊利	女	三元	女	伊利	女	伊利
女	光明	女	光明	女	光明	女	蒙牛
女	其他	男	伊利	女	蒙牛	男	其他

生成频数分布表，观察不同性别的消费者及其所偏好的牛奶品牌的分布状况，并进行描述性分析。

解：这里涉及两个类别变量，一个是消费者性别，另一个是偏好的牛奶品牌。我们可以生成两张频数分布表来分别观察消费者性别和牛奶品牌的分布状况，也可以将一个变量放在“行”的位置，将另一个变量放在“列”的位置，生成一张列联表。

下面的文本框中给出了利用 SPSS 生成频数分布表的操作步骤。

生成一个类别变量的频数分布表

第 1 步：选择【分析】→【描述统计—频率】。

第 2 步：将要生成频数分布表的变量选入【变量】，点击【确定】。

（注：若需要绘制图形，点击【图表】，可以绘制条形图、饼图等。）

生成两个类别变量的列联表（交叉频数分布表）

第 1 步：选择【分析】→【描述统计—交叉表】。

第 2 步：将一个分类变量选入【行】，将另一个分类变量选入【列】（行和列可以互换），点击【确定】。

（注：若需要对列联表进行描述性分析，点击【单元格】，在【百分比】下选中需要计算的百分比，如【行】【列】【总计】等；若需要绘制图形，点击【显示复式条形图】。）

表 2-2 和表 2-3 分别是反映消费者性别和所偏好牛奶品牌的频数分布表。表 2-4 是将“牛奶品牌”放在“行”的位置，将“性别”放在“列”的位置生成的列联表。

表 2-2　　消费者性别的频数分布

性别

		频率	百分比	有效百分比	累积百分比
有效	男	44	44.0	44.0	44.0
	女	56	56.0	56.0	100.0
	合计	100	100.0	100.0	

表 2-3　　消费者所偏好牛奶品牌的频数分布

牛奶品牌

		频率	百分比	有效百分比	累积百分比
有效	光明	16	16.0	16.0	16.0
	蒙牛	22	22.0	22.0	38.0

其他	12	12.0	12.0	50.0
三元	20	20.0	20.0	70.0
伊利	30	30.0	30.0	100.0
合计	100	100.0	100.0	

表 2-4　　消费者性别和所偏好牛奶品牌的列联表

牛奶品牌* 性别 交叉制表

计数

		性别		合计
		男	女	
牛奶品牌	光明	4	12	16
	蒙牛	14	8	22
	其他	2	10	12
	三元	12	8	20
	伊利	12	18	30
合计		44	56	100

从表 2-4 可以看出，在所调查的 100 名消费者中，男性 44 人，女性 56 人。从所偏好的牛奶品牌看，男性偏好蒙牛牛奶的人数最多，为 14 人，偏好其他牛奶的人数最少，为 2 人；女性偏好伊利牛奶的人数最多，为 18 人，偏好蒙牛和三元牛奶的人数最少，均为 8 人。

对于类别数据，除使用频数分布表进行描述之外，还可以使用**比例**（proportion）、**百分比**（percentage）、**比率**（ratio）等统计量进行描述。如果是有序类别数据，还可以通过计算**累积百分比**（cumulative percentage）进行分析。

比例也称构成比，它是一个样本（或总体）中各类别的频数与全部频数之比，通常用于反映样本（或总体）的构成或结构。将比例乘以 100 得到的数值称为百分比，用“%”表示。比率是样本（或总体）中各不同类别频数之间的比值，反映各类别之间的比较关系。由于比率不是部分与整体之间关系的对比，因此比值可能大于 1。累积百分比则是将各有序类别的百分比逐级累加的结果。

例如，根据表 2-4 中的数据计算的男性消费者和女性消费者所偏好的各牛奶品牌的百分比如表 2-5 所示。

表 2-5　　不同性别消费者所偏好牛奶品牌的百分比

牛奶品牌* 性别 交叉制表

			性别		合计
			男	女	
牛奶品牌	光明	计数	4	12	16
		牛奶品牌中的 %	25.0%	75.0%	100.0%
		性别中的 %	9.1%	21.4%	16.0%
		总数的 %	4.0%	12.0%	16.0%

蒙牛	计数	14	8	22
	牛奶品牌中的 %	63.6%	36.4%	100.0%
	性别中的 %	31.8%	14.3%	22.0%
	总数的 %	14.0%	8.0%	22.0%
其他	计数	2	10	12
	牛奶品牌中的 %	16.7%	83.3%	100.0%
	性别中的 %	4.5%	17.9%	12.0%
	总数的 %	2.0%	10.0%	12.0%
三元	计数	12	8	20
	牛奶品牌中的 %	60.0%	40.0%	100.0%
	性别中的 %	27.3%	14.3%	20.0%
	总数的 %	12.0%	8.0%	20.0%
伊利	计数	12	18	30
	牛奶品牌中的 %	40.0%	60.0%	100.0%
	性别中的 %	27.3%	32.1%	30.0%
	总数的 %	12.0%	18.0%	30.0%
合计	计数	44	56	100
	牛奶品牌中的 %	44.0%	56.0%	100.0%
	性别中的 %	100.0%	100.0%	100.0%
	总数的 %	44.0%	56.0%	100.0%

从表2－5可以看出，在所调查的100人中，偏好伊利牛奶的人数最多，占30.0%，偏好其他牛奶的人数最少，占12.0%。其中，男性消费者偏好蒙牛牛奶的人数占31.8%，偏好其他牛奶的人数占4.5%；女性消费者偏好伊利牛奶的人数占32.1%，偏好蒙牛和三元牛奶的人数各占14.3%。(其他分析由读者自己完成。)

2.1.2 用图形展示类别数据

除了可以用频数分布表展示类别数据的频数分布之外，还可以用图形来展示。一幅好的图形往往胜过冗长的文字表述。适用于类别数据的图形主要有条形图、饼图等。

1. 条形图

条形图（bar chart）是用宽度相同的条形来表示数据多少的图形，用于展示不同类别频数的多少或分布状况。绘制时，各类别可以放在纵轴，也可以放在横轴。图2－1（a）和图2－1（b）分别给出了例2－1中消费者性别和所偏好牛奶品牌的条形图。

图2－1中的两幅图也可以绘制在同一幅图里，形成复式条形图，从而便于比较。图2－2展示的是消费者性别和所偏好牛奶品牌的两种不同形式的复式条形图。

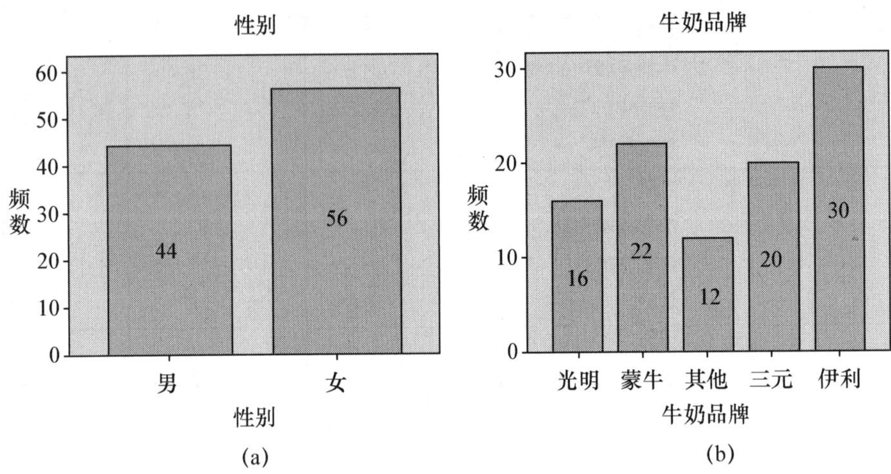

图 2-1　消费者性别和所偏好牛奶品牌的条形图

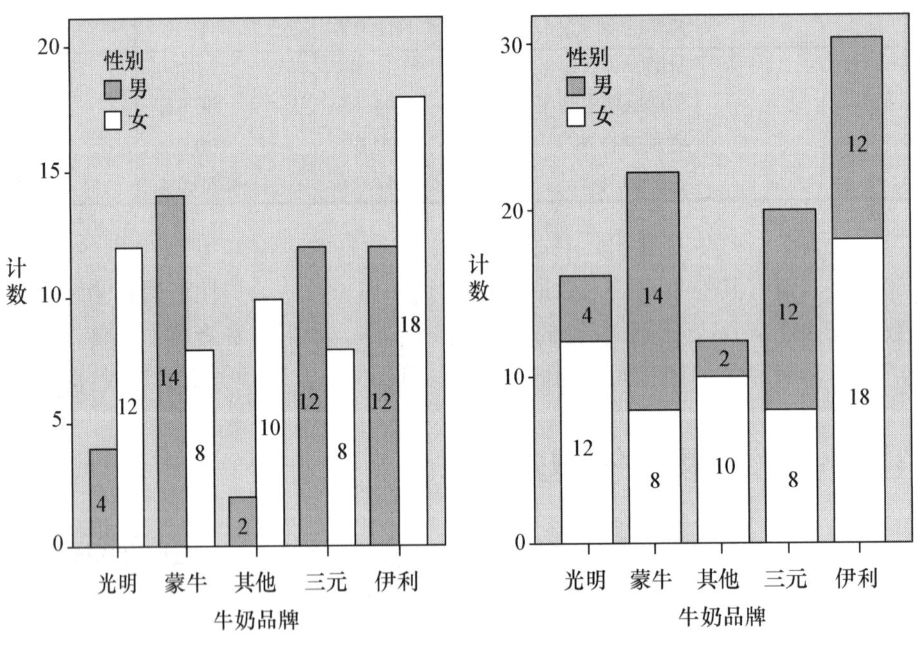

图 2-2　消费者性别和所偏好牛奶品牌的复式条形图

2. 饼图

饼图（pie chart）是用圆形及圆内扇形的角度来表示数值大小的图形。它主要用于表示一个样本（或总体）中各类别的频数占全部频数的百分比，对于研究结构性问题十分有用。例如，根据例 2-1 中牛奶品牌的数据绘制的饼图如图 2-3 所示。

从图 2-3 中可以直观地看出偏好不同牛奶品牌的人数构成。

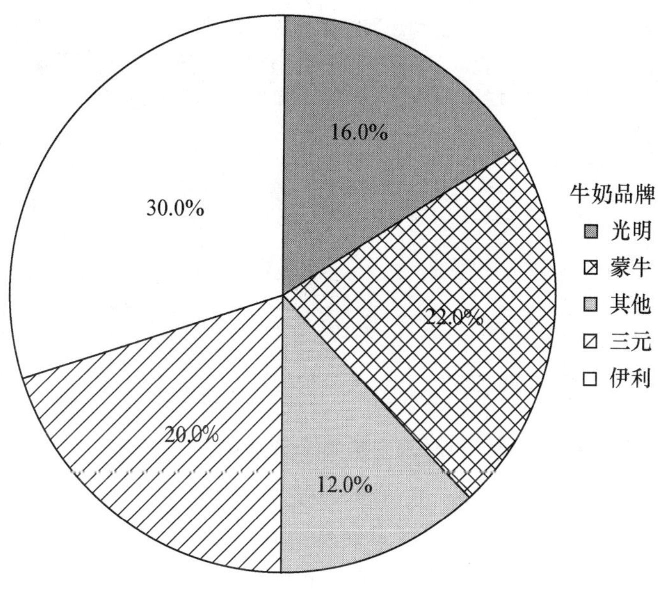

图 2-3　不同牛奶品牌构成的饼图

2.2　数值数据的图表展示

数值数据可以转化成类别数据，这一过程称为类别化。当数值数据经过类别化处理后，前面介绍的图示方法都适用。此外，数值数据还有一些特定的图示方法，但它们并不适用于类别数据。

2.2.1　用频数分布表观察数据分布

生成数值数据的频数分布表时，先将原始数据按照某种标准分成不同的组别，然后统计出各组别的数据频数即可。比如，将一个班级学生的考试分数分成 60 以下，60～70，70～80，80～90，90～100 几个区间，即为所分的组，然后统计出每个组别的学生人数，即可生成一张频数分布表。将数值数据划分成不同的区间组，实际上是对数值数据做了类别化处理，将其转化成有序分类数据，而分布在各区间的数据个数即为各类别的频数。

下面结合具体例子说明数值数据频数分布表的生成过程。

 例 2-2

表 2-6 显示的是一家购物网站连续 120 天的销售额数据。

表 2-6　　某购物网站 120 天的销售额　　单位：万元

272	197	225	183	200	217	210	205	191	186
181	236	172	195	222	253	205	217	224	238
225	198	252	196	201	206	212	237	204	216
199	196	187	239	224	248	218	217	224	234
188	199	216	196	202	181	217	218	188	199
240	200	243	198	193	207	214	203	225	235
191	172	246	208	203	172	206	219	222	220
204	234	207	199	261	207	215	207	209	238
192	161	243	252	203	216	265	222	226	196
212	254	167	200	218	205	215	218	228	233
194	171	203	238	235	209	233	226	229	206
241	203	224	200	208	210	216	223	230	243

生成一张频数分布表观察销售额的分布特征。

解：制作频数分布表时，首先要确定将数据分成多少组。一组数据所分的组数一般与数据本身的特点及数据的多少有关。由于分组的主要目的是观察数据的分布特征，因此组数的多少应以能够适当观察数据的分布特征为准。一般情况下，一组数据所分的组数大致等于样本量的平方根比较合适。设组数为 K，则 $K\approx\sqrt{n}$。当然这只是个大概数，具体的组数可根据需要做适当的调整。本例共有 120 个数据，组数 $K\approx\sqrt{120}\approx11$，为便于理解，这里我们可分为 12 组。

其次，确定各组的组距。组距可根据全部数据的最大值和最小值及所分的组数来确定，即组距=(最大值－最小值)÷组数。例如，对于本例数据，最大值为 272，最小值为 161，则组距=(272－161)÷12=9.25。为便于计算，组距宜取 5 或 10 的倍数，而且第一组的下限应小于最小变量值，最后一组的上限应大于最大变量值，因此组距可取 10。

最后，统计出各组的频数即可得到频数分布表。在统计各组频数时，恰好等于某一组上限的变量值一般不算在该组内，而算在下一组内，即一个组的变量值 x 满足 $a\leqslant x<b$（a 为下限值，b 为上限值）。

下面的文本框中给出了利用 SPSS 生成数值数据频数分布表的操作步骤。

使用【重新编码为不同变量】命令生成频数分布表

第 1 步：选择【转换】→【重新编码为不同变量】。

第 2 步：将要分组的变量选入【数字变量－>输出变量】。在【输出变量】→【名称】后写入输出变量的名称，比如“分组区间”，点击【更改】，点击【旧值和新值】。

第 3 步：在【旧值】下单击【范围】，并写入分组区间的下限值和上限值（注意，系统在计数时每个组包含下限值和上限值，即 $a\leqslant x\leqslant b$），比如 160～169（注：如果数据有小数，可以输入 160～169.999，等等）。单击【输出变量为字符串】。在

【新值】后输入分组的区间，如 160～169（注：为了和传统的统计分组相适应，不包含上限值，也可以在形式上输入“160～170”这样的区间。由于本例销售额是连续变量，各分组区间形式上应连续，不能间断。因此在【新值】后输入的是 160～170 这样的分组区间，但系统在计数时并不包含上限值 170。当然，如果是离散变量，也可以输入 160～169，170～179 这样的区间)，并单击【增加】。重复上一步骤，直至将所有分组区间增加完毕。单击【继续】，单击【确定】（此时“分组区间”变量会保存在 SPSS 的“数据视图”窗口中）。

第 4 步：单击【分析】→【描述统计】→【频率】。将“分组区间”变量选入【变量】。单击【确定】。(注：在【频率】中选择【图表】可以绘制条形图，修改条形图的宽度至 100%即为直方图。或者将数值变量（如销售额）选入【变量】，选择【图表】中的【直方图】直接绘制直方图。)

使用【可视离散化】命令生成频数分布表

第 1 步：点击【转换】→【可视离散化】。

第 2 步：将变量选入【要离散的变量】，单击【继续】。

第 3 步：在【离散的变量】后输入离散后要保存的变量名称，如“所属组别”。单击【生成分割点】。在【第一个分割点】后输入第一组的上限值，如 149（注意：隐含为【包含】，计数时每个组包含下限值和上限值，即 $a\leqslant x\leqslant b$；如果输入上限值为 150，则应该在【上端点】下选择【排除<】)；在【分割点数量】后输入要分的组数，如 12；在【宽度】后输入分组的组距，如 10。单击【应用】返回主对话框，并单击【生成标签】。单击【确定】(此时“所属组别”变量会保存在 SPSS 的“数据视图”窗口中)。(注：也可以直接在【网格】→【值】中输入组的上限值，在【标签】中输入分组的区间。这样比较麻烦，不推荐使用。)

第 4 步：单击【分析】→【描述统计】→【频率】。将“所属组别”变量选入【变量】。单击【确定】。(注：在【频率】中选择【图表】可以绘制条形图，修改条形图的宽度至 100%即为直方图。)

表 2-7 是根据例 2-2 中的数据生成的频数分布表。

表 2-7　某购物网站 120 天销售额的频数分布表

分组变量

		频率	百分比	有效百分比	累积百分比
有效	160-170	2	1.7	1.7	1.7
	170-180	4	3.3	3.3	5.0
	180-190	7	5.8	5.8	10.8
	190-200	17	14.2	14.2	25.0
	200-210	27	22.5	22.5	47.5
	210-220	20	16.7	16.7	64.2

220-230	16	13.3	13.3	77.5
230-240	13	10.8	10.8	88.3
240-250	7	5.8	5.8	94.2
250-260	4	3.3	3.3	97.5
260-270	2	1.7	1.7	99.2
270-280	1	.8	.8	100.0
合计	120	100.0	100.0	

从表 2-7 可以看出，销售额集中在 200 万元～210 万元的天数最多，为 27 天，占总天数的 22.5%。

2.2.2 用图形展示数值数据

展示数值数据的图形有很多种。本节介绍的图形主要有展示数据分布特征的图形、展示变量之间关系的图形以及比较多个样本在多个变量上取值相似性的图形等。

1. *展示数据分布特征的图形*

如果原始数据经过了类别化（如分组）处理，则可以使用直方图来观察数据的分布；如果未进行类别化（如分组）处理，则可以使用茎叶图、箱线图、垂线图、误差图等来观察数据的分布。

（1）**直方图**（histogram）。直方图是用于展示数据分布的一种常用图形，它用矩形的宽度和高度（即面积）来表示频数分布。通过直方图可以观察数据分布的大体形状，如分布是否对称。

前面介绍了在生成频数分布表时可以绘制直方图。实际上，使用 SPSS 可以直接根据原始数据绘制直方图，而不必对数据进行分组。绘制出直方图后，再根据需要修改直方图的分组数和每一组的区间宽度即可。下面的文本框中给出了利用 SPSS 直接根据原始数据绘制直方图的操作步骤。

使用【图形】命令绘制直方图

第 1 步：选择【图形】→【直方图】。

第 2 步：将要绘制直方图的变量选入【变量】，单击【确定】。

第 3 步：（如果需要对直方图做修改）双击直方图，再双击直方图中的任意条，在【分箱】→【X 轴】下单击【定制】，并在【区间数】中输入希望划分的组数，比如 12，点击【应用】。再双击 X 轴的刻度，在弹出的对话框中点击【刻度】，在【范围】下可以修改【最小值】【最大值】，在【主增量】后输入区间的宽度即组距，比如 10，点击【应用】。（如果想要在直方图中增加正态曲线，点击【显示分布曲线】

图标即可。）

（注：利用【分析】→【描述统计】→【探索】→【绘制】也可以绘制直方图。）

根据例 2－2 中的数据绘制的直方图如图 2－4 所示。

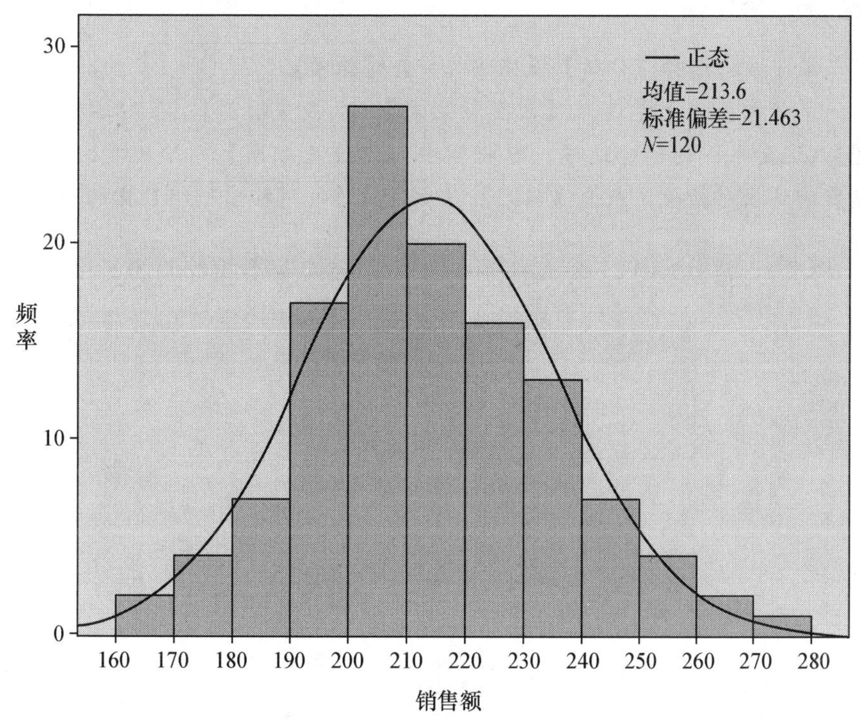

图 2－4　某购物网站 120 天销售额分布的直方图

从图 2－4 可以直观地看出，销售额的分布基本上是对称的。从拟合的正态分布曲线来看，可以初步认为销售额近似服从正态分布。

注意：直方图与条形图不同。首先，条形图中的每一个矩形表示一个类别，其宽度没有意义，直方图的宽度则表示各组的组距。其次，由于分组数据具有连续性，因此直方图的各矩形通常是连续排列的，条形图则是分开排列的。最后，条形图主要用于观察各类别中频数的多少，直方图则主要用于观察数据的分布形状。

（2）**茎叶图**（stem-and-leaf plot）。利用直方图观察数据的分布很方便，但观察不到原始数据。茎叶图则不同，它不仅可以展示数据的分布，而且能保留原始数据的信息。制作茎叶图不需要对数据进行分组，特别是当数据量较少时，用茎叶图更容易看出数据的分布。茎叶图由“茎”和“叶”两部分构成，绘制时，首先把一个数字分成两部分，通常是以该组数据的高位数值作为树茎，而叶上只保留该数值的最后一个数字。例如，125 分成 12|5，12 分成 1|2，1.25 分成 12|5（单位：0.01），等等。“|”前部分是茎，“|”后部分是叶。茎一经确定，叶就自然地长在相应的茎上了，叶子

的长短代表了数据的分布。

下面的文本框中给出了利用 SPSS 绘制茎叶图的操作步骤。

制作茎叶图

第 1 步：选择【分析】→【描述统计】→【探索】。

第 2 步：将变量选入【因变量列表】；点击【绘制】。在对话框中选择【茎叶图】（这是系统的隐含选项，根据需要可选【直方图】以给出直方图）；点击【继续】回到主对话框。点击【确定】。（上述操作也可给出一组数据的箱线图。）

图 2－5 是根据例 2－2 某购物网站 120 天销售额数据绘制的茎叶图。

```
销售额 Stem-and-Leaf Plot

 Frequency    Stem &  Leaf

     2.00       16 .  17
     4.00       17 .  1222
     7.00       18 .  1136788
    17.00       19 .  11234566667889999
    27.00       20 .  000012333334455566677778899
    20.00       21 .  00224556666777788889
    16.00       22 .  0222344445556689
    13.00       23 .  0334455678889
     7.00       24 .  0133368
     4.00       25 .  2234
     2.00       26 .  15
     1.00 Extremes    (>=272)

 Stem width:      10
 Each leaf:       1 case(s)
```

图 2－5　某购物网站 120 天销售额分布的茎叶图

从图 2－5 可以看出，销售额集中在 200 万元～210 万元之间。茎叶图类似于横置的直方图，它反映的分布特征也与直方图基本一致。

（3）**箱线图**（box plot）。箱线图不仅可用于反映一组数据的分布特征，比如，分布是否对称，是否存在**离群点**（outlier）等，还可以对多组数据的分布特征进行比较，这也是箱线图的主要用途。

首先，找出一组数据的**中位数**（median）和两个**四分位数**①（quartiles），并画出箱子。中位数是一组数据排序后处在 50％位置上的数值。四分位数是一组数据排序后处在 25％位置和 75％位置上的两个分位数值，分别用 $Q_{25\%}$ 和 $Q_{75\%}$ 表示。$Q_{75\%}-Q_{25\%}$

① 这些统计量将在第 3 章详细介绍。

称为**四分位差**或**四分位距**（inter-quartile range），用 IQR 表示。用两个四分位数画出箱子（四分位差的范围），并画出中位数在箱子里的位置。

其次，计算出内围栏和相邻值，并画出须线。**内围栏**（inter fence）是与 $Q_{25\%}$ 和 $Q_{75\%}$ 的距离等于 1.5 倍四分位差的两个点，其中 $Q_{25\%}-1.5\times IQR$ 称为下内围栏，$Q_{75\%}+1.5\times IQR$ 称为上内围栏。上下内围栏一般不在箱线图中显示，只是作为确定离群点的界限。[①] 然后找出上下内围栏之间的最大值和最小值（即非离群点的最大值和最小值），称为**相邻值**（adjacent value），其中 $Q_{25\%}-1.5\times IQR$ 范围内的最小值称为下相邻值，$Q_{75\%}+1.5\times IQR$ 范围内的最大值称为上相邻值。用直线将上下相邻值分别与箱子连接，称为**须线**（whiskers）。

最后，找出离群点，并在图中单独标出。**离群点**（outlier）是大于上内围栏或小于下内围栏的数值，也称**外部点**（outside value），在图中用“○”单独标出。

箱线图的一般形式如图 2-6 所示。

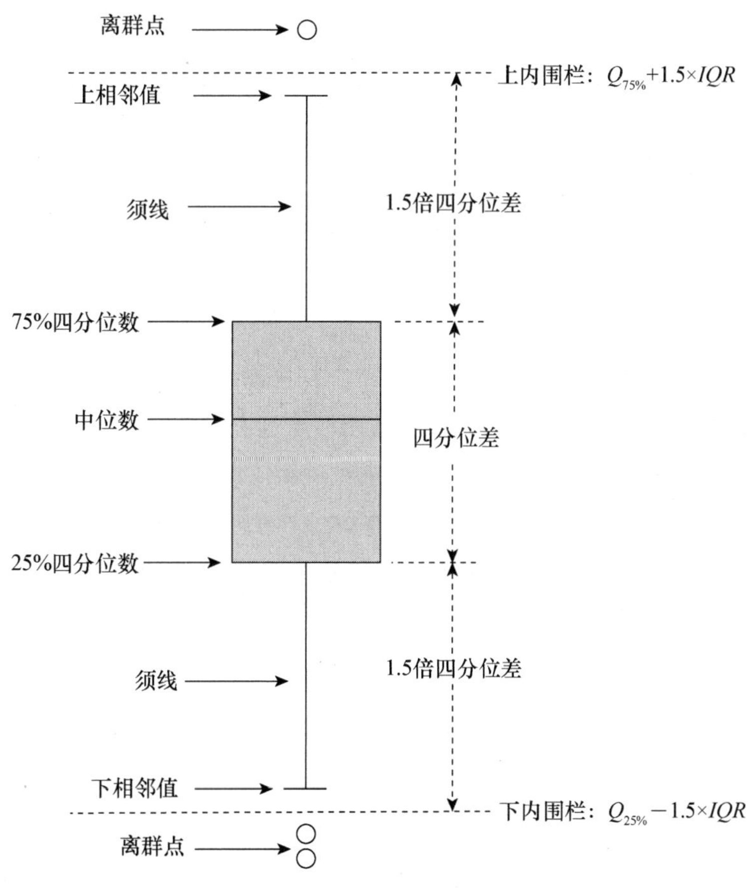

图 2-6　箱线图的示意图

① 也可以设定 3 倍的四分位差作为围栏，称为外围栏（outer fence），其中 $Q_{25\%}-3\times IQR$ 称为下外围栏，$Q_{75\%}+3\times IQR$ 称为上外围栏。外围栏也不在箱线图中显示。在外围栏之外的数据也称为极值（extreme），在 SPSS 中用“*”单独标出。

通过箱线图的形状可以看出数据分布的特征。图 2-7 显示了几种不同的箱线图与其所对应的分布形状。

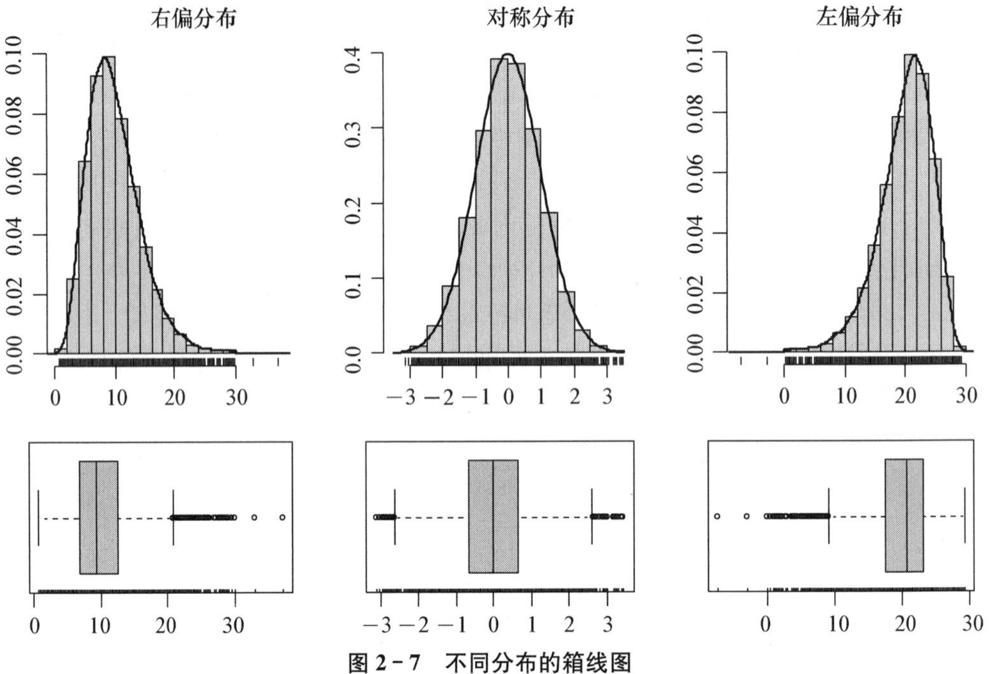

图 2-7　不同分布的箱线图

例 2-3

在奥运会男子 25 米手枪速射比赛中，先根据预赛成绩确定进入决赛的运动员。在决赛中，每名运动员进行 20 枪的射击，然后将预赛成绩和决赛成绩加总得出最后的排名。在 2008 年 8 月举行的第 29 届北京奥运会男子 25 米手枪速射决赛中，进入决赛的前 6 名运动员最后 20 枪的决赛成绩如表 2-8 所示。

表 2-8　　第 29 届北京奥运会男子 25 米手枪速射决赛成绩　　单位：环

	亚历山大·彼得里夫利	拉尔夫·许曼	克里斯蒂安·赖茨	列昂尼德·叶基莫夫	基思·桑德森	罗曼·邦达鲁克
1	10.1	8.4	9.9	8.8	9.7	9.8
2	8.4	9.6	10.7	10.7	10.5	9.2
3	10.3	10.2	9.0	9.7	9.0	10.3
4	10.2	10.8	10.5	9.6	9.6	7.2
5	10.4	10.5	10.3	10.0	9.0	9.9
6	9.6	10.3	10.6	10.2	9.9	10.5
7	10.1	9.8	10.0	10.1	9.2	10.4
8	10.0	10.9	7.9	10.2	9.7	10.9
9	9.9	10.3	10.7	9.4	9.9	10.5
10	10.2	10.0	10.4	10.3	8.1	10.3
11	10.8	9.5	9.5	10.4	9.3	10.2
12	10.0	10.2	9.9	9.8	10.1	10.0
13	10.3	10.7	10.1	8.9	10.5	9.8

14	10.5	10.1	9.9	10.0	10.2	9.2
15	9.6	10.3	10.3	10.0	10.0	8.3
16	9.8	9.7	9.0	9.1	9.9	9.0
17	10.4	9.3	9.8	9.5	9.5	9.4
18	10.3	10.3	10.8	9.8	9.7	9.8
19	9.1	10.0	10.3	10.7	9.9	10.4
20	10.2	9.6	10.7	10.0	9.9	9.6

绘制箱线图分析各运动员射击成绩的分布特征。

解：绘制各运动员射击成绩的箱线图时，先要计算出每名运动员射击成绩的最大值、最小值、中位数和两个四分位数，然后绘制出图形。实际中可直接使用 SPSS 来完成。下面的文本框中给出了利用 SPSS 绘制箱线图的操作步骤。

使用【图形】命令绘制箱线图

第 1 步：选择【图形】→【箱图】。

第 2 步：在出现的对话框中选择【简单】，在【图表中的数据为】中选择【各个变量的摘要】，点击【定义】。

第 3 步：在出现的对话框中将要绘制箱线图的变量选入【框的表征】，点击【确定】。

根据表 2－8 中的数据绘制的 6 名运动员射击成绩的箱线图如图 2－8 所示。

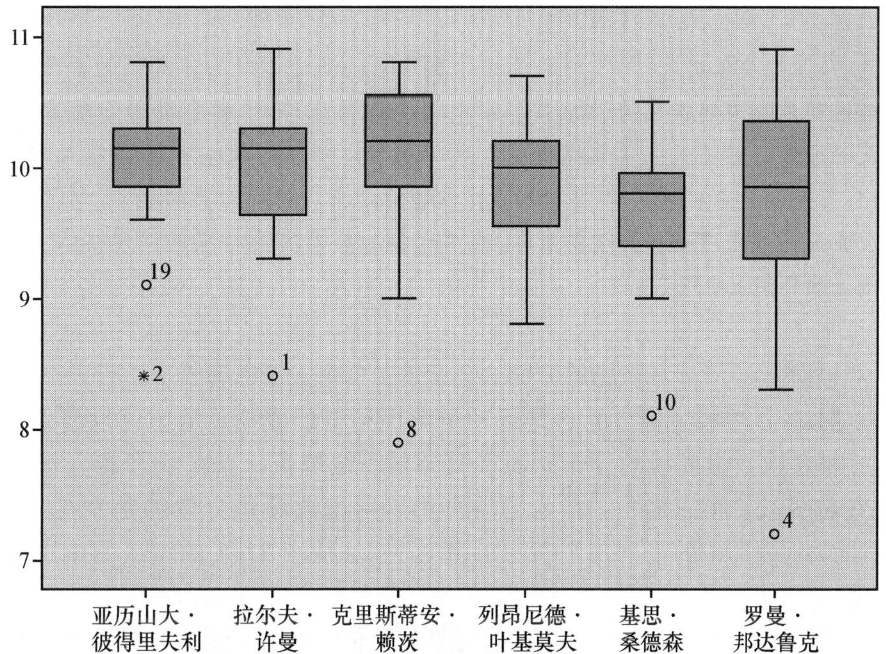

图 2－8　6 名运动员射击成绩的箱线图

由图 2－8 可以看出，在 6 名运动员中，平均成绩最高的是克里斯蒂安·赖茨（中位数为 10.20），最低的是基思·桑德森（中位数为 9.80）；从射击成绩的分布来看，列昂尼德·叶基莫夫的成绩比较集中（没有离群点），而罗曼·邦达鲁克的成绩最为分散（箱子较长）。从分布形状来看，射击成绩分布多数为左偏分布。这是因为射击成绩的上限为 10.99 环，下限为 0 环，运动员的射击可能出现低值，而不可能高于 10.99 环，因此不会以 10.99 环为中心分布，通常为左偏分布。图中用“○”标出的点是运动员射击成绩的离群点，用“＊”表示的是射击成绩的极端值，数字表示的是在第几次射击中出现这个成绩。

（4）**垂线图**（drop-line）。垂线图可用于展示多个变量或多个样本取值的分布状况。它是将属于同一样本或类别的多个取值的散点用一条垂线连接起来，用垂线的长度及垂线上的各个点来反映某个样本或类别取值的差异及其分布状况。

下面的文本框中给出了利用 SPSS 绘制垂线图的操作步骤。

使用【图形】命令绘制垂线图

第 1 步：选择【图形】→【线图】。

第 2 步：在出现的对话框中选择【垂直线图】，在【图表中的数据为】中选择【个案值】，点击【定义】。

第 3 步：在出现的对话框中将所有变量（本例为每名运动员的射击成绩）选入【点的表征】。在【类别标签】下选择【变量】，并将相应的类别（本例为运动员姓名）选入框内，点击【确定】。

（注：要根据表 2－8 中的数据绘制 6 名运动员速射决赛成绩的垂线图以反映每名运动员各次射击成绩的分布，首先需要将表 2－8 中的数据进行转置处理，也就是把每名运动员放在【数据视图】行的位置，将其每次射击的成绩放在列的位置。（如果要分析每次射击中每名运动员成绩的分布，则不需要转置。）转置的具体操作步骤是：点击【数据】→【转置】，在对话框中将所有要转置的变量选入【变量】，点击【确定】。）

根据表 2－8 中的数据绘制的 6 名运动员射击成绩的垂线图如图 2－9 所示。

图 2－9 中线上标出的点是运动员各次射击的成绩，从中可以清楚地看出每名运动员各次射击成绩的分布状况及其差异。线越长，点在线上越分散，说明射击成绩越分散。可以看出，6 名运动员中，射击成绩最分散的是罗曼·邦达鲁克，射击成绩最集中的是列昂尼德·叶基莫夫。（从图 2－8 的箱线图中也可以看出这一点。）

（5）**误差图**（error bar）。误差图是以均值为中心，加减一定倍数的标准差（也可以加减一定倍数的标准误差）绘制而成的。（该图也可以绘制均值的一定置信水

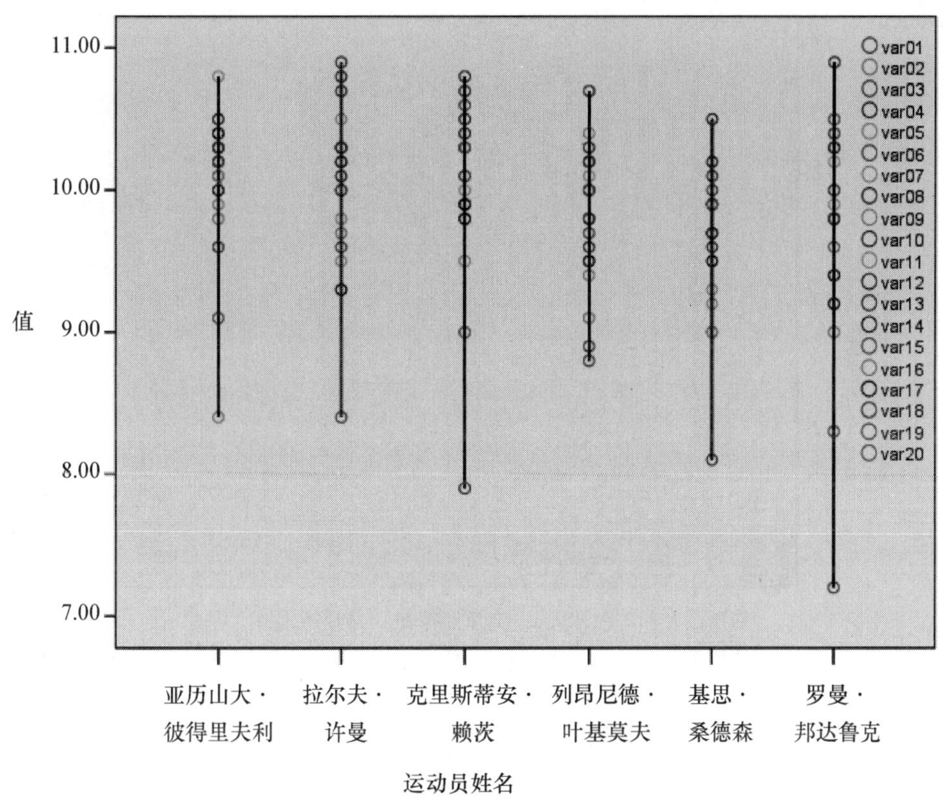

图 2-9　6 名运动员射击成绩的垂线图

平的置信区间。）误差图可用于展示多个样本或分类的不同取值的分布状况和离散状况。

下面的文本框中给出了利用 SPSS 绘制误差图的操作步骤。

使用【图形】命令绘制误差图

第 1 步：选择【图形】→【误差条形图】。

第 2 步：在出现的对话框中选择【简单】，在【图表中的数据为】中选择【各个变量的摘要】，点击【定义】。

第 3 步：在出现的对话框中将所有变量选入【误差条】。在【条的表征】下选择【标准差】，在【乘数】框内输入所需的标准差倍数，点击【确定】。

图 2-10 是 6 名运动员射击成绩的均值加减 2 倍标准差的误差图。图中的圆点表示每名运动员射击成绩的均值，其上下的延伸线为 2 倍的标准差。均值加减标准差形成的区间越短，表明数据越集中，反之则越分散。从图 2-10 可以直观地看出每名运动员射击成绩的水平及其离散状况。

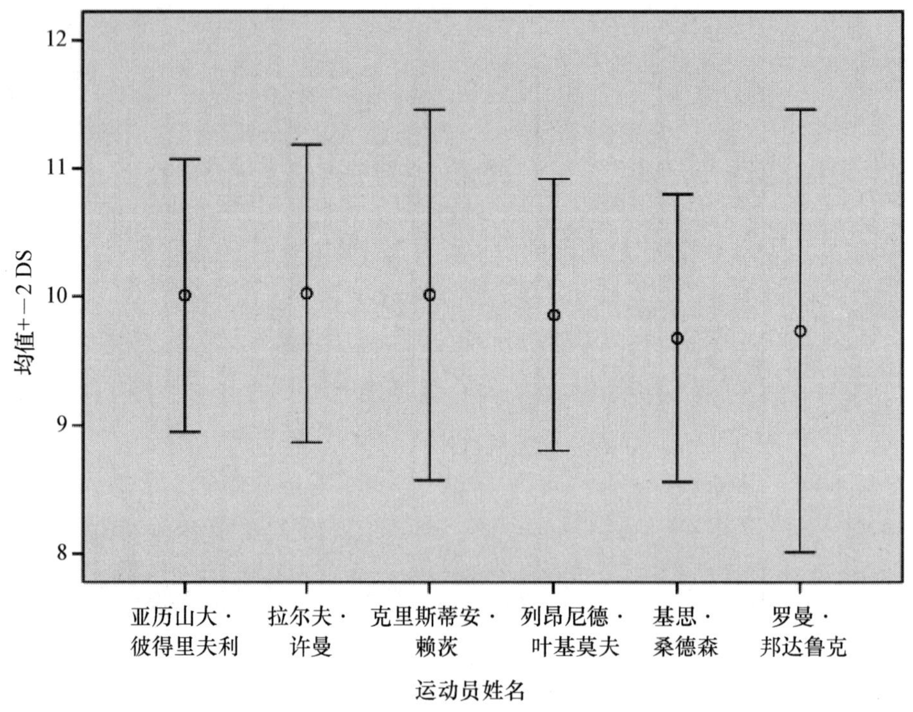

图 2-10　6 名运动员射击成绩的误差图

2. 展示变量之间关系的图形

当有多个数值变量时，可以使用**散点图**（scatter diagram）来观察各变量之间的关系。散点图利用二维坐标中两个变量各取值点的分布来展示两个变量之间的关系。设坐标横轴代表变量 x，纵轴代表变量 y（两个变量的坐标轴可以互换），每对数据（x_i，y_i）在坐标系中用一个点表示，n 对数据点在坐标系中形成的图形称为散点图。利用散点图可以观察两个变量之间是否有关系，有怎样的关系，关系强度如何，等等。

例 2-4

表 2-9 显示的是随机抽取的 20 家医药企业的销售收入、销售网点数、销售人员数以及广告费用数据。

表 2-9　　　　20 家医药企业销售收入等数据

	销售收入（万元）	销售网点数（个）	销售人员数（人）	广告费用（万元）
1	4373	186	552	651
2	281	15	226	42
3	473	23	237	65
4	1909	87	405	276
5	321	19	239	49
6	2145	104	398	313

7	341	18	245	53
8	550	26	253	76
9	5561	256	655	817
10	410	20	262	64
11	649	31	271	90
12	526	20	285	84
13	1072	49	329	153
14	950	38	340	155
15	1086	44	353	178
16	1642	75	384	237
17	1913	88	411	315
18	2858	144	456	471
19	3308	141	478	571
20	5021	230	618	747

绘制散点图观察这些变量之间的关系。

解：如果想观察 4 个变量两两之间的关系，则可以分别绘制散点图或绘制一个散点图矩阵。下面的文本框中给出了利用 SPSS 绘制散点图的操作步骤。

使用【图形】命令绘制散点图

第 1 步：选择【图形】→【散点/点状】。

第 2 步：如果绘制两个变量的简单散点图，点击【简单分布】，点击【定义】。在出现的对话框中将两个变量分别选入【Y 轴】和【X 轴】，点击【确定】。如果要绘制重叠散点图，点击【重叠分布】，点击【定义】。在对话框中将所要配对的变量依次选入【Y—X 对】中的【Y 变量—X 变量】，点击【确定】。如果要绘制矩阵散点图，点击【矩阵分布】，将几个变量同时选入【矩阵变量】，点击【确定】。

图 2－11 是销售收入与广告费用的散点图。

从图 2－11 可以看出，销售收入与广告费用之间具有明显的线性关系，随着广告费用的增加，销售收入也增加。这说明广告费用对销售收入有明显的拉动作用。

如果想同时比较一个变量与其他几个变量之间的关系，则可以把它们的散点图绘制在同一张图里，绘制成**重叠散点图**（overlay scatter）。绘制重叠散点图时，变量值之间的数值差异不能过大，否则不便于比较。比如，如果想比较销售收入与销售网点数及广告费用之间的关系，则可以把销售收入作为 y 轴，把销售网点数和广告费用作为一个共同的 x 轴绘制重叠散点图，如图 2－12 所示。

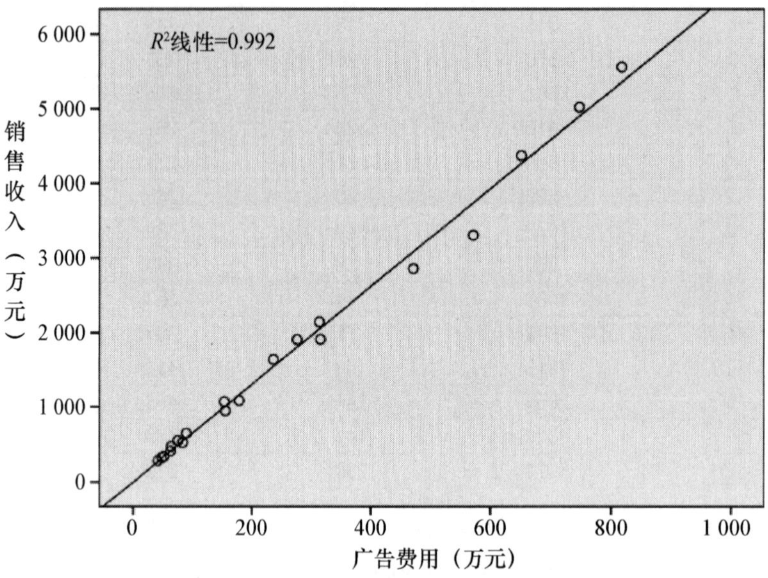

图 2-11　销售收入与广告费用的散点图

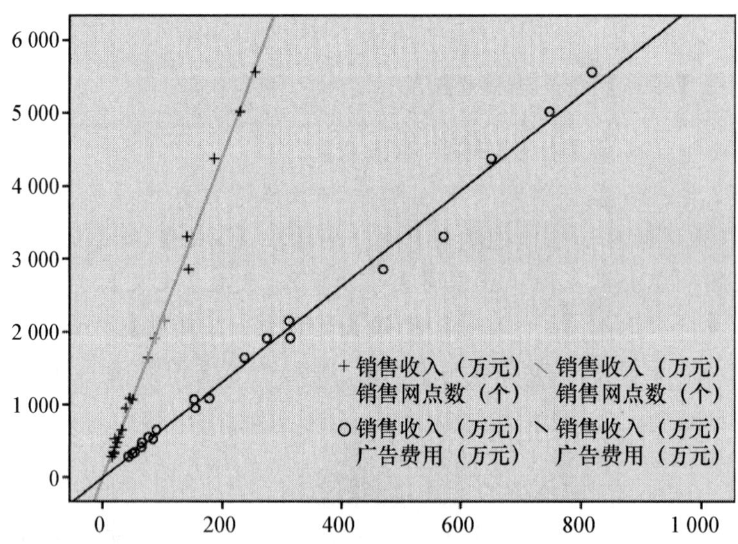

图 2-12　以销售收入为 y 轴，销售网点数和广告费用为 x 轴的重叠散点图

从图 2-12 可以看出，销售收入与销售网点数和广告费用之间都有较强的线性关系。两条直线的斜率不同，销售收入与销售网点数对应的斜率比较大，说明销售网点数的多少对销售收入的拉动作用明显大于广告费用对销售收入的拉动作用。

如果要同时比较多个变量两两之间的关系，则可以绘制**矩阵散点图**（matrix scatter）。矩阵散点图通常简称为矩阵图。从图 2-13 所示的矩阵散点图可以看出，销售收入、销售网点数、销售人员数、广告费用两两之间都有较强的线性相关关系。

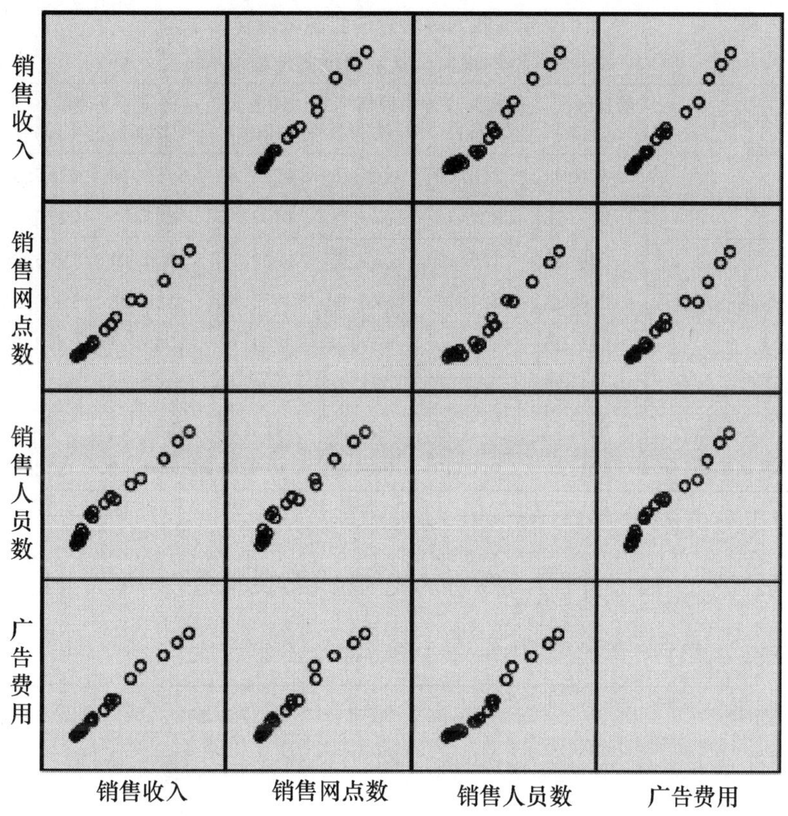

图 2-13　销售收入、销售网点数、销售人员数、广告费用的矩阵散点图

3. 比较多个样本相似性的图形

如果多个变量是在多个样本上取得的，则可以使用**轮廓图**（outline chart）比较多个样本在多个变量上的相似性。① 比如，一个集团公司在 3 个地区有销售分公司，每个分公司都有销售人员数、销售额、销售利润、所在地区的人口数、当地的人均收入等数据。如果想知道 3 家分公司在上述几个变量上的差异或相似程度，则可以绘制轮廓图。

轮廓图也称平行坐标图或多线图。用横轴表示各样本，纵轴表示各样本多个变量的取值，将同一样本在不同变量上的取值用折线连接，即为轮廓图。

例 2-5

表 2-10 显示的是 2010 年按收入等级分的我国城镇居民家庭平均每人全年消费性支出数据。

绘制轮廓图，比较不同收入等级的家庭消费支出的特点和相似性。

① 雷达图也可以用于比较多个样本在多个变量上的相似性。但由于 SPSS 没有绘制该图的命令，因此这里未作介绍。

表 2－10　　2010 年按收入等级分的我国城镇居民家庭平均每人全年消费性支出数据

单位：元

支出项目	最低收入户（10%）	低收入户（10%）	中等偏下户（20%）	中等收入户（20%）	中等偏上户（20%）	高收入户（10%）	最高收入户（10%）
食品	2525.32	3246.69	3946.00	4773.83	5710.14	6756.00	8535.21
衣着	513.56	804.73	1076.03	1408.10	1786.57	2226.70	3148.85
居住	656.28	775.10	1009.97	1260.28	1504.21	1999.99	3014.65
家庭设备用品及服务	288.55	427.16	600.94	833.59	1110.95	1500.24	2380.63
医疗保健	405.29	478.30	637.75	864.67	1060.13	1313.60	1842.83
交通和通信	448.25	669.08	1051.75	1620.62	2357.96	3630.63	6770.31
教育文化娱乐服务	502.61	746.67	1037.97	1421.25	2001.47	2739.70	4515.23
其他商品和服务	131.98	212.45	288.80	427.09	608.93	833.53	1553.92

资料来源：国家统计局网站，www. stats. gov. cn.

解：图 2－14 是按收入等级分的我国城镇居民家庭平均每人全年消费性支出的轮廓图。

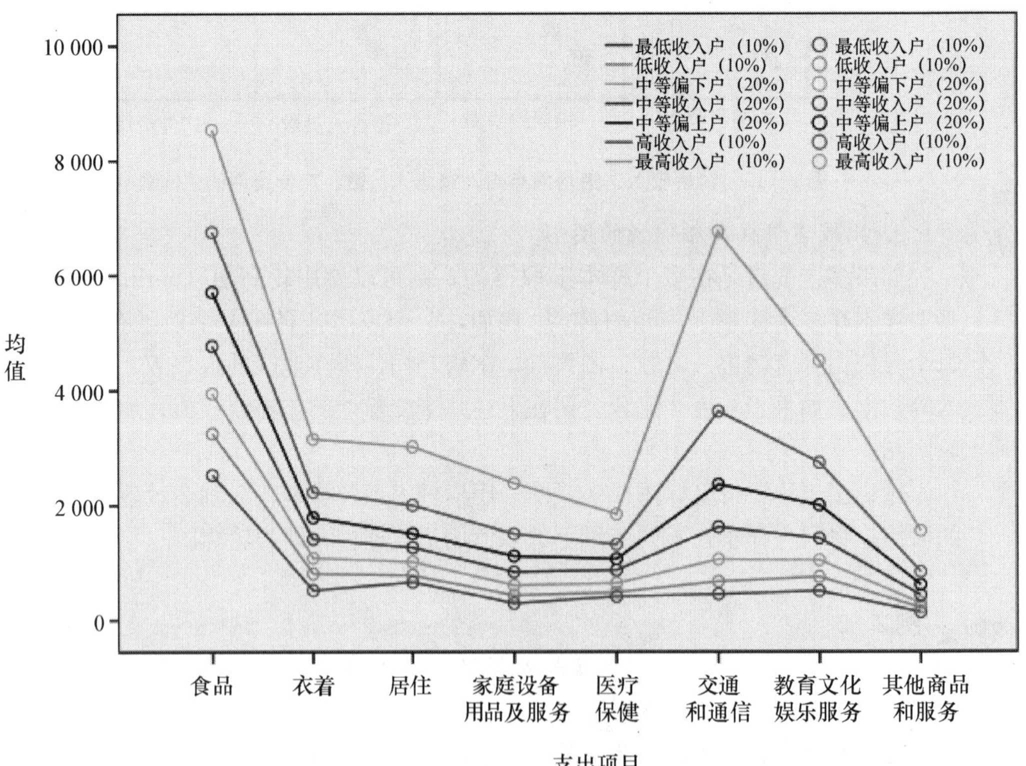

图 2－14　按收入等级分的我国城镇居民家庭平均每人全年消费性支出的轮廓图

下面的文本框中给出了利用 SPSS 绘制轮廓图的操作步骤。

使用【图形】命令绘制轮廓图

第 1 步：选择【图形】→【线图】。

第 2 步：在出现的对话框中选择【多线线图】，在【图表中的数据为】中选择【各个变量的摘要】，点击【定义】。

第 3 步：在出现的对话框中将所有变量选入【线的表征】，在【类别轴】框内选入类别变量（本例为支出项目），点击【确定】。

（注：系统自动输出的图形类别轴的类别是按拼音字母顺序排列的，双击图形的类别轴刻度线可以修改类别的排列顺序。双击类别轴刻度线，在出现的对话框中点击【类别】，在【排序依据】下用箭头按钮改变顺序，点击【应用】。）

从图 2-14 中可以得到以下几点结论：从各项支出金额看，各收入阶层的家庭平均每人的消费性支出中，食品支出都是最多的，其他商品和服务支出则是最少的；较高收入阶层的家庭平均每人各项消费性支出普遍高于较低收入阶层的家庭平均每人各项消费性支出，尤其是收入最高的 10%家庭的各项支出金额明显偏高，其他阶层之间的各项支出则相差不大；图中的各条折线基本上平行，这表明各收入阶层的家庭平均每人消费性支出的结构具有很强的相似性。

2.3 使用图表的注意事项

统计图表是展示数据的有效方式。在日常生活中，阅读报刊、看电视、上网都能看到大量的统计图表。统计表把杂乱的数据有条理地组织在一张简明的表格内，统计图把数据形象地展示出来。显然，看统计图表要比看枯燥的数字更有趣，也更容易理解数字信息。合理使用统计图表是做好统计分析的基本技能。

使用图表的目的是让别人更容易看懂、理解数据。一张精心设计的图表可以有效地把数据呈现出来。使用计算机很容易绘制出漂亮的图表，但需要注意的是，初学者往往会在图形的修饰上花费太多的时间和精力，而不注意对数据的表达。这样做得不偿失，也未必合理，甚至会画蛇添足。

精心设计的图表可以准确地表达数据所要传递的信息。设计图表时，应尽可能简洁，以清晰地显示数据、合理地表达统计信息。在绘制图形时，应避免一切不必要的修饰。过于花哨的修饰往往会使人注重图形本身，而忽略了图形所要表达的信息。

图形大体上为 4∶3 的一个矩形，过长或过高的图形都有可能歪曲数据，给人留下错误的印象。此外，图表应有编号和标题。编号一般使用阿拉伯数字，如表 1、表

2，等等。图表的标题应明示表中数据所属的时间（when）、地点（where）和内容（what），即通常所说的 3W 准则。表的标题通常放在表的上方；图的标题可以放在图的上方，也可以放在图的下方。

□ 本章图解：数据类型与图表展示方法

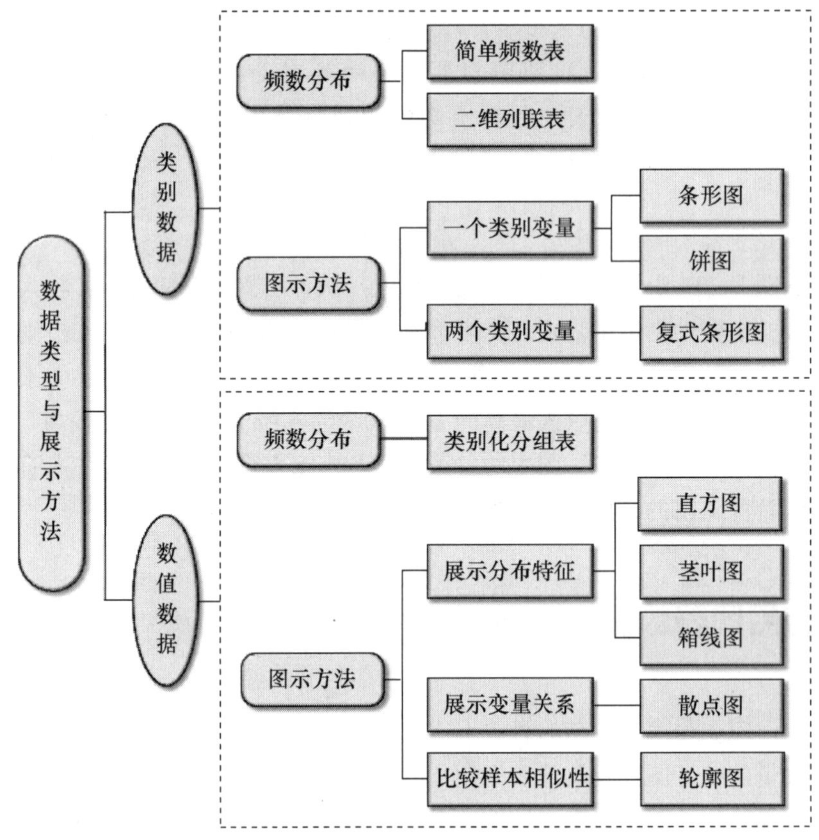

□ 主要术语

- **频数**（frequency）：落在某一特定类别的数据个数。
- **频数分布**（frequency distribution）：由变量的取值及其相应的频数形成的分布。
- **列联表**（contingency table）：也称**交叉表**（cross table），两个类别变量交叉分类的频数分布表。
- **比例**（proportion）：一个样本（或总体）中各类别的频数占全部频数的比值。
- **比率**（ratio）：一个样本（或总体）中各不同类别频数之间的比值。

□ 思考与练习

一、思考题

2.1 条形图和饼图各有什么用途？

2.2 反映数值数据分布特征的图形有哪些？

2.3 直方图与条形图有何区别？

2.4 茎叶图与直方图相比有什么优点？它们的应用场合是怎样的？

2.5 箱线图的主要用途是什么？

2.6 散点图和轮廓图各有什么用途？

2.7 使用图表应注意哪些问题？

二、练习题

2.1 为评价家电行业售后服务的质量，随机抽取了由 100 个家庭构成的一个样本。服务质量的等级分别表示为：A. 很好；B. 较好；C. 一般；D. 较差；E. 很差。调查结果如下：

B	E	C	C	A	D	C	B	A	E
D	A	C	B	C	D	E	C	E	E
A	D	B	C	C	A	E	D	C	B
B	A	C	D	E	A	B	D	D	C
C	B	C	E	D	B	C	C	B	C
D	A	C	B	C	D	E	C	E	B
B	E	C	C	A	D	C	B	A	E
B	A	C	D	E	A	B	D	D	C
A	D	B	C	C	A	E	D	C	B
C	B	C	E	D	B	C	C	B	C

（1）制作一张频数分布表。

（2）绘制一幅条形图，反映评价等级的分布。

（3）绘制一幅饼图，反映评价等级的构成。

2.2 为确定灯泡的使用寿命（单位：小时），从一批灯泡中随机抽取 100 只进行测试，所得结果如下：

700	716	728	719	685	709	691	684	705	718
706	715	712	722	691	708	690	692	707	701
708	729	694	681	695	685	706	661	735	665
668	710	693	697	674	658	698	666	696	698
706	692	691	747	699	682	698	700	710	722
694	690	736	689	696	651	673	749	708	727
688	689	683	685	702	741	698	713	676	702
701	671	718	707	683	717	733	712	683	692
693	697	664	681	721	720	677	679	695	691
713	699	725	726	704	729	703	696	717	688

（1）将数据分为10组，生成频数分布表。

（2）绘制直方图，说明数据分布的特点。

（3）制作茎叶图，并与直方图做比较。

2.3 下面是2006年我国10个城市各月份的气温数据：

月份	北京	沈阳	上海	南昌	郑州	武汉	广州	海口	重庆	昆明
1	−1.9	−12.7	5.7	6.6	0.3	4.2	15.8	18.5	7.8	10.8
2	−0.9	−8.1	5.6	6.5	3.9	5.8	17.3	20.5	9.0	13.2
3	8.0	0.5	11.1	12.7	11.5	12.8	17.9	21.8	13.3	15.9
4	13.5	8.0	16.6	19.3	17.1	19.0	23.6	26.7	19.2	18.0
5	20.4	18.3	20.8	22.7	21.8	23.9	25.3	28.3	22.9	18.0
6	25.9	21.6	25.6	26.0	27.8	28.4	27.8	29.4	25.4	20.4
7	25.9	24.2	29.4	30.0	27.1	30.2	29.8	30.0	31.0	21.3
8	26.4	24.3	30.2	30.0	26.1	29.7	29.4	28.5	32.4	20.6
9	21.8	17.5	23.9	24.3	21.2	24.0	27.0	27.4	24.8	18.3
10	16.1	11.6	22.1	22.1	19.0	21.0	26.4	27.1	20.6	16.9
11	6.7	0.8	15.7	15.0	10.8	14.0	21.9	25.3	14.6	13.2
12	−1.0	−6.7	8.2	8.1	3.0	6.8	16.0	20.8	9.4	9.8

绘制箱线图、垂线图和误差图，并比较各城市气温分布的特点。

2.4 下表是2011年我国31个地区的地区生产总值（按收入法计算）、全社会固定资产投资和最终消费支出数据（单位：亿元）。

地区	地区生产总值	固定资产投资	最终消费支出	地区	地区生产总值	固定资产投资	最终消费支出
北京	16 251.9	5 578.9	9 488.2	湖北	19 632.3	12 557.3	8 931.5
天津	11 307.3	7 067.7	4 286.3	湖南	19 669.6	11 880.9	9 088.7
河北	24 515.8	16 389.3	9 633.8	广东	53 210.3	17 069.2	26 074.8
山西	11 237.6	7 073.1	4 868.1	广西	11 720.9	7 990.7	5 601.6
内蒙古	14 359.9	10 365.2	5 526.6	海南	2 522.7	1 657.2	1 180.0
辽宁	22 226.7	17 726.3	8 867.2	重庆	10 011.4	7 473.4	4 641.6
吉林	10 568.8	7 441.7	4 423.7	四川	21 026.7	14 222.2	10 424.4
黑龙江	12 582.0	7 475.4	6 586.7	贵州	5 701.8	4 235.9	3 438.7
上海	19 195.7	4 962.1	10 821.2	云南	8 893.1	6 191.0	5 273.6
江苏	49 110.3	26 692.6	20 649.3	西藏	605.8	516.3	373.4
浙江	32 318.9	14 185.3	15 042.0	陕西	12 512.3	9 431.1	5 573.3
安徽	15 300.7	12 455.7	7 604.3	甘肃	5 020.4	3 965.8	2 967.0
福建	17 560.2	9 910.9	7 300.5	青海	1 670.4	1 435.6	859.8
江西	11 702.8	9 087.6	5 593.9	宁夏	2 102.2	1 644.7	1 020.2
山东	45 361.9	26 749.7	18 095.4	新疆	6 610.1	4 632.1	3 518.8
河南	26 931.0	17 769.0	11 783.1				

（1）绘制散点图分析各变量之间的关系。

（2）绘制轮廓图，比较31个地区在地区生产总值、固定资产投资和最终消费支出上的相似性。

第 3 章 数据的描述性分析：概括性度量

Chapter 3

问题与思考：怎样分析学生的考试成绩?

统计学是经济管理类各专业开设的一门必修课。下面是从一所大学经济管理类各专业中随机抽取的 50 名学生的统计学期末考试成绩：

68	70	55	85	84
75	73	91	78	73
70	92	68	81	60
84	65	73	95	76
73	78	84	70	81
60	87	81	67	88
76	90	70	82	65
81	75	69	72	78
88	66	94	80	87
92	68	76	86	93

如何分析这些数据呢？我们可以用直方图、茎叶图或箱线图等来描述考试成绩的分布状况，比如分布是否对称等，进而分析试卷是否合理。除此之外，还可以做哪些分析？你认为可以用哪些统计量来描述考试成绩？这些统计量的用途是什么？选择这些统计量的理由是什么？本章介绍的描述性分析方法可以用来解决这些问题。

利用图表可以得到对数据分布形状和特征的大致了解。但要进一步了解数据分布的一些数值特征，就需要利用统计量进行描述。一般来说，一组样本数据分布的数值特征可以从三个方面进行描述：一是数据的水平（也称为集中趋势或位置度量），反映全部数据的数值大小；二是数据的差异，反映各数据间的离散程度；三是分布的形状，反映数据分布的偏态和峰度。本章主要介绍描述样本特征值的统计量的计算方法、特点及其应用场合。

3.1 水平的描述

数据的水平是指其取值的大小。描述数据水平的统计量主要有平均数、中位数、分位数以及众数等。

3.1.1 平均数

平均数（mean）也称均值，它是一组数据相加后除以数据的个数得到的结果。样本平均数是度量数据水平的常用统计量，在参数估计和假设检验中经常用到。

设一组样本数据为 x_1，x_2，…，x_n，样本量（样本数据的个数）为 n，则样本平均数用 $\bar{x}$（读作 x-bar）表示，计算公式①为：

$$\bar{x}=\frac{x_1+x_2+\cdots+x_n}{n}=\frac{\sum_{i=1}^{n}x_i}{n} \tag{3.1}$$

式（3.1）得到的平均数也称为**简单平均数**（simple mean）。

为了说明方法，我们举一个简单的例子。实际应用时不论数据量大小，都是由软件直接计算的。

 **例 3－1**

2018 年 4 月北京每天的最高气温数据如表 3－1 所示，计算日最高气温的平均数。

表 3－1　　2018 年 4 月北京每天的最高气温　　单位：℃

日期	气温	日期	气温
4 月 1 日	25	4 月 7 日	12
4 月 2 日	25	4 月 8 日	18
4 月 3 日	15	4 月 9 日	20
4 月 4 日	12	4 月 10 日	24
4 月 5 日	10	4 月 11 日	22
4 月 6 日	12	4 月 12 日	21

---

① 如果有总体的全部数据 x_1，x_2，…，x_N，总体平均数用 μ 表示，其计算公式为：

$$\mu=\frac{x_1+x_2+\cdots+x_N}{N}=\frac{\sum_{i=1}^{N}x_i}{N}$$

实际中，总体平均数往往是不知道的，都是根据样本平均数来推断的。

续前表

日期	气温	日期	气温
4 月 13 日	11	4 月 22 日	20
4 月 14 日	19	4 月 23 日	20
4 月 15 日	20	4 月 24 日	24
4 月 16 日	23	4 月 25 日	28
4 月 17 日	25	4 月 26 日	27
4 月 18 日	25	4 月 27 日	31
4 月 19 日	26	4 月 28 日	31
4 月 20 日	27	4 月 29 日	24
4 月 21 日	22	4 月 30 日	26

解：根据式（3.1）有

$$\bar{x}=\frac{25+25+\cdots+24+26}{30}=21.5$$

3.1.2　分位数

一组数据按从小到大排序后，可以找到排在某个位置上的数值，用该数值代表数据取值的大小。这些位置上的数值就是相应的分位数，其中有中位数、四分位数、百分位数等。

1. 中位数

中位数（median）是一组数据排序后处于中间位置上的数值，用 M_e 表示。中位数将全部数据等分成两部分，每部分包含 50%的数据，一部分数据比中位数大，另一部分则比中位数小。中位数是用中间位置上的值代表数据的水平，其特点是不受极端值的影响，在研究收入分配时很有用。

计算中位数时，要先对 n 个数据进行排序，然后确定中位数的位置，最后确定中位数的具体数值。

设一组数据 x_1，x_2，…，x_n 按从小到大排序后为 $x_{(1)}$，$x_{(2)}$，…，$x_{(n)}$，则中位数就是 $(n+1)/2$ 位置上的值。计算公式为：

$$M_e=\begin{cases}x_{(\frac{n+1}{2})}, & n\text{ 为奇数}\\ \frac{1}{2}\left[x_{(\frac{n}{2})}+x_{(\frac{n}{2}+1)}\right], & n\text{ 为偶数}\end{cases} \tag{3.2}$$

 **例 3-2**

沿用例 3-1。计算日最高气温的中位数。

解：先将每天的温度数据排序，然后确定中位数的位置。中位数的位置是（30+1）÷

2=15.5，中位数是排序后的第 15 个数值（22）和第 16 个数值（23）的平均数，即 $M_e=22.5$。

2. 四分位数

四分位数（quartile）是一组数据排序后处于 25%和 75%位置上的数值。它是用 3 个点将全部数据等分为 4 部分，其中每部分包含 25%的数据。很显然，中间的四分位数就是中位数，因此通常所说的四分位数是指处于 25%位置上和 75%位置上的两个数值。

与中位数的计算方法类似，计算四分位数时，首先对数据排序，然后确定四分位数所在的位置，该位置上的数值就是四分位数。与中位数不同的是，四分位数位置的确定方法有多种，每种方法得到的结果可能会有一定差异，但差异不会很大（一般相差不会超过一个位次）。由于不同软件使用的计算方法可能不一样，因此，对同一组数据用不同软件得到的四分位数结果也可能会有差异，但不会影响分析的结论。

设 25%位置上的四分位数为 $Q_{25\%}$，75%位置上的四分位数为 $Q_{75\%}$，SPSS 给出的分位数位置的计算公式为：

$$Q_{25\%}\text{位置}=\frac{n+1}{4},\quad Q_{75\%}\text{位置}=\frac{3(n+1)}{4} \tag{3.3}$$

如果是在整数的位置上，四分位数就是该位置对应的数值；如果是在整数加 0.5 的位置上，则取该位置两侧数值的平均数；如果是在整数加 0.25 或 0.75 的位置上，则四分位数等于该位置前面的数值加上按比例分摊的位置两侧数值的差值。

 例 3-3

沿用例 3-1。计算日最高气温的四分位数。

解：首先，对 n 个数据从小到大排序，然后计算出四分位数的位置和相应的数值。

$Q_{25\%}\text{位置}=\frac{n+1}{4}=\frac{30+1}{4}=7.75$，即 $Q_{25\%}$ 在第 7 个数值（18）和第 8 个数值（19）之间 0.75 的位置上，因此，$Q_{25\%}=18+0.75\times(19-18)=18.75$。

$Q_{75\%}\text{位置}=\frac{3(n+1)}{4}=\frac{3\times(30+1)}{4}=23.25$，即 $Q_{75\%}$ 在第 23 个数值（25）和第 24 个数值（26）之间 0.25 的位置上，因此，$Q_{75\%}=25+0.25\times(26-25)=25.25$。

在 $Q_{25\%}$ 和 $Q_{75\%}$ 之间大约包含了 50%的数据。就上述日最高气温数据而言，可以说大约有一半天数的气温在 18.75℃～25.25℃。

3. 百分位数

百分位数（percentile）是用 99 个点将数据分成 100 等份，处于各分位点上的数值。百分位数提供了各项数据在最小值和最大值之间分布的信息。

与四分位数类似，百分位数也有多种算法，每种算法的结果不尽相同，但差异不会很大。设 $P_{i\%}$ 为第 i 个百分位数，则第 i 个百分位数的位置为：

$$P_{i\%}\text{位置}=\frac{i}{100}\times(n+1) \tag{3.4}$$

如果是在整数的位置上，百分位数就是该位置对应的数值；如果不是在整数的位置上，百分位数等于该位置前面的数值加上按比例分摊的位置两侧数值的差值。显然，中位数就是第 50 个百分位数 $P_{50\%}$，$Q_{25\%}$ 和 $Q_{75\%}$ 就是第 25 个百分位数 $P_{25\%}$ 和第 75 个百分位数 $P_{75\%}$。

例 3－4

沿用例 3－1。计算日最高气温的第 10 个和第 90 个百分位数。

解：根据式（3.4）有

$P_{10\%}$位置$=\frac{10}{100}\times(30+1)=3.1$。该百分位数在第 3 个值（12）和第 4 个值（12）之间 0.1 的位置上，因此 $P_{10\%}=12+0.1\times(12-12)=12$。

$P_{90\%}$位置$=\frac{90}{100}\times(30+1)=27.9$。该百分位数在第 27 个值（27）和第 28 个值（28）之间 0.9 的位置上，因此 $P_{10\%}=27+0.9\times(28-27)=27.9$。

其他百分位数的算法类似。

下面的文本框给出了用 SPSS 计算各分位数的操作步骤。

计算分位数

第 1 步：选择【分析】→【描述统计—频率】。

第 2 步：在出现的对话框中，将【气温】选入【变量】，然后点击【统计量】。

第 3 步：在出现的对话框中，选中【四分位数】，在【百分位数】框内写入要计算的百分位数（如 0.1，0.9 等）并依次单击【增加】。然后点击【继续】，点击【确定】。

（注：如果选中【割点】，在框内输入要分割的分位点（默认按 10 进行等分），可以得到各分位数。）

除平均数和分位数之外，有时候也会使用众数作为数据水平的度量。**众数**（mode）是一组数据中出现频数最多的数值，用 M_o 表示。一般情况下，只有在数据量较大时众数才有意义。从分布的角度看，众数是一组数据分布的峰值点所对应的数值。如果数据的分布没有明显的峰值，则众数可能不存在；如果有两个或多个峰值，也可以有两个或多个众数。

3.1.3　水平代表值的选择

平均数、中位数和众数是描述数据水平的三个主要统计量，要理解它们并不困难，但要合理使用就需要了解它们的特点和应用场合。用哪个统计量来代表一组数据的水平呢？平均数易被多数人理解和接受，实际中用得也较多，但缺点是易受极端值的影响。对于严重偏态分布的数据，平均数的代表性较差。中位数和众数提供的信息不像平均数那样多，但它们也有优点，比如不受极端值的影响，具有统计上的稳健性。当数据为偏态分布，特别是偏斜程度较大时，可以考虑选择中位数或众数，此时它们的代表性比平均数好。

从分布角度看，平均数是全部数据的算术平均，中位数是处于一组数据中间位置上的值，众数则始终是一组数据分布的峰值。因此，对于具有单峰分布的大多数数据而言，如果数据的分布是对称的，则平均数（$\bar{x}$）、中位数（M_e）和众数（M_o）必定相等；如果数据呈明显的左偏分布（分布在左边有长尾），则说明数据存在极小值，必然拉动平均数向极小值一方靠拢，而众数和中位数是位置代表值，不受极值的影响，此时有 $\bar{x}<M_e<M_o$；如果数据呈明显的右偏分布（分布在右边有长尾），则说明数据存在极大值，必然拉动平均数向极大值一方靠拢，此时有 $M_o<M_e<\bar{x}$。一般来说，数据分布对称或接近对称时，建议使用平均数；数据分布明显偏斜时，可以考虑使用中位数或众数。

3.2 差异的描述

怎样评价平均数、中位数和众数对一组数据的代表性呢？假定有甲、乙两个地区，甲地区的平均收入为 8 000 元，乙地区的平均收入为 5 000 元。你如何评价两个地区的收入状况？如果平均收入代表了该地区的生活水平，能否认为甲地区的平均生活水平就高于乙地区呢？要回答这些问题，首先需要搞清楚这里的平均收入能否代表大多数人的收入水平。如果甲地区有少数几个富翁，大多数人的收入都很低，则虽然平均收入很高，但多数人的生活水平仍然很低。相反，如果乙地区多数人的收入水平都在 5 000 元左右，虽然平均收入看上去不如甲地区，但多数人的生活水平却比甲地区高，原因是甲地区的收入差异大于乙地区。这个例子表明，仅仅知道数据取值的大小是远远不够的，还必须考虑数据之间的差异有多大。数据之间的差异用统计语言来说就是数据的离散程度。数据的离散程度越大，各描述统计量对该组数据的代表性就越差；数据的离散程度越小，各描述统计量的代表性就越好。

描述样本数据离散程度的统计量主要有极差、四分位差、方差和标准差以及测度相对离散程度的变异系数等。

3.2.1 极差和四分位差

极差（range）是一组数据的最大值与最小值之差，也称全距，用 R 表示。比如，根据例 3 - 1 中的数据，计算日最高气温的极差为：$R=31-10=21$。由于极差只利用了一组数据两端的信息，因此容易受极端值的影响，不能全面反映差异状况。虽然极差在实际中很少单独使用，但它可以作为分析数据离散程度的一个参考值。

四分位差（quartile deviation）是一组数据 75%位置上的四分位数与 25%位置上的四分位数之差，也称**内距**或**四分间距**（inter-quartile range）。用 IQR 表示四分位差，其计算公式为：

$$IQR=Q_{75\%}-Q_{25\%} \tag{3.5}$$

四分位差反映了中间 50%数据的离散程度：数值越小，说明中间的数据越集中；数值越大，说明中间的数据越分散。四分位差不受极值的影响。此外，由于中位数处于数据的中间位置，因此，四分位差的大小在一定程度上也说明了中位数对一组数据的代表程度。例如，根据例 3－3 计算得到的日最高气温的四分位数，有 $IQR=25.25-18.75=6.5$。

3.2.2　方差和标准差

如果考虑每个数据 x_i 与其平均数 $\bar{x}$ 之间的差异，以此作为一组数据离散程度的度量，则结果要比极差和四分位差更全面准确。这就需要求出每个数据 x_i 与其平均数 $\bar{x}$ 离差的平均数。但由于 $(x_i-\bar{x})$ 之和等于 0，因此需要进行一定的处理。一种方法是将离差取绝对值，求和后再平均，这一结果称为**平均离差**（mean deviation）或**平均绝对离差**（mean absolute deviation）；另一种方法是将离差取平方后再求平均数，这一结果称为**方差**（variance）。方差开方后的结果称为**标准差**（standard deviation），它是一组数据与其平均数相比平均相差的数值。方差（或标准差）是实际中应用最广泛的测度数据离散程度的统计量。

设样本方差为 s^2，根据原始数据计算样本方差的公式为：

$$s^2=\frac{\sum_{i=1}^{n}(x_i-\bar{x})^2}{n-1} \tag{3.6}$$

样本标准差的计算公式为：

$$s=\sqrt{\frac{\sum_{i=1}^{n}(x_i-\bar{x})^2}{n-1}} \tag{3.7}$$

与方差不同的是，标准差具有量纲，它与原始数据的计量单位相同，其实际意义要比方差更清楚。因此，在对实际问题进行分析时使用更多的是标准差。

 **例 3－5**

根据例 3－1 中的数据，计算日最高气温的方差和标准差。

解：根据式（3.6），方差为：

$$s^2=\frac{(25-21.5)^2+(25-21.5)^2+\cdots+(26-21.5)^2}{50-1}=33.707$$

根据式（3.7），标准差为：

$$s=\sqrt{33.707}=5.806$$

结果表明，每天日最高气温与其平均数相比平均相差 5.806。

3.2.3 变异系数

标准差是反映数据离散程度的绝对值，其数值的大小受原始数据取值大小的影响，数据的观测值越大，标准差的值通常也就越大。此外，标准差与原始数据的计量单位相同，采用不同计量单位计量的数据，其标准差的值也不同。因此，对于不同组别的数据，如果原始数据的观测值相差较大或计量单位不同，则不能用标准差直接比较其离散程度，这时需要计算变异系数。

变异系数（coefficient of variation）也称离散系数，它是一组数据的标准差与其相应的平均数之比。由于变异系数消除了数据取值大小和计量单位对标准差的影响，因此可以反映一组数据的相对离散程度。其计算公式为：

$$cv=\frac{s}{\bar{x}} \tag{3.8}$$

变异系数主要用于比较不同样本数据的离散程度。变异系数大，说明数据的相对离散程度大；变异系数小，说明数据的相对离散程度小。①

例 3-6

在奥运会女子 10 米气手枪比赛中，每个运动员首先进行每组 10 枪共 4 组的预赛，然后根据预赛总成绩确定进入决赛的 8 名运动员。决赛时 8 名运动员再进行 10 枪射击，最后将预赛成绩加上决赛成绩确定名次。在 2008 年 8 月 10 日举行的第 29 届北京奥运会女子 10 米气手枪决赛中，进入决赛的 8 名运动员最后 10 枪的决赛成绩如表 3-2 所示。

表 3-2　　8 名运动员 10 枪的决赛成绩　　单位：环

	姓名	第1枪	第2枪	第3枪	第4枪	第5枪	第6枪	第7枪	第8枪	第9枪	第10枪
1	纳塔利娅·帕杰林娜	10.0	8.5	10.0	10.2	10.6	10.5	9.8	9.7	9.5	9.3
2	郭文珺	10.0	10.5	10.4	10.4	10.1	10.3	9.4	10.7	10.8	9.7
3	卓格巴德拉赫·蒙赫珠勒	9.3	10.0	8.7	8.3	9.2	9.5	8.5	10.7	9.2	9.2
4	妮诺·萨卢克瓦泽	9.8	10.3	10.0	9.5	10.2	10.7	10.4	10.6	9.1	10.8
5	维多利亚·柴卡	9.3	9.4	10.4	10.1	10.2	10.5	9.2	10.5	9.8	8.6
6	莱万多夫斯卡·萨贡	8.1	10.3	9.2	9.9	9.8	10.4	9.9	9.4	10.7	9.6
7	亚斯娜·舍卡里奇	10.2	9.6	9.9	9.9	9.3	9.1	9.7	10.0	9.3	9.9
8	米拉·内万苏	8.7	9.3	9.2	10.3	9.8	10.0	9.7	9.9	9.9	9.7

① 当平均数接近 0 时，变异系数的值趋于无穷大，此时必须慎重解释。

计算变异系数，评价运动员发挥的稳定性，同时结合箱线图进行分析。

解：如果各运动员决赛的平均成绩差异不大，则可以直接比较标准差的大小，否则需要计算变异系数。

下面的文本框中给出了利用 SPSS 计算变异系数的操作步骤。

用【CFVAR】函数计算个案的变异系数

第 1 步：选择【转换】→【计算变量】。

第 2 步：在出现的对话框中，在【目标变量】框后写入要输出的变量名称，如"变异系数"。在【函数组】下点击【统计量】，在【函数和特殊变量】下双击【CFVAR】函数。

第 3 步：在【数字表达式】CFVAR(numexpr，numexpr，…）中选入要计算的个案（本例为每名运动员）的变量（本例为运动员每枪射击的成绩），个案的变量之间用逗号（,）隔开。本例函数表达式的形式为：CFVAR(第 1 枪，第 2 枪，第 3 枪，第 4 枪，第 5 枪，第 6 枪，第 7 枪，第 8 枪，第 9 枪，第 10 枪)。点击【确定】。

（注：SPSS 的【统计量】函数组中还提供了其他一些常用统计量的函数，如平均数函数 MEAN、中位数函数 MEDIAN、方差函数 VARIANCE、标准差函数 SD，等等。其操作步骤与上述类似。）

8 名运动员最后 10 枪决赛的平均成绩、标准差和变异系数如表 3－3 所示。

表 3－3　8 名运动员 10 枪决赛的平均成绩、标准差和变异系数

	姓名	平均环数	标准差	变异系数
1	纳塔利娅·帕杰林娜	9.81	.6154	.0627
2	郭文珺	10.23	.4373	.0427
3	卓格巴德拉赫·蒙赫珠勒	9.26	.7074	.0764
4	妮诺·萨卢克瓦泽	10.14	.5461	.0539
5	维多利亚·柴卡	9.80	.6498	.0663
6	莱万多夫斯卡·萨贡	9.73	.7334	.0754
7	亚斯娜·舍卡里奇	9.69	.3573	.0369
8	米拉·内万苏	9.65	.4625	.0479

8 名运动员最后 10 枪决赛成绩的箱线图如图 3－1 所示。

从变异系数可以看出，在最后 10 枪的决赛中，发挥比较稳定的运动员是塞尔维亚的亚斯娜·舍卡里奇（变异系数为 0.036 9）和中国的郭文珺（变异系数为 0.042 7)，发挥比较不稳定的运动员是蒙古国的卓格巴德拉赫·蒙赫珠勒（变异系数为 0.076 4）和波兰的莱万多夫斯卡·萨贡（变异系数为 0.075 4)。郭文珺的平均环数远高于其他选手，且发挥稳定，最终获得了本届奥运会女子 10 米气手枪决赛的金牌。图 3－1 也可以很好地佐证上述结论。

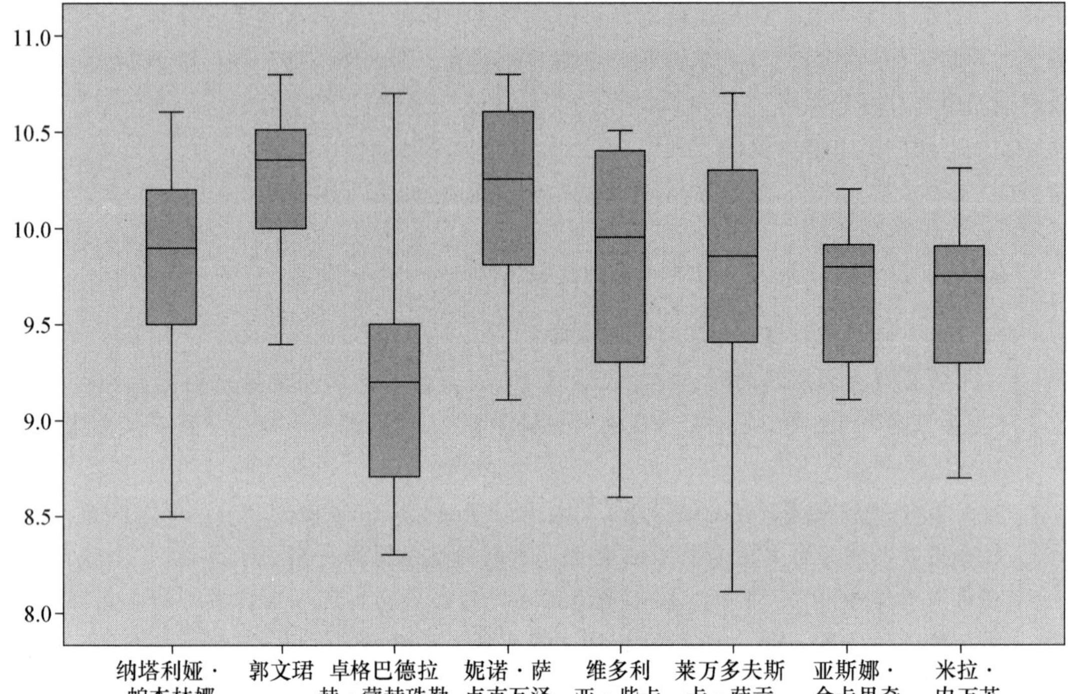

图 3-1　8 名运动员 10 枪决赛成绩的箱线图

3.2.4　标准得分

有了平均数和标准差之后，可以计算一组数据中每个数值的**标准得分**（standard score），也称标准化值或 z 分数。它可以用于测度每个数值在该组数据中的相对位置，也可以用于判断一组数据中是否有离群点。比如，全班的平均考试分数为 80 分，标准差为 10 分，而你的考试分数是 90 分，那么你的分数距离平均分有多远？显然是 1 个标准差的距离。这里的 1 就是你的考试成绩的标准得分。标准得分说的是某个数据与平均数相差多少个标准差，它是某个数据与其平均数的离差除以标准差后的值。设标准分数为 z，计算公式为：

$$z_i=\frac{x_i-\overline{x}}{s} \tag{3.9}$$

式（3.9）也就是统计上常用的标准化公式，在对多个具有不同量纲的变量进行处理时，常常需要对各变量的数据进行标准化处理，也就是把一组数据转化成具有平均数 0、标准差 1 的新数据。实际上，标准得分只是对原始数据进行了线性变换，并没有改变某个数值在该组数据中的位置，也没有改变该组数据分布的形状。

 例 3－7

根据例 3－1 中的数据，计算日最高气温的标准得分。

解：下面的文本框中给出了利用 SPSS 计算标准得分的操作步骤。

计算标准得分

第 1 步：选择【分析】→【描述统计】→【描述】。

第 2 步：在出现的对话框中，将需要标准化的变量选入【变量】，然后选中【将标准化得分另存为变量】。点击【确定】（SPSS 会将标准得分变量以“Z”开头存放在“数据视图”工作表中）。

日最高气温的标准得分如表 3－4 所示。

表 3－4　日最高气温的标准得分

日期	气温	Z 气温	日期	气温	Z 气温
4 月 1 日	25	0.602 8	4 月 16 日	23	0.258 4
4 月 2 日	25	0.602 8	4 月 17 日	25	0.602 8
4 月 3 日	15	－1.119 6	4 月 18 日	25	0.602 8
4 月 4 日	12	－1.636 3	4 月 19 日	26	0.775 1
4 月 5 日	10	－1.980 8	4 月 20 日	27	0.947 3
4 月 6 日	12	－1.636 3	4 月 21 日	22	0.086 1
4 月 7 日	12	－1.636 3	4 月 22 日	20	－0.258 4
4 月 8 日	18	－0.602 8	4 月 23 日	20	－0.258 4
4 月 9 日	20	－0.258 4	4 月 24 日	24	0.430 6
4 月 10 日	24	0.430 6	4 月 25 日	28	1.119 6
4 月 11 日	22	0.086 1	4 月 26 日	27	0.947 3
4 月 12 日	21	－0.086 1	4 月 27 日	31	1.636 3
4 月 13 日	11	－1.808 5	4 月 28 日	31	1.636 3
4 月 14 日	19	－0.430 6	4 月 29 日	24	0.430 6
4 月 15 日	20	－0.258 4	4 月 30 日	26	0.775 1

表中 4 月 1 日的标准得分 0.602 8，表示该天的最高气温与平均数（21.5）相比高出 0.602 8 个标准差；4 月 3 日的最高气温与平均数相比低 1.119 6 个标准差。其余的含义类似。

根据标准得分，可以判断一组数据中是否存在离群点。经验表明：当一组数据对称分布时，约有 68%的数据在平均数加减 1 个标准差的范围之内；约有 95%的数据在平均数加减 2 个标准差的范围之内；约有 99%的数据在平均数加减 3 个标准差的范围之内。可以想象，一组数据中在平均数 3 倍标准差范围之外的数值是很少的，也就是说，在平均数加减 3 个标准差的范围内几乎包含了全部数据，而在 3 个标准差之外的数据在统计上称为离群点。

经验法则适用于分布对称的数据。如果一组数据的分布不对称，则需要使用切比雪夫不等式（Chebyshev's inequality）来判别。对任意分布的数据，根据切比雪夫不等式，至少有（$1-1/k^2$）的数据落在平均数加减 k 个标准差的范围之内。其中 k 是大于 1 的任意值，但不一定是整数。对于 $k=2$，3，4，该不等式的含义是：至少有 75%的数据落在平均数加减 2 个标准差的范围之内；至少有 89%的数据落在平均数加减 3 个标准差的范围之内；至少有 94%的数据落在平均数加减 4 个标准差的范围之内。

3.3 分布形状的描述

通过直方图和茎叶图等统计图就可以看出数据的分布是否对称。对于不对称的分布，要想知道不对称的程度则需要计算相应的描述统计量。偏度系数和峰度系数就是对分布对称程度和峰值高低的一种度量。

偏态（skewness）是指数据分布的不对称性，这一概念是由统计学家卡尔·皮尔逊（K. Pearson）于 1895 年首次提出的。测度数据分布不对称性的统计量称为**偏度系数**（coefficient of skewness），记作 SK。在根据原始数据计算偏度系数时，通常采用下面的公式：

$$SK=\frac{n}{(n-1)(n-2)}\sum\left(\frac{x-\bar{x}}{s}\right)^3 \tag{3.10}$$

如果一组数据的分布是对称的，则偏度系数等于 0。偏度系数越接近 0，偏斜程度就越低，分布就越接近对称分布。如果偏度系数明显不等于 0，则表明分布是非对称的。若偏度系数大于 1 或小于−1，则视为严重偏态分布；若偏度系数在 0.5～1 或−1～−0.5 之间，则视为中等偏态分布；若偏度系数小于 0.5 或大于−0.5，则视为轻微偏度。其中，负值表示左偏分布（在分布的左侧有长尾），正值则表示右偏分布（在分布的右侧有长尾）。例如，根据例 3－1 中日最高气温数据计算的偏度系数为−0.542，表明日最高气温的分布为中等程度的左偏。

峰度（kurtosis）是指数据分布峰值的高低，这一概念是由统计学家卡尔·皮尔逊于 1905 年首次提出的。测度一组数据分布峰值高低的统计量是**峰度系数**（coefficient of kurtosis），记作 K。根据原始数据计算峰度系数时，通常采用下面的公式：

$$K=\frac{n(n+1)}{(n-1)(n-2)(n-3)}\sum\left(\frac{x_i-\bar{x}}{s}\right)^4-\frac{3(n-1)^2}{(n-2)(n-3)} \tag{3.11}$$

峰度通常是与标准正态分布相比较而言的。标准正态分布的峰度系数为 0，当 $K>0$ 时为尖峰分布，数据的分布相对集中；当 $K<0$ 时为扁平分布，数据的分布相对分散。

例如，根据例 3－1 中日最高气温数据计算的峰度系数为－0.443，表明日最高气温分布的峰值比标准正态分布的峰值略低一些。

3.4 数据的综合描述

在实际分析中，对所分析的变量通常需要一次计算出多个描述统计量，进而做出全面的描述。虽然可以使用 SPSS 的函数计算所需的某个统计量，但显然比较麻烦。实际上，利用 SPSS 的【分析】功能可以很容易地计算出各种统计量。

下面的文本框中给出了利用 SPSS 计算描述统计量的操作步骤。

用【分析】工具计算描述统计量

第 1 步：选择【分析】→【描述统计—频率】。

第 2 步：将用于描述的变量选入【变量】；点击【统计量】，选择所需的描述统计量。点击【继续】回到主对话框；点击【确定】。

（注：使用【分析】→【描述统计—描述】或【分析】→【描述统计—探索】也可以得到所需的描述统计量。几种方式输出的统计量个数略有差异。）

下面通过几个例子来说明对数据进行综合描述的基本思路。

例 3－8

随机抽取 20 名网络购物消费者，调查他们某月的网购金额，结果如表 3－5 所示。

表 3－5　　20 名消费者某月的网购金额　　单位：元

579	3 315	871	280	1 302
186	168	620	277	1 295
178	95	176	178	577
726	782	185	889	1 680

计算有关的描述统计量，并结合直方图和茎叶图对网购金额进行综合分析，你认为用哪些统计量来描述网购金额比较合适？

解： 由 SPSS 的【描述统计—频率】得到的结果如表 3－6 所示。

表 3-6　20 名消费者某月网购金额的描述统计量

统计量

网购金额

N	有效	20
	缺失	0
均值		717.95
中值		578.00
众数		178
标准差		759.864
方差		577393.945
偏度		2.325
偏度的标准误		.512
峰度		6.712
峰度的标准误		.992
全距		3220
百分位数	25	179.75
	50	578.00
	75	884.50

网购金额的直方图和茎叶图如图 3-2 和图 3-3 所示。

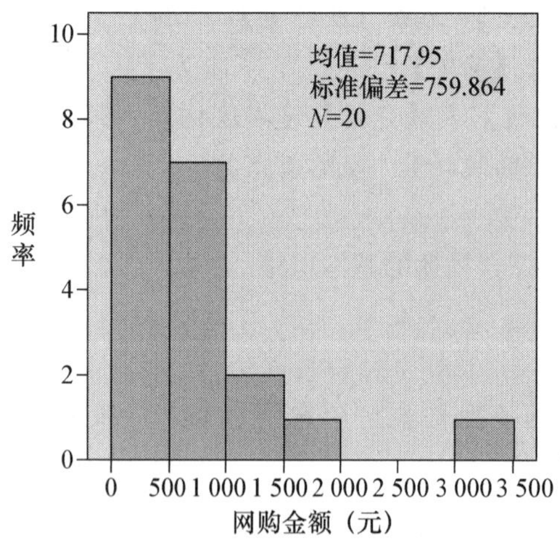

图 3-2　网购金额的直方图

```
网购金额Stem-and-Leaf Plot

Frequency        Stem  &  Leaf

    9.00         0.011111122
    7.00         0.5567788
    2.00         1.23
    1.00         1.6
    1.00 Extremes  (>=3 315)

Stem width:          1 000
Each leaf:         1  case (s)
```

图 3-3　网购金额的茎叶图

表 3-6 中给出了本章介绍的一些主要描述统计量。从分布形态看，偏度系数为 2.325，为较大的正值，表明网购金额呈严重的右偏分布。从图 3-2 和图 3-3 也可以看出这一点。

从均值和中位数看，均值远大于中位数，这表明均值由于受少数极大值的影响而被拉大。标准差和极差也都较大，表明网购金额的分布非常分散。由于中位数不受极端值的影响，具有稳健性，因此，在网购金额分布严重右偏的情况下，用中位数来代表网购金额更为合适。

例 3－9

在某大学随机抽取 60 名大学生，调查得到他们的性别、家庭所在地和月生活费支出数据（单位：元），如表 3－7 所示。

表 3－7　　　　60 名大学生的调查数据

性别	家庭所在地	月生活费支出	性别	家庭所在地	月生活费支出
女	中小城市	1500	女	乡镇地区	1850
男	大型城市	2000	女	乡镇地区	2000
男	大型城市	1800	女	中小城市	1700
女	中小城市	1600	女	大型城市	1800
女	中小城市	2000	男	中小城市	1860
女	大型城市	2100	男	乡镇地区	1950
男	大型城市	1100	女	中小城市	1900
男	大型城市	1780	男	中小城市	2000
女	中小城市	1550	女	乡镇地区	1870
女	乡镇地区	1300	女	中小城市	1900
男	大型城市	2000	女	大型城市	2400
男	大型城市	1700	女	大型城市	2000
女	中小城市	1400	女	中小城市	2360
女	大型城市	1500	女	中小城市	2050
男	大型城市	1400	女	大型城市	2200
男	大型城市	1480	男	大型城市	2000
女	中小城市	2350	女	中小城市	1750
女	中小城市	1450	女	中小城市	2250
男	大型城市	1500	女	大型城市	2800
男	大型城市	1760	女	大型城市	1900
男	中小城市	1300	男	大型城市	2000
男	中小城市	1600	男	乡镇地区	1900
女	中小城市	1680	女	中小城市	2200
男	中小城市	1850	女	乡镇地区	1800
男	乡镇地区	1500	女	乡镇地区	1900
女	中小城市	1600	男	乡镇地区	1500
男	大型城市	1300	男	大型城市	2000
女	大型城市	1800	男	大型城市	1900
女	大型城市	1550	女	大型城市	2300
男	中小城市	1350	女	中小城市	1900

对调查数据进行综合分析。

解：首先，我们画出 60 名大学生月生活费支出的直方图（如图 3－4 所示），观察月生活费支出的分布状况。

从图 3－4 可以看出，大学生月生活费支出的分布基本上是对称的，也就是以均值为中心，两侧依次减少，这基本上符合大学生生活费支出的特点。

其次，我们可以按性别和家庭所在地进行分类，分别描述不同性别和不同家庭所在地的大学生月生活费支出的特征，看看性别和家庭所在地对生活费支出是否有影响。

下面的文本框中给出了利用 SPSS 进行分类描述的操作步骤。

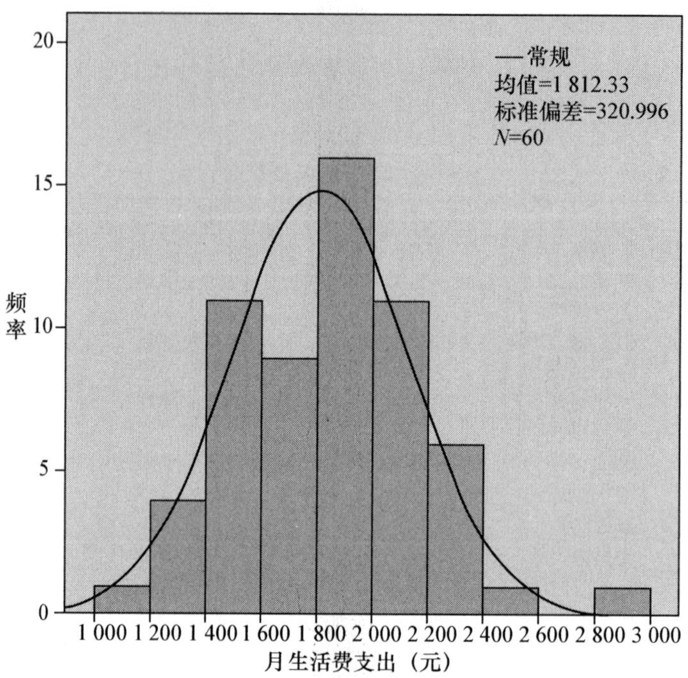

图 3-4　60 名大学生月生活费支出的直方图

用【均值】过程进行分类描述

第 1 步：选择【分析】→【比较均值—均值】。

第 2 步：在出现的对话框中，将月生活费支出变量选入【因变量列表】；将性别和家庭所在地选入【自变量列表】，点击【选项】。将所需的描述统计量从【统计量】列表中选入【单元格统计量】，点击【继续】回到主对话框。点击【确定】。

表 3-8 和表 3-9 分别是按性别和家庭所在地分类汇总得到的一些描述统计量。

表 3-8　60 名大学生按性别汇总的描述统计量

月生活费支出 * 性别

月生活费支出

性别	N	均值	中值	标准差	全距	偏度
男	25	1701.20	1780.00	275.489	900	-.549
女	35	1891.71	1900.00	331.152	1500	.503
总计	60	1812.33	1850.00	320.996	1700	.316

表 3-9 60 名大学生按家庭所在地汇总的描述统计量

月生活费支出 *家庭所在地

月生活费支出

家庭所在地	N	均值	中值	标准差	全距	偏度
大型城市	26	1848.85	1850.00	364.135	1700	.321
乡镇地区	10	1757.00	1860.00	236.034	700	-1.053
中小城市	24	1795.83	1800.00	308.657	1060	.269
总计	60	1812.33	1850.00	320.996	1700	.316

从表 3-8 可以看出男女生月生活费支出之间的差异。女生月生活费支出的均值和中位数均大于男生，同时，女生月生活费支出的标准差和极差也都大于男生，相应的变异系数 $cv_{女}=0.175>cv_{男}=0.162$，说明女生月生活费支出的离散程度大于男生。从分布形态看，女生月生活费支出的偏度系数是 0.503，呈右偏分布，而男生的偏度系数是 −0.549，呈左偏分布。

从表 3-9 可以看出，家庭所在地不同的大学生月生活费支出也有差异。大型城市大学生的月生活费支出均值大于中小城市和乡镇地区，但乡镇地区的中位数最大。从标准差看，乡镇地区的标准差最小。从变异系数看，$cv_{大型城市}=0.197>cv_{中小城市}=0.172>cv_{乡镇地区}=0.134$，乡镇地区大学生的月生活费支出离散程度最低，大型城市则最高。从分布形态看，乡镇地区大学生月生活费支出的偏度系数为 −1.053，呈严重的左偏分布，大型城市和中小城市大学生的月生活费支出则呈轻微的右偏分布。

使用【分析】→【描述统计—探索】也可以得到分类汇总的描述统计量和图形，操作步骤如下面的文本框所示。

用【探索】分析进行分类描述

第 1 步：选择【分析】→【描述统计—探索】。

第 2 步：在出现的对话框中，将月生活费支出变量选入【因变量列表】；将性别和家庭所在地选入【因子列表】。点击【绘制】选择所需的图形，点击【确定】。

按上述步骤可以得到按性别和家庭所在地分类汇总的各描述统计量、分类茎叶图、直方图和箱线图等。为节省篇幅，这里仅列出按性别和家庭所在地分类的箱线图，如图 3-5 和图 3-6 所示。

图 3-5 显示，女生月平均支出高于男生，且比较分散。图 3-6 显示，来自不同家庭所在地的学生月生活费支出的差异不大，但来自大城市的学生的支出差异较大，而来自乡镇地区的学生的支出差异最小。

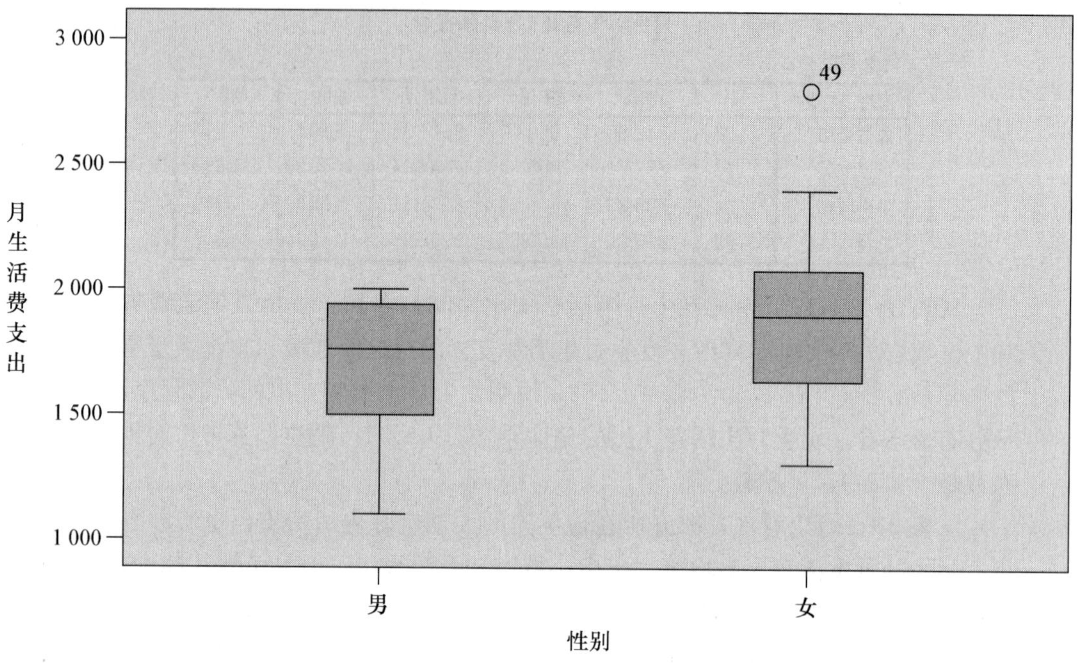

图 3-5 按性别分类的月生活费支出的箱线图

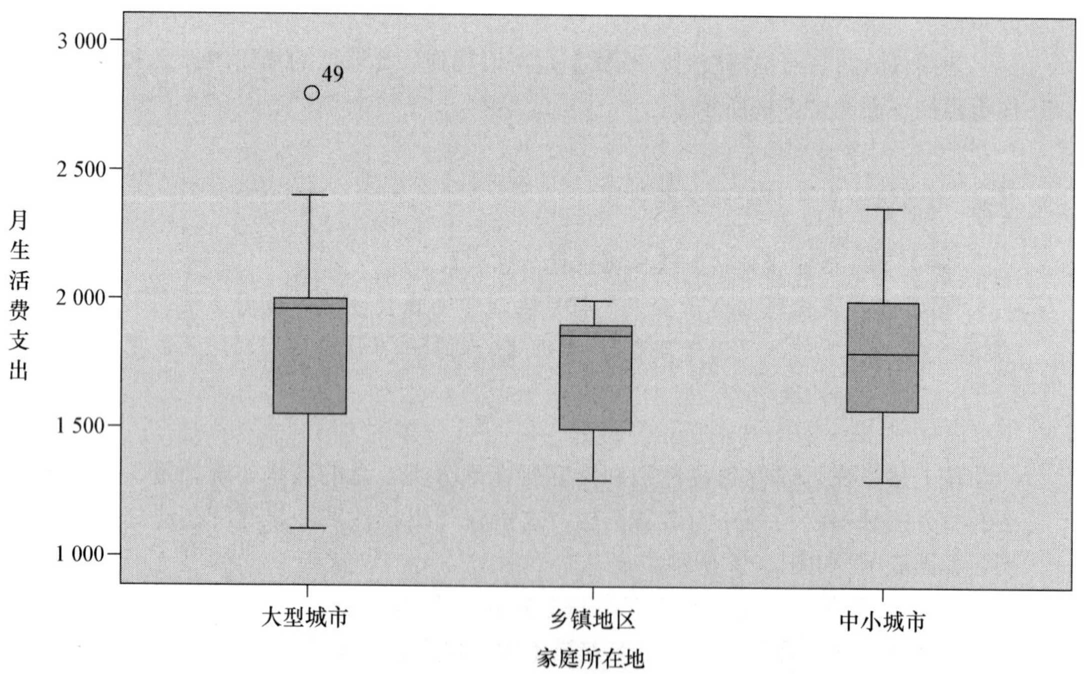

图 3-6 按家庭所在地分类的月生活费支出的箱线图

□ 本章图解：数据分布特征与描述统计量

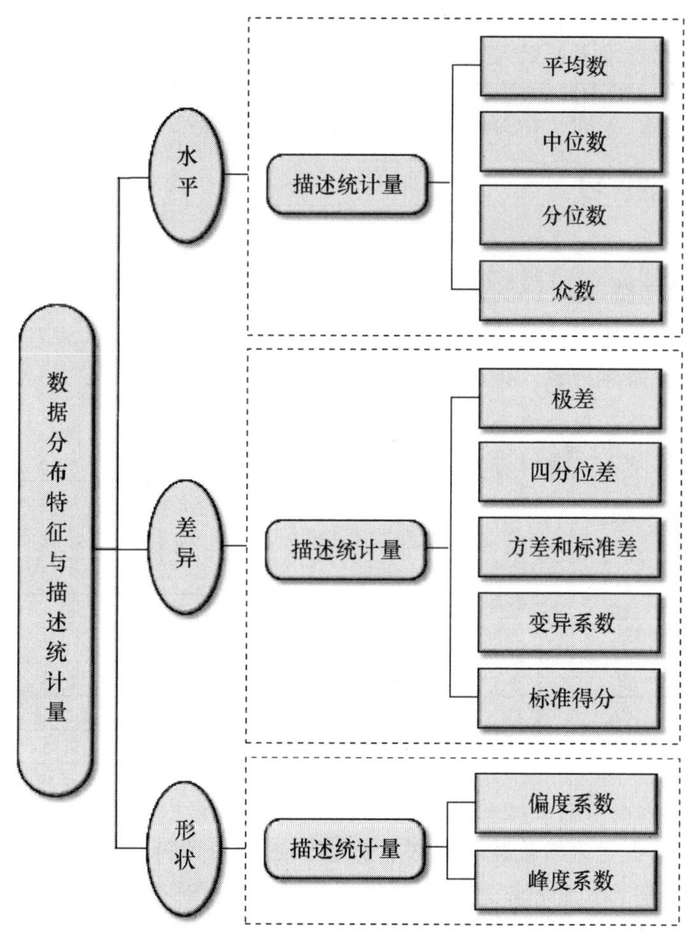

□ 主要术语

- **平均数**（mean）：也称均值，它是一组数据相加后除以数据的个数得到的结果。
- **中位数**（median）：一组数据排序后处于中间位置上的数值，用 M_e 表示。
- **四分位数**（quartile）：一组数据排序后处于 25%和 75%位置上的数值。
- **众数**（mode）：一组数据中出现频数最多的数值，用 M_o 表示。
- **极差**（range）：也称全距，一组数据的最大值与最小值之差。
- **四分位差**（quartile deviation）：75%位置上的四分位数与 25%位置上的四分位数之差。

- **方差**（variance）：各数据与其平均数离差平方的平均数。
- **标准差**（standard deviation）：方差的平方根。
- **变异系数**（coefficient of variation）：一组数据的标准差与其平均数之比。
- **标准得分**（standard score）：也称标准化值或 z 分数，某个数据与其平均数的离差除以标准差后的值。

□ 思考与练习

一、思考题

3.1　一组数据分布的数值特征可以从哪几个方面进行描述？

3.2　说明平均数、中位数和众数的特点及应用场合。

3.3　为什么要计算变异系数？

3.4　标准得分有哪些用途？

二、练习题

3.1　随机抽取 25 个网络用户，得到他们的年龄数据（单位：岁）如下：

19	15	29	25	24
23	21	38	22	18
30	20	19	19	16
23	27	22	34	24
41	20	31	17	23

计算网民年龄的描述统计量，并对网民年龄的分布特征进行综合分析。

3.2　某银行为缩短顾客到银行办理业务等待的时间，准备对两种排队方式进行试验。一种是所有顾客都进入一个等待队列，另一种是顾客在 3 个业务窗口处列 3 队等待。为比较哪种排队方式使顾客等待的时间更短，从两种排队方式各随机抽取 9 名顾客，得到第一种排队方式的平均等待时间为 7.2 分钟，标准差为 1.97 分钟，第二种排队方式的等待时间（单位：分钟）如下：

5.5　6.6　6.7　6.8　7.1　7.3　7.4　7.8　7.8

（1）计算第二种排队方式等待时间的平均数和标准差。

（2）比较两种排队方式等待时间的离散程度。

（3）如果让你选择一种排队方式，你会选择哪一种？试说明理由。

3.3　一家公司在招聘职员时进行两项能力测试。在 A 项测试中，其平均分数是 100 分，标准差是 15 分；在 B 项测试中，其平均分数是 400 分，标准差是 50 分。一位应聘者在 A 项测试中得了 115 分，在 B 项测试中得了 425 分。与平均分数相比，该应聘者哪一项测试的成绩更为理想？

3.4　一种产品需要人工组装，现有 3 种可供选择的组装方法。为检验哪种方法更好，随机抽取 15 名工人，让他们分别用 3 种方法组装产品。下面是 15 名工人分别用 3 种方法在相同的时间内组装的产品数量（单位：个）：

方法 A	方法 B	方法 C
164	129	125
167	130	126
168	129	126
165	130	127
170	131	126
165	130	128
164	129	127
168	127	126
164	128	127
162	128	127
163	127	125
166	128	126
167	128	116
166	125	126
165	132	125

（1）你准备用哪些统计量来评价组装方法的优劣？

（2）如果让你选择一种方法，你会做出怎样的选择？试说明理由。

第 4 章 Chapter 4 随机变量的概率分布

问题与思考：彩票中奖的概率有多大？

一名打工者半个小时内花 1 000 元钱买了 500 张即开型福利彩票，结果没撞上大奖。和他同来的小马说，他俩到北京来打工，一个月只挣 1 000 多元钱，本想买几张彩票碰碰运气，可工友却较上了劲，非要中个大奖。

曾有一位款姐玩彩票更让人心惊肉跳。她全部随机选号，一下子花去了 2 万多元钱，开奖后也未中特等奖和一等奖。

对于多数人来说，彩票只是一种数字游戏，是社会筹集闲散资金的一种方式，而不是一种投资，更不是赌博。虽然只有 7 位数，但排列组合可达到几百万种之多，所以一次买彩票 20 注与买 200 注的中奖概率并没有多大的差别。有人做过统计，最赚钱的彩票，中彩的概率最高是 1/5 000 000，有的甚至达到 1/10 000 000。博彩者千万不能贪心，不要幻想一次下注就成为富翁，要认真谨慎地对待每一次投注，切不可陷入“贪心不足蛇吞象”的误区。量力而行，限额投注，用极少的资金投注，用平常心等待大奖的降临，才是真正的赢家。赢彩的人总是少数，法国就有这样的谚语：“中彩的机会比空难的还少。”懂一点概率的知识，你就不会跟彩票较劲了。

当你去购买彩票时，希望自己中大奖，但能否中奖是不确定的。当你去投资股票时，预期有较高的收益率，但你不可能确切地知道收益率。在现实生活中，有很多类似的事情，其能否成功具有不确定性。比如，一笔新投资盈利的可能性有多大？一项工程按期完成的可能性有多大？等等。这种不确定性可以用概率来度量。考虑到后面学习推断统计的需要，本章主要介绍几种常用的概率分布模型以及样本统计量的概率分布。

4.1　什么是概率

明天降水的可能性有多大？你购买的一只股票明天上涨的可能性有多大？这种对事件发生可能性大小的度量就是**概率**（probability）。比如天气预报说明天降水的概率是 80%，这里的 80%就是对降水这一事件发生的可能性大小的一种数值度量。

概率是介于 0 和 1 之间的一个值。获得一个事件发生的概率有几种途径。如果事件是等可能发生的，可以通过重复试验来获得。当试验的次数很多时，事件 A 发生的概率 $P(A)$ 可以由所观察到的事件 A 发生的频率 p 来逼近。假定在相同条件下，重复进行 n 次试验，事件 A 发生了 m 次，则事件 A 发生的概率可表示为：

$$P(A)=\frac{\text{事件 }A\text{ 发生的次数}}{\text{重复试验次数}}=\frac{m}{n}=p \tag{4.1}$$

比值 m/n 越大，表示事件 A 发生得越频繁，也就意味着在一次试验中事件 A 发生的可能性（概率）越大。事实上，随着试验次数 n 的增大，比值 m/n 将围绕某一频率 p 上下波动，并且其波动的幅度将随着试验次数 n 的增大而减小，进而趋于稳定，这个稳定的频率 p 就是事件 A 的概率。比如，抛一枚硬币，观察其出现的是正面还是反面，如果定义事件 A=出现正面，则这一事件发生的概率 $P(A)=1/2$。这里的 $P(A)=1/2$ 并不意味着抛多次硬币恰好有一半结果正面朝上，而是指在连续多次的抛掷中，可以认为出现正面的次数接近一半。比值 1/2 是对抛一次硬币观察到正面朝上的可能性的度量。注意：抛掷完成后，其结果就是一个确定的数据，要么是正面，要么是反面，就不是概率问题了。

尽管可以将事件的概率设想成大量重复试验中该事件出现次数的比例，但有些试验是不能重复的。比如，投资 50 万元开设一家餐馆，那么这家餐馆将持续经营 5 年的概率就是个未知的值，而且不可能通过重复试验把这个概率估计出来，这个事件发生的概率是一个常数，却未知。不过，可以用已经持续经营了 5 年的类似餐馆所占的比例作为所求概率的一个近似值。在现实生活中，对于很多事情都是依据它发生的可能性大小做决策的。比如，根据自己的判断，明天这只股票上涨的可能性为 80%，这就是一个主观概率。主观概率往往是基于个人所掌握的信息、所具有的某种知识等得出的。

4.2　随机变量的概率分布

现实生活中，有时需要研究一项试验结果的某些取值。比如，抽查的 100 件产品中的次品数 X，国庆长假一个旅游景点的游客人数 X，等等。这里，X 取哪些值以及 X 取这些值的概率是多少，事先都是不知道的。但是，如果知道了一个随机变量的概率分布模型，就很容易确定一系列事件发生的概率。

4.2.1 随机变量及其概括性度量

1. 什么是随机变量

在很多领域，研究工作主要依赖于某些样本数据，而这些样本数据通常是由某个变量的一个或多个观测值组成的。比如，调查 500 个消费者，考察他们对饮料的偏好，并记录下喜欢某一特定品牌饮料的人数 X；调查一座写字楼，记录下每平方米的出租价格 X；等等。这样的一些观察也就是统计上所说的试验。由于记录某次试验结果时事先并不知道 X 取哪个值，因此称 X 为**随机变量**（random variable）。

随机变量用数值来描述特定试验一切可能出现的结果，它的取值事先不能确定，具有随机性。例如抛一枚硬币，其结果就是一个随机变量 X，因为在抛掷之前并不知道出现的是正面还是反面，若用数值 1 表示正面朝上，0 表示反面朝上，则 X 可能取 0，也可能取 1。

有些随机变量只能取有限个值，称为**离散型随机变量**（discrete random variable）。有些则可以取一个或多个区间中的任意值，称为**连续型随机变量**（continuous random variable）。将随机变量的取值设想为数轴上的点，每次试验结果对应一个点。如果一个随机变量仅限于取数轴上有限个孤立的点，那么它就是离散型的；如果一个随机变量可以在数轴上的一个或多个区间内取任意值，那么它就是连续型的。比如，在由 500 个消费者组成的样本中，喜欢某一特定品牌饮料的人数 X 只能取 0，1，2，…，500 这些数值之一；检查 100 件产品，合格品数 X 的取值可能为 0，1，2，3，…，100；一家餐馆营业一天，顾客人数 X 的取值可能为 0，1，2，3，…。这里的 X 只能取有限的数值，所以称 X 为离散型随机变量。相反，每平方米写字楼的出租价格 X 在理论上可以取 0 到无穷多个数值中的任何一个；检测某产品的使用寿命，产品使用的时间长度 X 的取值可以为 $X\geqslant 0$；某电话用户每次通话时间长度 X 的取值可以为 $X>0$，这些都是连续型随机变量。

当总体内个体数目很多时，一般近似认为简单随机抽样是有放回抽样；单独一次抽样的结果服从相同的分布；抽取的每个样本值可能是连续型随机变量，而且简单随机抽样样本值相互独立。总体通常被认为是随机变量。

若 $f(x)$ 是取非负值的函数，对于每一对常数（a，b）（$a<b$）满足 $P(a\leqslant X\leqslant b)=\int_a^b f(x)\mathrm{d}x$，则称 $f(x)$ 是连续型随机变量 X 的概率密度函数，易见 $P(a\leqslant X\leqslant b)$ 是概率密度函数下的面积。

2. 随机变量的概括性度量

与第 3 章介绍的均值和方差类似，对于随机变量也可以用类似的量来描述其取值水平和离散程度。描述随机变量水平的统计量称为**期望值**（expected value），描述其离散程度的统计量称为方差，它们是对随机变量的概括性度量。

离散型随机变量 X 的期望值是 X 所有可能取值 x_i（$i=1$，2，…）与其相应的概

率 p_i（$i=1, 2, \cdots$）的乘积之和，用 μ 或 $E(X)$ 表示，即

$$\mu = E(X) = \sum_i x_i p_i \tag{4.2}$$

离散型随机变量 X 的方差等于 $(x_i - \mu)^2$（$i=1, 2, \cdots$）与其相应的概率 p_i（$i=1, 2, \cdots$）的乘积之和，用 σ^2 或 $D(X)$ 表示，即

$$\sigma^2 = D(X) = \sum_i (x_i - \mu)^2 p_i \tag{4.3}$$

随机变量 X 的标准差等于其方差的平方根，用 σ 或 $\sqrt{D(X)}$ 表示。

 **例 4-1**

一家手机制造商声称，它生产的 100 部手机中的次品数 X 及相应的概率如表 4-1 所示。

表 4-1　　　　每 100 部手机中的次品数及概率分布

次品数（$X=x_i$）	0	1	2	3
概率（p_i）	0.75	0.12	0.08	0.05

求该手机次品数的期望值和标准差。

解：根据表 4-1 中的数据得

$$\mu = E(X) = \sum_i x_i p_i = 0 \times 0.75 + 1 \times 0.12 + 2 \times 0.08 + 3 \times 0.05 = 0.43$$

$$\begin{aligned}\sigma^2 = D(X) &= \sum_i (x_i - \mu)^2 p_i \\ &= (0-0.43)^2 \times 0.75 + (1-0.43)^2 \times 0.12 + (2-0.43)^2 \times 0.08 \\ &\quad + (3-0.43)^2 \times 0.05 \\ &= 0.705\,1\end{aligned}$$

相应的标准差 $\sigma = 0.839\,7$。

对于概率密度函数为 $f(x)$ 的连续型随机变量，期望值为：

$$\mu = E(X) = \int_{-\infty}^{\infty} x f(x) \mathrm{d}x \tag{4.4}$$

方差为：

$$\sigma^2 = D(X) = \int_{-\infty}^{\infty} (x - \mu)^2 f(x) \mathrm{d}x \tag{4.5}$$

4.2.2　随机变量的概率分布的类型

随机变量取哪些值？取这些值的概率有多大？这就是随机变量的**概率分布**（probability distribution）。常用的离散型概率分布有**二项分布**（binomial distribution）、**泊松分布**（Poisson distribution）和**超几何分布**（hypergeometric distribution）等；连续型概率分布有**正态分布**（normal distribution）、**均匀分布**（uniform distribution）和**指数分布**（exponential distribution）等。本章主要介绍后面将会用到的二项分布和正态分布。

1. 二项分布

离散型随机变量 X 只取有限个可能的值 x_1，x_2，…，而且是以确定的概率取这些值，即 $P(X=x_i)=p_i$（$i=1$，2，…）。因此，可以列出 X 的所有可能取值 x_1，x_2，…以及取每个值的概率 p_1，p_2，…，这就是离散型随机变量的概率分布。离散型概率分布具有如下性质：(1) $p_i \geqslant 0$（$i=1$，2，…）；(2) $\sum_i p_i=1$（$i=1$，2，…）。假定知道一个离散型随机变量的概率分布，并能用一定的公式表达出来，则能根据这一分布计算出随机变量取任意一个值的概率。

二项分布建立在伯努利（Bernoulli）试验的基础上。n 重伯努利试验满足下列条件：

(1) 一次试验只有两个可能结果，即“成功”和“失败”。这里的“成功”是指感兴趣的某种特征。比如，产品分为“合格品”与“不合格品”，如果对“合格品”感兴趣，则“成功”就表示“合格品”。

(2) 一次试验“成功”的概率为 p，“失败”的概率为 $q=1-p$，而且概率 p 对每次试验都相同。

(3) 试验是相互独立的，重复进行 n 次。

这样，在 n 次试验中，“成功”的次数对应的离散型随机变量 X 的概率分布就是二项分布，记为 $X\sim B(n, p)$。n 次试验中成功次数为 x 的概率可表示为：

$$P(X=x)=C_n^x p^x q^{n-x}, \ x=0,1,2,\cdots,n \tag{4.6}$$

二项分布的期望值和方差分别为：

$$\mu=E(X)=np, \ \sigma^2=D(X)=npq \tag{4.7}$$

 **例 4-2**

已知一批产品的次品率为 6%，从中有放回地抽取 5 个。求 5 个产品中：(1) 没有次品的概率；(2) 恰好有 1 个次品的概率；(3) 有 3 个及 3 个以下次品的概率。

解：抽取一个产品相当于一次试验，因此 $n=5$。由于是有放回地抽取，故每次试验是独立的，每次抽取的次品率都是 6%。设 X 为抽取的次品数，显然有 $X\sim B(n, p)$。

下面的文本框中给出了利用 SPSS 函数计算二项分布概率的操作步骤。

用【PDF. BINOM】函数计算二项分布 $P(X=x)$ 的概率

第 1 步：选择【转换】→【计算变量】。

第 2 步：在出现的对话框中，在【目标变量】框后写入要输出的变量名称，如“概率”。在【函数组】下点击【PDF 与非中心 PDF】，在【函数和特殊变量】下选择【PDF. BINOM】函数。

第 3 步：在【数字表达式】PDF. BINOM(quant，n，prob) 中输入相应参数（quant 为试验成功的次数；n 为试验总次数；prob 为每次试验成功的概率），点击【确定】。

（注：若要计算二项分布 $P(X\leqslant x)$ 的累积概率，则选择【CDF 与非中心 CDF】中的【CDF. BINOM(quant，n，prob)】函数，参数的含义同上。）

由 SPSS 函数【PDF. BINOM(quant，n，prob)】得

(1) PDF. BINOM(0，5，0.06)＝0.733 904

(2) PDF. BINOM(1，5，0.06)＝0.234 225

由 SPSS 函数【CDF. BINOM(quant，n，prob)】得

(3) CDF. BINOM(3，5，0.06)＝0.999 938

2. 正态分布

正态分布最初是由高斯（Carl Friedrich Gauss）作为描述误差相对频数分布的模型提出的。令人惊讶的是，这条曲线竟然为许多领域的数据的相对频数提供了恰当的模型，因而得到十分广泛的应用。在现实生活中，有许多现象都可以由正态分布来描述，甚至当一个连续总体的分布未知时，我们总尝试假设该总体服从正态分布来进行分析。其他一些分布（如二项分布）可以利用正态分布作近似计算，而且由正态分布也可以导出其他一些重要的统计分布，如 t 分布、χ^2 分布、F 分布等。

如果随机变量 X 的概率密度函数为：

$$f(x)=\frac{1}{\sqrt{2\pi\sigma^2}}e^{-\frac{1}{2\sigma^2}(x-\mu)^2},-\infty<x<\infty \tag{4.8}$$

则称 X 为正态随机变量，或称 X 服从参数为 μ，σ^2 的正态分布，记作 $X\sim N(\mu,\ \sigma^2)$。

式（4.8）中，μ 是正态随机变量 X 的均值，它可为任意实数，σ^2 是 X 的方差，且 $\sigma>0$，$\pi=3.141\ 592\ 6$，$e=2.718\ 28$。

不同的 μ 值和不同的 σ 值对应于不同的正态分布，其概率密度函数所对应的曲线如图 4－1 所示。

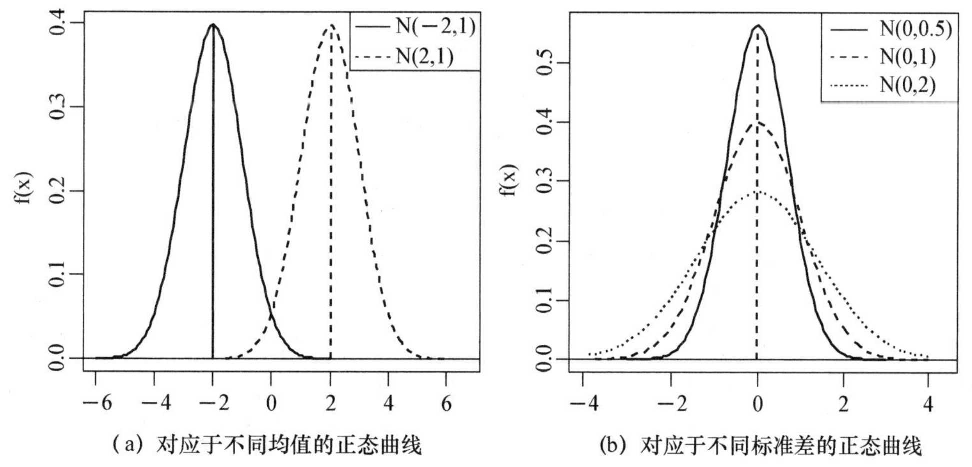

(a) 对应于不同均值的正态曲线　　(b) 对应于不同标准差的正态曲线

图 4－1　不同均值和标准差对正态曲线的影响

从图 4－1 可以看出正态曲线具有如下性质：

(1) 正态曲线的图形是关于 $x=\mu$ 对称的钟形曲线，且峰值在 $x=\mu$ 处。

(2) 正态分布的两个参数 μ 和 σ 一旦确定，正态分布的具体形态也就唯一确定，不同参数取值的正态分布构成一个完整的“正态分布族”。其中，均值 μ 可以是实数

轴上的任意数值，它决定正态曲线的具体位置，标准差σ相同而均值不同的正态曲线在坐标轴上体现为水平位移。标准差σ为大于零的实数，它决定正态曲线的陡峭或扁平程度。σ越大，正态曲线越扁平；σ越小，正态曲线越陡峭。

（3）当X的取值向横轴左右两个方向无限延伸时，正态曲线的左右两个尾端也无限渐近横轴，但理论上永远不会与之相交。

（4）正态曲线下的总面积等于1。正态随机变量在特定区间上取值的概率由正态曲线下的面积给出。

由于正态分布是一个分布族，对于任意一个服从正态分布的随机变量，通过$Z=(X-\mu)/\sigma$进行标准化后得到的新随机变量都将服从均值为0、标准差为1的**标准正态分布**（standard normal distribution），记为$Z\sim N(0,1)$。

标准正态分布的概率密度函数用$\varphi(x)$表示如下：

$$\varphi(x)=\frac{1}{\sqrt{2\pi}}e^{-\frac{1}{2}x^2},-\infty<x<\infty \tag{4.9}$$

例4-3

计算：(1) $X\sim N(50,10^2)$，求$P(X\leqslant 40)$和$P(30\leqslant X\leqslant 40)$；(2) $Z\sim N(0,1)$，求$P(Z\leqslant 2.5)$和$P(-1.5\leqslant Z\leqslant 2)$；(3) 标准正态分布累积概率为0.025时的反函数值z。

解：下面的文本框中给出了利用SPSS函数计算正态分布累积概率的操作步骤。

用【CDF.NORMAL】函数计算正态分布的累积概率

第1步：选择【转换】→【计算变量】。

第2步：在出现的对话框中，在【目标变量】框后写入要输出的变量名称，如“概率”。在【函数组】下点击【CDF与非中心CDF】，在【函数和特殊变量】下选择【CDF.NORMAL】函数。

第3步：在【数字表达式】CDF.NORMAL(quant，mean，stddev）中输入相应参数（quant为正态随机变量的取值；mean为正态分布的均值；stddev为标准差），点击【确定】。

（注：若要计算正态分布左侧累积概率为给定数值时的函数值，选择【逆DF】中的【IDF.NORMAL(prob，mean，stddev)】函数，参数prob为正态分布的左侧累积概率。后面介绍的t分布、F分布、χ^2分布等的累积概率和给定累积分布概率时函数值的计算类似，不再给出操作步骤。）

（1）由SPSS函数【CDF.NORMAL(quant，mean，stddev)】得

$$P(X\leqslant 40)=\text{CDF.NORMAL}(40,50,10)=0.158\,655$$

$$\begin{aligned}P(30\leqslant X\leqslant 40)&=P(X\leqslant 40)-P(X\leqslant 30)\\&=\text{CDF.NORMAL}(40,50,10)-\text{CDF.NORMAL}(30,50,10)\end{aligned}$$

$=0.135\ 905$

（2）由 SPSS 函数【CDF. NORMAL（quant，mean，stddev)】得

$P(Z\leqslant 2.5)=$ CDF. NORMAL(2.5,0,1) $=0.993\ 790$

$P(-1.5\leqslant Z\leqslant 2)=P(Z\leqslant 2)-P(Z\leqslant -1.5)$

$=$ CDF. NORMAL(2,0,1) $-$ CDF. NORMAL(-1.5,0,1)

$=0.910\ 443$

（3）由 SPSS 函数【IDF. NORMAL(prob，mean，stddev)】得

IDF. NORMAL(0.025,0,1) $=-1.959\ 964$

经验法则总结了正态分布在一些常用区间上的概率，其图形如图 4－2 所示。

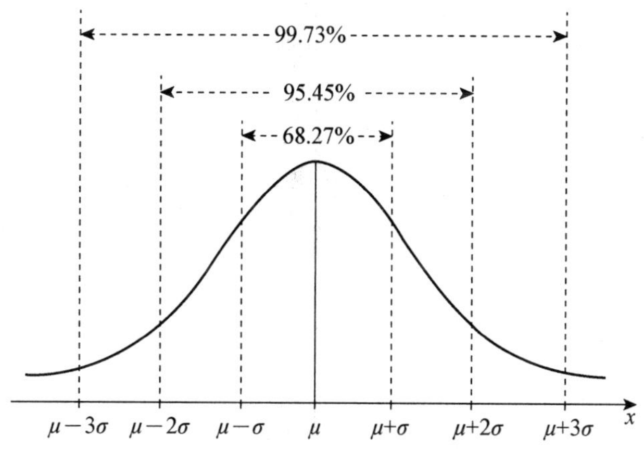

图 4－2　常用区间的正态概率值

图 4－2 表明，正态随机变量落入其均值左右各 1 个标准差内的概率是 68.27%，落入其均值左右各 2 个标准差内的概率是 95.45%，落入其均值左右各 3 个标准差内的概率是 99.73%。

3. 数据的正态性评估

在后面几章中，将学习如何利用样本信息对总体进行推断。其中多数推断都是以总体近似服从正态分布这一假定为前提的。因此，在进行推断之前，确定样本数据是否来自正态分布总体是很重要的。判断数据是否服从正态分布的描述性方法之一，就是画出数据频数分布的直方图或茎叶图，若数据近似服从正态分布，则图形的形状与正态曲线应该相似。一种图示方法是对数据作**正态概率图**（normal probability plots)，包括 P-P 图和 Q-Q 图。P-P 图是根据观测数据的累积概率与理论分布（如正态分布）的累积概率的符合程度绘制的；Q-Q 图则是根据观测值的实际分位数与理论分布（如正态分布）的分位数绘制的，有时也称为分位数-分位数图。还有一种方法是使用非参数检验中的 Kolmogorov-Smirnov 检验。①

① 参见有关的统计学书籍。

例 4-4

根据第 3 章例 3-9 中的数据绘制正态概率图，判断大学生的月生活费支出是否服从正态分布。

解：下面的文本框中给出了利用 SPSS 绘制正态概率图的操作步骤。

> 绘制正态概率图
>
> 第 1 步：选择【分析】→【描述统计】→【P-P 图】（或选择【Q-Q 图】）。
> 第 2 步：在出现的对话框中，将绘图变量选入【变量】，点击【确定】。

由 SPSS 绘制的正态概率图如图 4-3 所示。

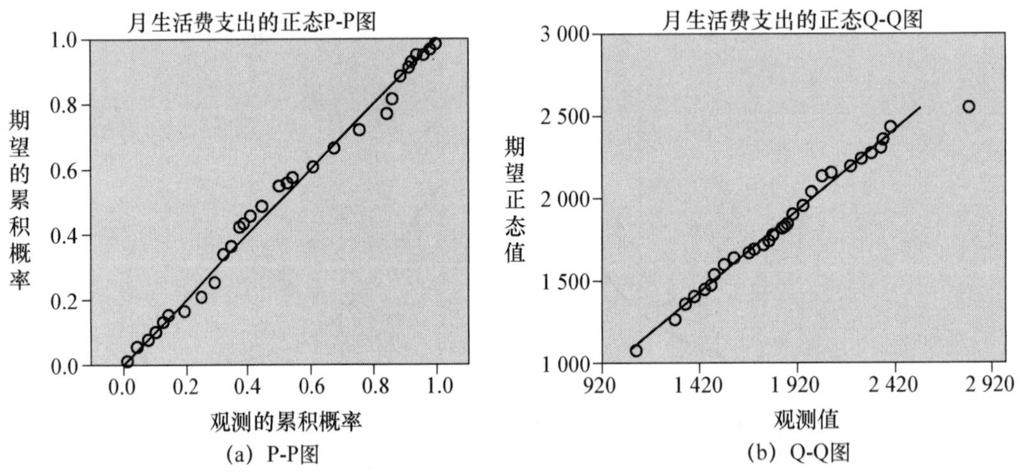

图 4-3 大学生月生活费支出的 P-P 图和 Q-Q 图

图 4-3 中的直线表示理论正态分布线，各观测点越靠近直线，且呈随机分布，表明数据越接近正态分布。从图 4-3 可以看出，各观测点大体上围绕在一条直线周围，可以说大学生月生活费支出数据基本上服从正态分布。需要注意的是，在分析正态概率图时，最好不要用严格的标准去衡量数据点是否在一条直线上，只要各点近似在一条直线上即可，而且样本量应尽可能大。

4.2.3 其他几个重要的统计分布

有些随机变量是统计学家为了分析的需要而构造出来的。比如，把样本均值标准化后形成一个新的随机变量 t，样本方差除以总体方差得到一个随机变量 χ^2，两个样本方差比形成一个随机变量 F，等等。这些随机变量用 t，χ^2 和 F 来命名是因为它们分别服从统计中的 t 分布、χ^2 分布和 F 分布。这些分布都是由正态分布推导出来的，它们在推断统计中具有独特的地位和作用。

1. *t* 分布

***t* 分布**（*t*-distribution）的提出者是威廉·戈塞特（William Gosset），由于他经常用笔名“student”发表文章，用 *t* 表示样本均值经标准化后的新随机变量，因此称为 *t* 分布，也称为**学生 *t* 分布**（student's *t*）。

t 分布是类似正态分布的一种对称分布，它通常要比正态分布平坦、分散。一个特定的 *t* 分布依赖于称为自由度的参数。随着自由度的增大，*t* 分布也逐渐趋于正态分布，如图 4－4 所示。

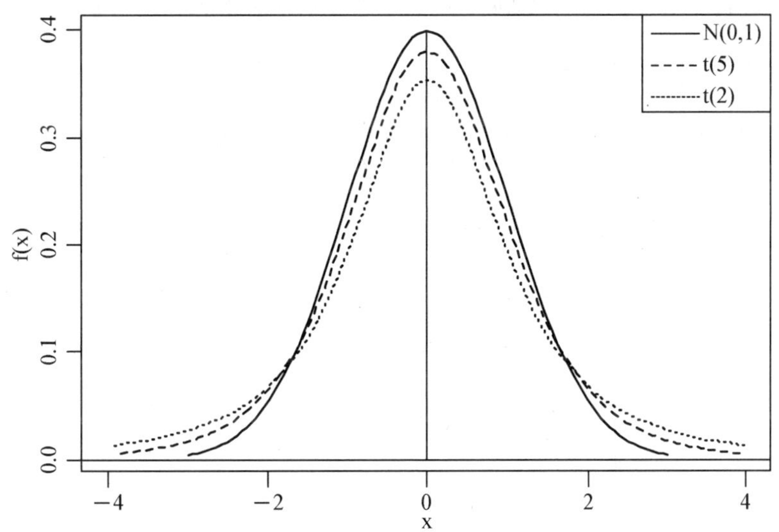

图 4－4　不同自由度的 *t* 分布与标准正态分布的比较

当正态总体标准差未知时，在小样本条件下对总体均值的估计和检验要用到 *t* 分布。*t* 分布的概率即为曲线下面积。利用 SPSS 函数可以计算给定 *t* 值和自由度 df 时 *t* 分布的累积概率与给定累积概率和自由度 df 时的相应 *t* 值。

例 4－5

计算：(1) 自由度为 10，*t* 值小于－2 的概率；(2) 自由度为 10，*t* 值大于 3 的概率；(3) 自由度为 10，*t* 分布双尾概率为 0.05 时的 *t* 值。

解：(1) 由 SPSS 函数【CDF. T(quant，df)】得

CDF. T(－2,10)＝ 0.036 694

(2) 由 SPSS 函数【CDF. T(quant，df)】得

1－CDF. T(3,10)＝0 . 006 672

(3) 由 SPSS 函数【IDF. T(prob，df)】得

IDF. T(0. 025,10)＝ －2. 228 139

2. χ^2 分布

χ^2 分布（chi-square distribution）是由阿贝（Abbe）于 1863 年首先提出的，后来由海尔墨特（Hermert）和卡尔·皮尔逊分别于 1875 年和 1900 年推导出来。

n 个独立标准正态变量的平方和的分布称为具有 n 个自由度的 χ^2 分布，记为$\chi^2(n)$。设总体服从一般正态分布，则 $Z=\frac{X-\mu}{\sigma}\sim N(0, 1)$。令 $X=Z^2$，则 Y 服从自由度为 1 的 χ^2 分布，即 $X\sim\chi^2(1)$。一般地，对于 n 个独立标准正态变量 $Z_1{}^2$，$Z_2{}^2$，…，$Z_n{}^2$，随机变量 $X=\sum_{i=1}^{n}Z_i^2$ 的分布为具有 n 个自由度的 χ^2 分布，记为 $X\sim\chi^2(n)$。

$\chi^2(n)$ 分布的形状取决于其自由度 n 的大小，通常为不对称的右偏分布，但随着自由度的增大逐渐趋于对称，如图 4－5 所示。

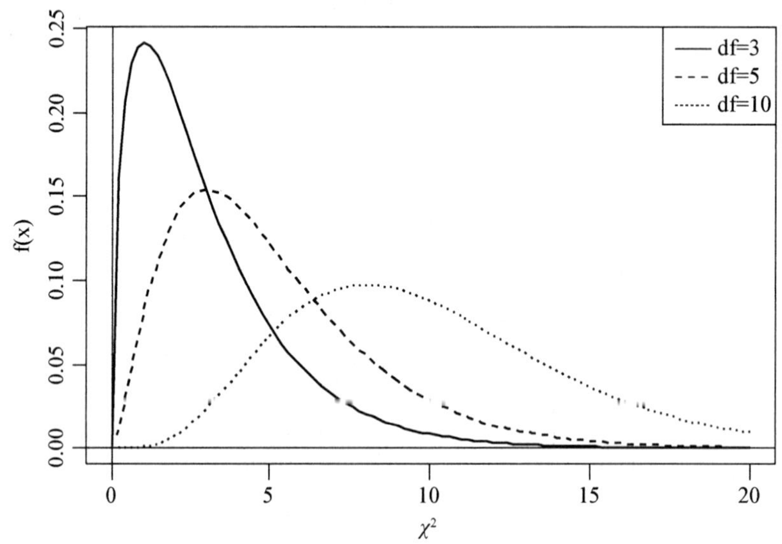

图 4－5　不同自由度的 χ^2 分布

在总体方差的估计和非参数检验中会用到 χ^2 分布。χ^2 分布的概率即为曲线下面积。利用 SPSS 函数，可以计算给定 χ^2 值和自由度 df 时 χ^2 分布的累积概率与给定累积概率和自由度 df 时相应的 χ^2 值。

例 4－6

计算：(1) 自由度为 15，χ^2 值小于 10 的概率；(2) 自由度为 15，χ^2 值大于 20 的概率；(3) 自由度为 15，χ^2 分布右尾概率为 0.05 时的反函数值（在估计和检验中称为临界值）。

解：(1) 由 SPSS 函数【CDF. CHISQ(quant，df)】得

CDF. CHISQ(10,15)＝0. 180 260

（2）由 SPSS 函数【CDF. CHISQ（quant，df)】或函数【SIG. CHISQ（quant，df)】得

1－CDF. CHISQ(20,15)＝SIG. CHISQ(20,15)＝0. 171 933

（3）由 SPSS 函数【IDF. CHISQ(prob，df)】得

IDF. CHISQ(0. 95,15)＝ 24. 995 790

3. *F* 分布

***F* 分布**（*F*-distribution）是为纪念著名统计学家费希尔以其姓氏的第一个字母命名的。它是两个 χ^2 分布的比。设 $U\sim\chi^2(n_1)$，$V\sim\chi^2(n_2)$，且 U 和 V 相互独立，则 $F=\frac{U/n_1}{V/n_2}$服从自由度为 n_1 和 n_2 的 F 分布，记为 $F\sim F(n_1, n_2)$。F 分布的图形与 χ^2 分布类似，其形状取决于两个自由度，如图 4－6 所示。

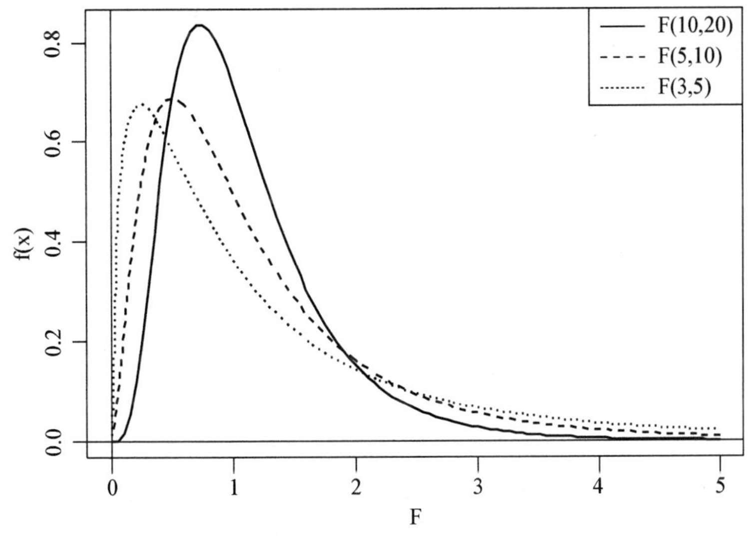

图 4－6　不同自由度的 *F* 分布

F 分布通常用于比较不同总体的方差是否有显著差异。*F* 分布的概率即为曲线下面积。利用 SPSS 函数，可以计算给定 *F* 值、自由度 df1 和 df2 时 *F* 分布的累积概率以及给定累积概率、自由度 df1 和 df2 时的相应 *F* 值。

例 4－7

计算：（1）分子自由度为 10，分母自由度为 8，*F* 值小于 3 的概率；（2）分子自由度为 10，分母自由度为 8，*F* 值大于 2.5 的概率；（3）分子自由度为 10，分母自由度为 8，*F* 分布累积概率为 0.95 时的 *F* 值。

解：（1）由 SPSS 函数【CDF. F(quant，df1，df2)】得

CDF. F(3,10,8)＝0. 933 549

（2）由 SPSS 函数【CDF. F(quant，df1，df2)】或函数【SIG. F(quant，df1，df2)】得

1－CDF. F(2. 5,10,8)＝SIG. F(2. 5,10,8)＝0. 103 594

(3) 由 SPSS 函数【IDF. F(prob, df1, df2)】得

IDF. F(0. 95,10,8)＝3. 347 163

4.3 样本统计量的概率分布

你可能关心某个地区所有家庭的平均收入是多少，但你不可能去调查每个家庭的收入，只能抽取一部分家庭作为样本，获得样本家庭的收入数据，然后用样本平均收入去推断全部家庭的平均收入。当然，你也可能去推断所有家庭收入的方差是多少，低收入家庭的比例是多少。这就是抽样推断问题。那么，你做出这种推断的依据是什么？怎样才能让别人信服你的推断结果呢？你必须知道用于推断的样本统计量（如样本均值 $\bar{x}$、样本比例 p、样本方差 s^2 等）是如何分布的。

4.3.1 统计量及其分布

1. 参数和统计量

如果想了解某个地区的人均收入状况，由于不可能对每个人进行调查，因而也就无法知道该地区的人均收入。这里“该地区的人均收入”就是所关心的总体**参数**（parameter），它是对总体特征的某个概括性度量。

参数通常是未知的，但又是我们想要了解的总体的某种特征值。如果只研究一个总体，则所关心的参数通常有总体平均数、总体标准差、总体比例等。在统计中，总体参数通常用希腊字母表示。比如，总体平均数用 μ(mu) 表示，总体标准差用 σ(sigma)表示，总体比例用 π(pi) 表示。

总体参数虽然是未知的，但可以利用样本信息来推断。比如，从某地区随机抽取 500 人组成一个样本，根据这 500 人的平均收入推断该地区所有人口的平均收入。这里 500 人的平均收入就是一个**统计量**（statistic），它是根据样本数据计算的用于推断总体的某个量，是对样本特征的某个概括性度量。显然，统计量是样本的函数。由于统计量的取值会随样本的不同而变化，因此样本统计量是一个随机变量。但如果抽取了一个具体的样本，样本数据就是已知的，所以统计量的值总是可以计算出来的。

就一个样本而言，关心的统计量通常有样本均值、样本方差、样本比例等。样本统计量通常用英文字母表示，比如，样本均值用 $\bar{x}$ 表示，样本方差用 s^2 表示，样本比例用 p 表示，等等。

2. 统计量的概率分布

总体参数虽然是未知的，但它不会随着样本的不同而变化。相反，样本统计量的值却完全依赖于所抽取的样本。既然统计量是一个随机变量，那么它就有一定的概率分布。样本统计量的概率分布也称为**抽样分布**（sampling distribution），它是由样本

统计量的所有可能取值形成的相对频数分布。但由于现实中不可能将所有可能的样本都抽出来，因此，统计量的概率分布实际上是一种理论分布。

既然统计量的取值是依据样本而变化的，那么根据统计量来推断总体参数就必然具有某种不确定性。幸运的是，我们可以给出这种推断的可靠性，而度量这种可靠性的依据正是统计量的概率分布，并且我们确知这种分布的某些性质。因此，统计量的概率分布提供了该统计量长远而稳定的信息，它构成了推断总体参数的理论基础。

4.3.2　样本均值的分布

设总体共有 N 个元素，从中抽取样本量为 n 的随机样本，在有放回抽样条件下，共有 N^n 个可能的样本，在无放回抽样条件下，共有 $C_N^n=\frac{N!}{n!(N-n)!}$ 个可能的样本。把所有可能的样本均值都计算出来，由这些样本均值形成的分布就是样本均值的概率分布或称样本均值的抽样分布。现实中不可能将所有的样本都抽出来，因此，样本均值的概率分布实际上是一种理论分布，但当样本量较大时，统计学家能够证明它近似服从正态分布。下面通过一个例子说明样本均值的概率分布。

例 4-8

设一个总体含有 5 个元素（个体），取值分别为：$x_1=2$，$x_2=4$，$x_3=6$，$x_4=8$，$x_5=10$。从该总体中采取重复抽样方法抽取样本量 $n=2$ 的所有可能样本，写出样本均值 $\bar{x}$ 的概率分布。

解：总体为均匀分布，即 x_i 取每一个值的概率都相同。总体的均值和方差分别为：

$$\mu=\frac{\sum_{i=1}^{5}x_i}{N}=\frac{30}{5}=6,\ \sigma^2=\frac{\sum_{i=1}^{5}(x_i-\mu)^2}{5}=\frac{40}{5}=8$$

从总体中采取重复抽样方法抽取容量为 $n=2$ 的随机样本，共有 $5^2=25$ 个可能的样本。计算出每一个样本的均值 $\bar{x}_i$，结果如表 4-2 所示。

表 4-2　　25 个可能的样本及其均值 $\bar{x}$

	样本序号	样本元素1	样本元素2	样本均值
1	1	2	2	2
2	2	2	4	3
3	3	2	6	4
4	4	2	8	5
5	5	2	10	6
6	6	4	2	3
7	7	4	4	4
8	8	4	6	5

9	9	4	8	6
10	10	4	10	7
11	11	6	2	4
12	12	6	4	5
13	13	6	6	6
14	14	6	8	7
15	15	6	10	8
16	16	8	2	5
17	17	8	4	6
18	18	8	6	7
19	19	8	8	8
20	20	8	10	9
21	21	10	2	6
22	22	10	4	7
23	23	10	6	8
24	24	10	8	9
25	25	10	10	10

每个样本被抽中的概率相同，均为 1/25。设样本均值的均值（期望值）为 $\mu_{\bar{x}}$，样本均值的方差为 $\sigma_{\bar{x}}^2$。根据表 4-2 中样本均值得

$$\mu_{\bar{x}}=\frac{\sum_{i=1}^{25}\bar{x}_i}{25}=6,\ \sigma_{\bar{x}}^2=\frac{\sum_{i=1}^{25}(\bar{x}_i-\mu_{\bar{x}})^2}{25}=4$$

与总体均值 μ 和总体方差 σ^2 比较，不难发现，$\mu_{\bar{x}}=\mu=6$，$\sigma_{\bar{x}}^2=\frac{\sigma^2}{n}=\frac{8}{2}=4$。由此可见，样本均值的均值（期望值）等于总体均值，样本均值的方差等于总体方差的 $1/n$。

样本均值的频数分布表如表 4-3 所示。

表 4-3　　样本均值 $\bar{x}$ 的频数分布

样本均值

		频率	百分比	累积百分比
有效	2	1	4.0	4.0
	3	2	8.0	12.0
	4	3	12.0	24.0
	5	4	16.0	40.0
	6	5	20.0	60.0
	7	4	16.0	76.0
	8	3	12.0	88.0
	9	2	8.0	96.0
	10	1	4.0	100.0
	合计	25	100.0	

表 4-3 中的第 1 列为 $\bar{x}$ 的取值。将 $\bar{x}$ 的分布绘成图，如图 4-7 所示。通过比较

总体分布和样本均值的分布，不难看出它们的区别。尽管总体为均匀分布，但样本均值的分布在形状上是近似正态的。

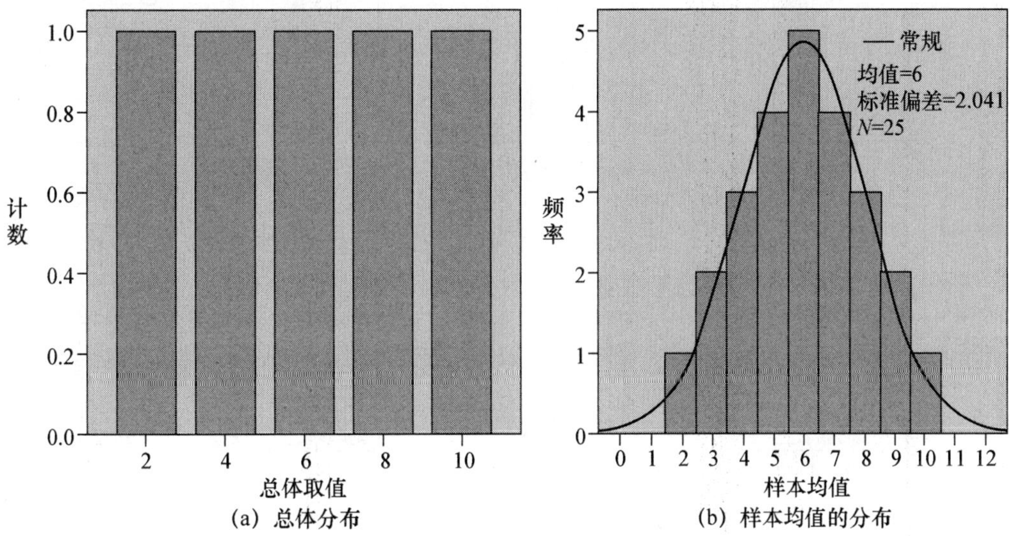

(a) 总体分布　(b) 样本均值的分布

图 4-7　样本均值的分布与总体分布的比较

样本均值的分布与抽样所依据的总体的分布和样本量 n 的大小有关。统计证明，如果总体是正态分布，那么，无论样本量大或小，样本均值的分布都近似服从正态分布。如果总体不是正态分布，就要看样本量的大小了。随着样本量 n 的增大（通常要求 $n \geqslant 30$），不论原来的总体是否服从正态分布，样本均值的概率分布都将趋于正态分布，其分布的期望值为总体均值 μ，方差为总体方差的 $1/n$。这就是统计上著名的**中心极限定理**（central limit theorem）。这一定理可以表述为：从均值为μ、方差为σ^2 的总体中，抽取样本量为 n 的所有随机样本，当 n 充分大时（通常要求 $n \geqslant 30$），样本均值的分布近似服从均值为 μ、方差为 σ^2/n 的正态分布，即 $\bar{x} \sim N\left(\mu, \dfrac{\sigma^2}{n}\right)$。等价地，有 $\dfrac{\bar{x}-\mu}{\sigma/\sqrt{n}} \sim N(0, 1)$。

图 4-8 可以作为中心极限定理的佐证。从 0～100 均匀分布的总体和指数分布的总体中，分别抽取样本量为 2，10 和 30 的 5 000 个样本，样本均值的分布如图 4-8 所示。图中的 U 表示均匀分布，E 表示指数分布。可以看出，随着样本量的增大，样本均值的分布逐渐趋于正态分布。

如果总体不是正态分布，当样本量很小时（通常 $n<30$），样本均值的分布不服从正态分布。样本均值的分布可以用图 4-9 来描述。

4.3.3　其他统计量的分布

在商务与经济管理中，许多情况下要进行比例估计。所谓**比例**（proportion），是

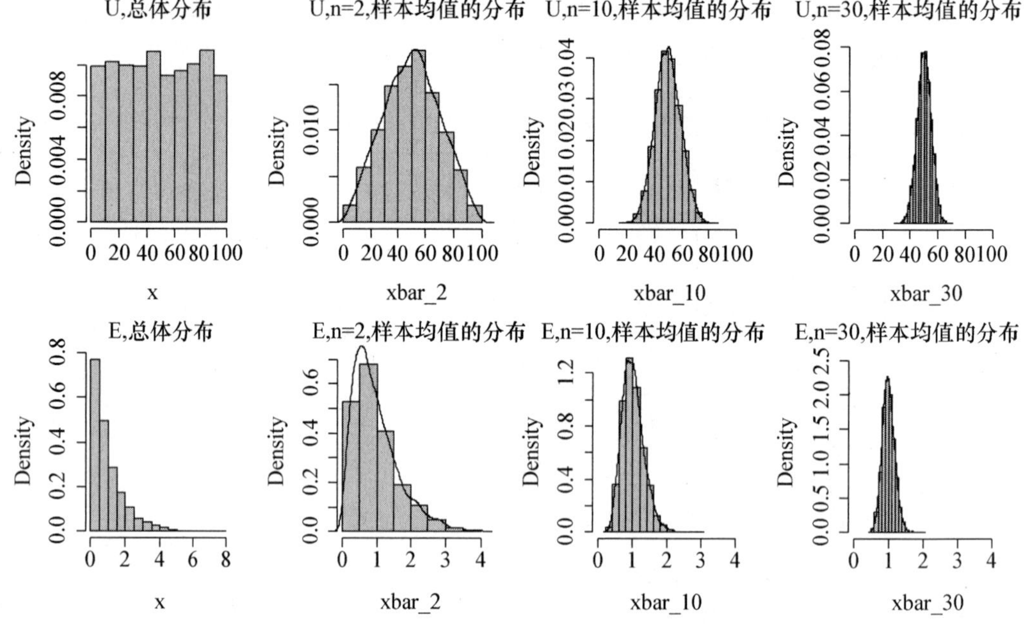

图 4-8　随着样本量的增大，样本均值的分布趋于正态分布

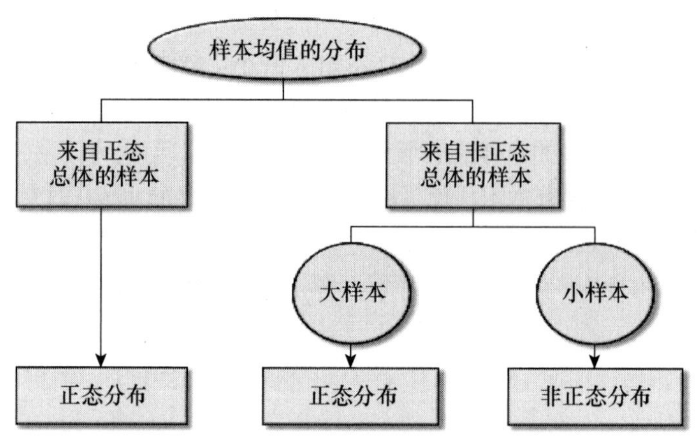

图 4-9　样本均值的分布与总体分布的关系

指总体（或样本）中具有某种属性的个体与全部个体之和的比值。例如，一个班级的学生按性别分为男、女两类，男生人数与全班总人数之比就是比例，女生人数与全班总人数之比也是一个比例。再如，产品可分为合格品与不合格品，合格品（或不合格品）与全部产品总数之比就是比例。设总体有 N 个元素，具有某种属性的元素个数为 N_0，具有另一种属性的元素个数为 N_1，总体比例用 π 表示，则有 $\pi=N_0/N$，或 $N_1/N=1-\pi$。相应地，样本比例用 p 表示，同样有 $p=n_0/n$，$n_1/n=1-p$。

从一个总体中重复选取样本量为 n 的样本，由样本比例的所有可能取值形成的分布就是样本比例的概率分布。统计表明，当样本量很大时（通常要求 $np\geqslant10$ 和 $n(1-p)\geqslant10$），样本比例分布可用正态分布近似，p 的期望值 $E(p)=\pi$，方差 $\sigma_p^2=\frac{\pi(1-\pi)}{n}$，即 $p\sim N\left(\pi,\ \frac{\pi(1-\pi)}{n}\right)$。等价地，有 $\frac{p-\pi}{\sqrt{\pi(1-\pi)/n}}\sim N(0,\ 1)$。

作为统计量的样本方差是如何分布的呢？统计证明，对于来自正态总体的简单随机样本，比值 $\frac{(n-1)s^2}{\sigma^2}$ 服从自由度为（$n-1$）的 χ^2 分布，即 $\frac{(n-1)s^2}{\sigma^2}\sim\chi^2(n-1)$。

如果要估计两个总体的参数，比如两个总体均值之差（$\mu_1-\mu_2$）、两个总体比例之差（$\pi_1-\pi_2$）、两个总体方差比（σ_1^2/σ_2^2），那么，推断这些参数的统计量分别是两个样本均值之差（$\bar{x}_1-\bar{x}_2$）、两个样本比例之差（p_1-p_2）、两个样本方差比（s_1^2/s_2^2）。这些样本统计量的分布也有所不同。$\bar{x}_1-\bar{x}_2$ 的分布取决于两个总体的分布和两个样本的样本量大小；p_1-p_2 在两个大样本的情况下近似服从正态分布；s_1^2/s_2^2 服从 F 分布。

4.3.4 统计量的标准误差

统计量的**标准误差**（standard error）也称标准误，它是样本统计量分布的标准差。标准误差用于衡量样本统计量的离散程度，在参数估计和假设检验中，它是用于衡量样本统计量与总体参数之间差距的一个重要尺度。就样本均值而言，样本均值的标准误差用 SE 或 $\sigma_{\bar{x}}$ 表示，计算公式为：

$$\sigma_{\bar{x}}=\frac{\sigma}{\sqrt{n}} \tag{4.10}$$

当总体标准差 σ 未知时，可用样本标准差 s 代替计算，这时计算的标准误差称为**估计标准误差**（standard error of estimation）。由于实际应用中总体 σ 总是未知的，所计算的标准误差实际上都是估计标准误差，因此估计标准误差就简称为标准误差（统计软件中给出的都是估计标准误差）。

相应地，样本比例的标准误差可表示为：

$$\sigma_p=\sqrt{\frac{\pi(1-\pi)}{n}} \tag{4.11}$$

同样，当总体比例的方差 $\pi(1-\pi)$ 未知时，可用样本比例的方差 $p(1-p)$ 代替。

注意：标准误差与第 3 章介绍的标准差是两个不同的概念。标准差是根据原始观测值计算的，反映一组原始数据的离散程度。标准误差是根据样本统计量计算的，反映统计量的离散程度。比如，样本均值的标准误差是根据多个样本的样本均值 $\bar{x}$ 计算的，反映样本均值的离散程度。

□ 本章图解：随机变量的概率分布①

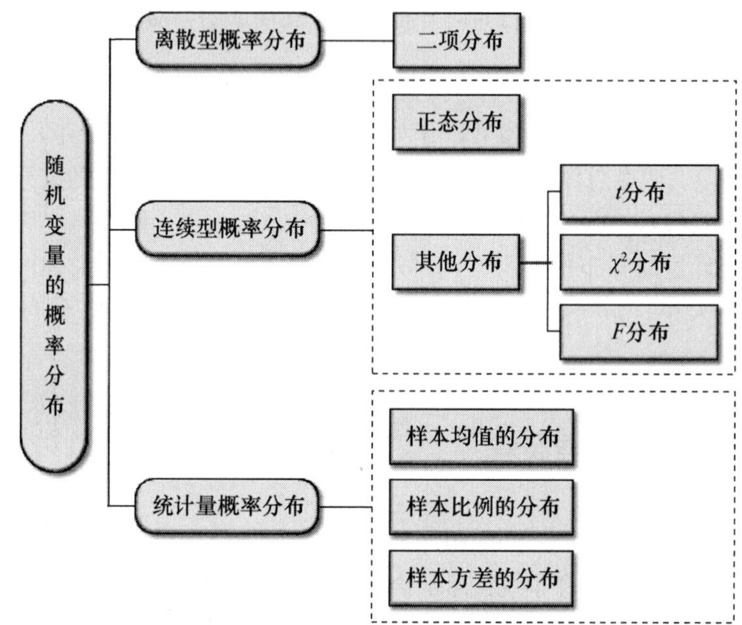

□ 主要术语

- **概率**（probability）：对事件发生可能性大小的度量。
- **随机变量**（random variable）：事先不能确定其取值的变量。
- **离散型随机变量**（discrete random variable）：只能取有限个值的随机变量。
- **连续型随机变量**（continuous random variable）：可以取一个或多个区间中任意值的随机变量。
- **期望值**（expected value）：随机变量的平均取值。
- **随机变量的方差**（variance）：随机变量的每一取值与期望值的离差平方的期望值。
- **参数**（parameter）：对总体特征的某个概括性度量。
- **统计量**（statistic）：对样本特征的某个概括性度量，是样本的函数。
- **抽样分布**（sampling distribution）：样本统计量的概率分布，是由样本统计量的所有可能取值形成的相对频数分布。

① 本分类只是针对本章所介绍的几种随机变量的概率分布，统计中还有很多重要的概率分布。

● **标准误差**（standard error）：也称标准误，样本统计量分布的标准差，用于衡量样本统计量的离散程度。

□ 思考与练习

一、思考题

4.1　举例说明离散型随机变量和连续型随机变量。

4.2　简述伯努利试验需满足的条件。

4.3　描述正态分布曲线的特点。

4.4　判断数据正态性的方法主要有哪些？

4.5　解释中心极限定理的含义。

4.6　χ^2 分布和 F 分布的图形各有什么特点？

4.7　解释样本统计量的概率分布。

4.8　什么是统计量的标准误差？它有哪些用途？

二、练习题

4.1　消费者协会经过调查发现，某品牌空调器有重要缺陷的产品数出现的概率分布如下：

X	0	1	2	3	4	5	6	7	8	9	10
P	0.041	0.130	0.209	0.223	0.178	0.114	0.061	0.028	0.011	0.004	0.001

根据上表数据，分别计算：

(1) 有 2～5 个（包括 2 个与 5 个在内）空调器出现重要缺陷的概率。

(2) 只有不到 2 个空调器出现重要缺陷的概率。

(3) 有超过 5 个空调器出现重要缺陷的概率。

4.2　设 X 是参数为 $n=4$ 和 $p=0.5$ 的二项随机变量。求以下概率：

(1) $P(X=2)$；(2) $P(X\leqslant 2)$。

4.3　求标准正态分布的概率：

(1) $P(0\leqslant Z\leqslant 1.2)$；(2) $P(-0.48\leqslant Z\leqslant 0)$；(3) $P(Z>1.33)$。

4.4　由 30 辆汽车构成的一个随机样本，测得每百公里的耗油量数据（单位：升）如下：

9.19	10.01	9.60	9.27	9.78	8.82
9.63	8.82	10.50	8.83	9.35	8.65
10.10	9.43	10.12	9.39	9.54	8.51
9.70	10.03	9.49	9.48	9.36	9.14
10.09	9.85	9.37	9.64	9.68	9.75

绘制正态概率图，判断该款汽车的耗油量是否近似服从正态分布。

4.5　从均值为 200、标准差为 50 的总体中，抽取 $n=100$ 的简单随机样本，用样本均值 $\bar{x}$ 估计总体均值。

（1）$\bar{x}$ 的期望值是多少？

（2）$\bar{x}$ 的标准差是多少？

（3）$\bar{x}$ 的概率分布是怎样的？

4.6　从 $\pi=0.4$ 的总体中抽取一个容量为 500 的简单随机样本。

（1）p 的期望值是多少？

（2）p 的标准差是多少？

（3）p 的分布是怎样的？

4.7　设一个总体含有 4 个元素（个体），取值分别为：$x_1=1$，$x_2=2$，$x_3=3$，$x_4=4$。从该总体中采取重复抽样方法抽取样本量 $n=2$ 的所有可能样本，写出样本均值 $\bar{x}$ 的概率分布。

第 5 章 参数估计

Chapter 5

问题与思考：科学家做出重大贡献的最佳年龄是多少？

科学家在哪个年龄段易取得重大突破？有研究表明：杰出科学家做出重大贡献的最佳年龄在 25～45 岁之间，其最佳峰值年龄和首次贡献的最佳成名年龄随着时代的变化而逐渐增大。很多伟大的科学发现是由富于创造力的年轻人提出的。下表是 16 世纪中叶至 20 世纪 12 个重大科学发现的资料。

科学发现	科学家	年份	年龄
太阳中心论	哥白尼	1513	40
天文学的基本定律	伽利略	1600	36
运动定律、微积分、万有引力	牛顿	1665	23
电的本质	富兰克林	1746	40
燃烧即氧化	拉瓦锡	1774	31
进化论	达尔文	1858	49

续前表

科学发现	科学家	年份	年龄
麦克斯韦方程组	麦克斯韦	1864	33
留声机	爱迪生	1877	30
放射性	居里夫人	1902	34
量子论	普朗克	1900	43
相对论	爱因斯坦	1905	26
量子力学的数学基础	薛定谔	1926	39

如果我们把上述科学家看作一个随机样本，根据上表数据得，16 世纪中叶到 20 世纪有重大突破时科学家的平均年龄为 35.333 岁，95%的置信区间为 30.65～40.01 岁。这一年龄区间是如何计算出来的？如何理解 95%的置信区间的含义？本章将要介绍的参数估计可以回答这些问题。

参数估计是在样本统计量概率分布的基础上，根据样本信息推断所关心的总体参数。本章首先讨论参数估计的基本原理，然后介绍总体参数的估计方法，最后介绍参数估计中样本量的确定问题。

5.1 参数估计的基本原理

参数估计（parameter estimation）是用样本统计量去估计总体的参数。比如，用样本均值 $\bar{x}$ 估计总体均值 μ，用样本比例 p 估计总体比例 π，用样本方差 s^2 估计总体方差 σ^2，等等。如果将总体参数用符号 θ 来表示，将估计参数的统计量用 $\hat{\theta}$ 表示，当用 $\hat{\theta}$ 来估计 θ 的时候，$\hat{\theta}$ 称为**估计量**（estimator），而根据一个具体的样本计算出来的估计量的数值称为**估计值**（estimate）。比如，要估计软件行业从业人员的月平均收入，从所有从业人员中抽取一个随机样本，全行业从业人员的月平均收入就是参数，用 θ 表示，根据样本计算的月平均收入 $\bar{x}$ 就是一个估计量，用 $\hat{\theta}$ 表示，假定计算出来的样本平均收入为 18 000 元，这个 18 000 元就是估计量的具体数值，称为估计值。

5.1.1 点估计与区间估计

参数估计的方法有点估计和区间估计两种。

1. 点估计

点估计（point estimate）就是用估计量 $\hat{\theta}$ 的某个取值直接作为总体参数 θ 的估计值。比如，用样本均值 $\bar{x}$ 直接作为总体均值 μ 的估计值，用样本比例 p 直接作为总体比例 π 的估计值，用样本方差 s^2 直接作为总体方差 σ^2 的估计值，等等。又比如，从软件行业从业人员中抽出一个随机样本，计算的月平均收入为 18 000 元，用 18 000 元作为该行业从业人员月平均收入的一个估计值，这就是点估计。再比如，要估计一批产品的合格率，根据样本计算的合格率为 98%，将 98%直接作为这批产品合格率的估计值，这也是一个点估计。

由于样本是随机抽取的，因此从一个具体的样本得到的估计值很可能不同于总体参数。点估计的缺陷是没法给出估计的可靠性，也没法说出点估计值与总体参数真实值的接近程度，因为一个点估计量的可靠性是由其概率分布的标准误差来衡量的。因此，我们不能完全依赖于一个点估计值，而应围绕点估计值构造出总体参数的一个区间。

2. 区间估计

假定参数是射击靶上靶心的位置，一个点估计就相当于一次射击，打在靶心位置上的可能性很小，打在靶子上的可能性却很大，用打在靶上的这个点画出一个区域，这个区域包含靶心的可能性就很大，区间估计要寻找的正是这样的一个区域。

区间估计（interval estimate）是在点估计的基础上给出总体参数估计的一个估计区间，该区间通常是由样本统计量加减**估计误差**（estimate error）得到的。与点估计不同，进行区间估计时，根据样本统计量的概率分布，可以对统计量与总体参数的接近程度给出一个概率度量。下面以总体均值的估计为例来说明区间估计的基本原理。

由样本均值的概率分布可知，在重复抽样或无限总体抽样的情况下，样本均值的期望值等于总体均值，即 $E(\bar{x})=\mu$，样本均值的标准误差为 $\sigma_{\bar{x}}=\sigma/\sqrt{n}$。由此可知，样本均值 $\bar{x}$ 落在总体均值 μ 两侧各 1 个标准误差范围内的概率为 0.682 7，落在 2 个标准误差范围内的概率为 0.954 5，落在 3 个标准误差范围内的概率为 0.997 3。实际上，可以求出样本均值 $\bar{x}$ 落在总体均值 μ 两侧任何倍数的标准误差范围内的概率。比如，样本均值 $\bar{x}$ 落在总体均值 μ 两侧 1.65 倍的标准误差、1.96 倍的标准误差和 2.58 倍的标准误差范围内的概率分别为 90%，95%和 99%。这意味着，约有 90%，95%和 99%的样本均值会落在 μ 两侧各 1.65 个标准误差、1.96 个标准误差和 2.58 个标准误差的范围之内。

但实际估计时，情况恰好相反。$\bar{x}$ 是已知的，而 μ 是未知的，也正是要估计的。由于 $\bar{x}$ 与 μ 的距离是对称的，如果某个 $\bar{x}$ 落在 μ 的 1.96 个标准误差范围内，反过来，μ 也被包括在以 $\bar{x}$ 为中心两侧 1.96 个标准误差的范围内。这意味着，约有 95%的样本均值所构造的 1.96 个标准误差的区间会包括 μ。举例来说，如果抽取 100 个样本来估计总体的均值，由 100 个样本均值所构造的 100 个区间中，约有 95 个区间包含总体均值，另外 5 个区间则不包含总体均值。图 5－1 给出了区间估计的示意图。

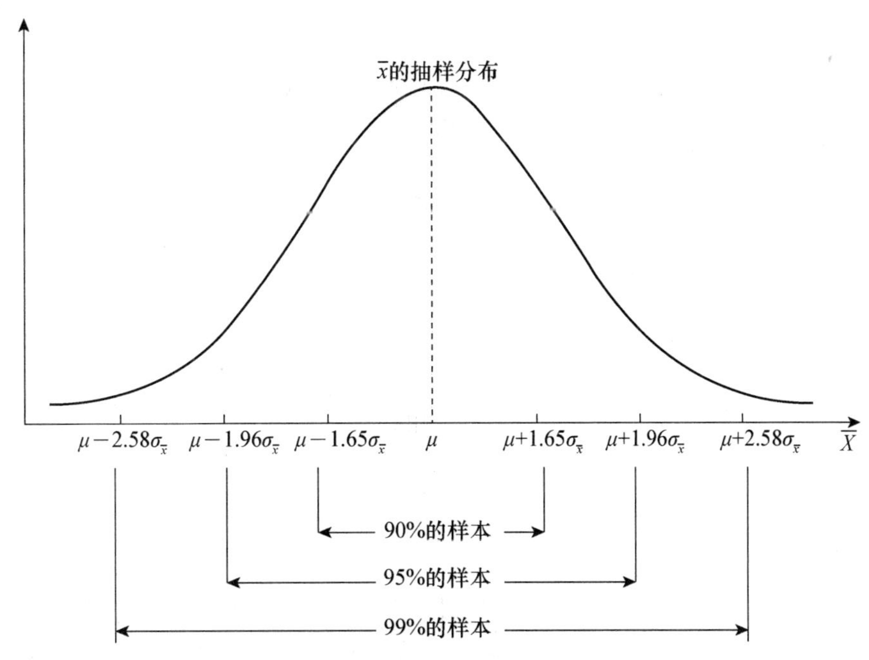

图 5－1　区间估计示意图

在区间估计中，由样本估计量构造出的总体参数在一定置信水平下的估计区间称为**置信区间**（confidence interval），其中区间的最小值称为置信下限，最大值称为置信上限。由于统计学家在某种程度上确信这个区间会包含真正的总体参数，因此给它取名为置信区间。假定抽取 100 个样本构造出 100 个置信区间，这 100 个置信区间中有 95%的区间包含总体参数的真值，5%没包含，则 95%这个值称为**置信水平**（confidence level）。一般地，如果将构造置信区间的步骤重复多次，则置信区间中包含总体参数真值的次数所占的比例称为置信水平，也称为**置信度**或**置信系数**（confidence coefficient）。统计上，常用的置信水平有 90%，95%和 99%。有关置信区间的概念可用图 5-2 来表示。

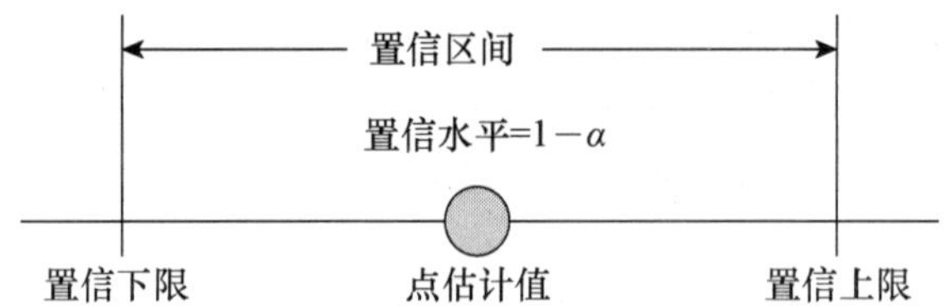

图 5-2　置信区间示意图

从图 5-1 和图 5-2 不难看出，当样本量给定时，置信区间的宽度随着置信水平的提高而变大。

对置信区间的理解，需要注意以下几点。

（1）如果用某种方法构造的所有区间中有 95%的区间包含总体参数的真值，5%的区间不包含总体参数的真值，那么，用该方法构造的区间称为置信水平为 95%的置信区间。同样，在其他置信水平下构造的区间也可以用类似的方式进行表述。

（2）总体参数的真值是固定的，用样本构造的区间则是不固定的，因此置信区间是一个随机区间，它会随样本的不同而变化，而且不是所有的区间都包含总体参数。一个置信区间就像是为捕获未知参数而撒出去的网，不是所有撒网的地方都能捕获到参数。在实际问题中，估计时往往只抽取一个样本，此时所构造的是与该样本相联系的一定置信水平（比如 95%）下的置信区间。我们只能希望这个区间是大量包含总体参数真值的区间中的一个，但它也可能是少数几个不包含参数真值的区间中的一个。比如，从一个均值 $\mu=185$ 的总体中抽取 $n=10$ 的 20 个随机样本，得到的总体均值 μ 的 20 个置信区间如图 5-3 所示。

图 5-3 中每个区间中间的点表示 μ 的点估计，即样本均值 $\bar{x}$，横线为总体均值 μ，虚线表示未包含 μ 的置信区间。在重复构造的 100 个置信区间中，有 5 个区间未包含 μ。如果反复进行模拟，100 个置信区间也可能都包含 μ，也可能有更多的区间未包含 μ。因为 95%的置信区间是指反复抽取的多个样本中包含 μ 的区间的比例，而不是指任意一次抽取的 100 个样本中就恰好有 95 个区间包含 μ。一个特定的样本所构造的区间是一个常数区间，我们无法知道这个区间是否包含 μ，因为它可能是包含 μ 的 95 个区间中的一个，也可能是未包含 μ 的 5 个中的一个。因此，一个特定的区间总是“绝对包含”或“绝对不包含”参数的真值，不存在“以多大的概率

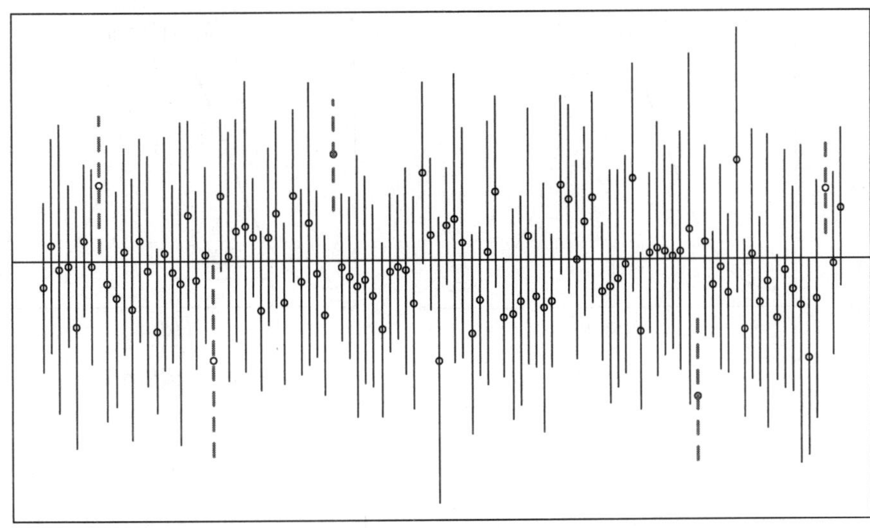

图 5-3　重复构造出的 μ 的 100 个 95%的置信区间

包含总体参数”的问题。置信水平只是告诉我们在多次估计得到的区间中大概有多少个区间包含参数的真值，而不是针对所抽取的这个样本构建的区间而言的。

(3) 在其他条件不变时，使用一个较大的置信水平会得到一个比较宽的置信区间，使用一个较大的样本则会得到一个较准确（较窄）的区间。直观地看，较宽的区间会有更大的可能性包含参数。但实际应用中，过宽的区间往往没有实际意义。比如，天气预报说“下一年的降雨量是 0～10 000mm”，虽然这很有把握，但有什么意义呢？要求过于准确（过窄）的区间同样不一定有意义，因为过窄的区间虽然看上去很准确，但把握性会很低，除非无限制增加样本量，而现实中样本量总是受限的。由此可见，区间估计总是要给结论留点余地。

5.1.2　评价估计量的标准

用于估计总体参数 θ 的估计量 $\hat{\theta}$ 可以有很多。比如，可以用样本均值作为总体均值的估计量，也可以用样本中位数作为总体均值的估计量，等等。那么，究竟用哪种估计量作为总体参数的估计呢？自然要用估计效果比较好的那种估计量。什么样的估计量才算是一个好的估计量呢？这就需要有一定的评价标准。统计学家给出了评价估计量的一些标准，主要有以下几个。

1. 无偏性

无偏性 (unbiasedness) 是指估计量抽样分布的期望值等于被估计的总体参数。设总体参数为 θ，所选择的估计量为 $\hat{\theta}$，如果 $E(\hat{\theta})=\theta$，则称 $\hat{\theta}$ 是 θ 的无偏估计量。图 5-4 给出了估计量无偏和有偏的情形。

由样本均值的抽样分布可知，$E(\bar{x})=\mu$，$E(p)=\pi$，$E(s^2)=\sigma^2$，因此 $\bar{x}$，p，s^2 分别是总体均值 μ、总体比例 π、总体方差 σ^2 的无偏估计量。

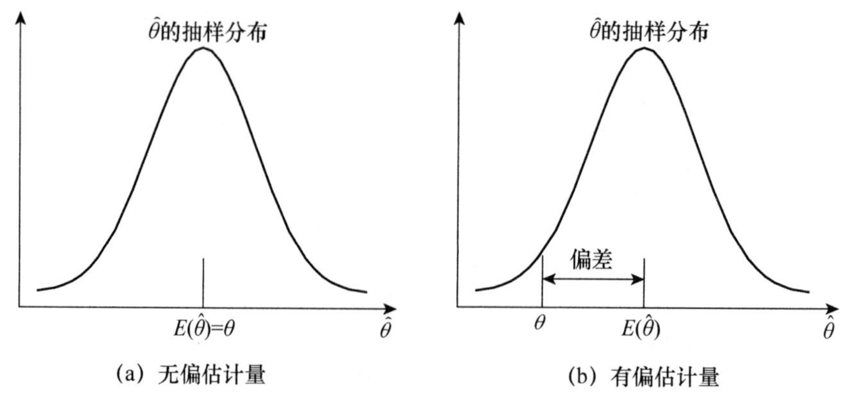

图 5－4　估计量无偏和有偏的情形

2. 有效性

有效性（efficiency）是指估计量的方差大小。一个估计量无偏并不意味着它非常接近被估计的总体参数，估计量与参数的接近程度是用估计量的方差（或标准误差）来度量的。对同一总体参数的多个无偏估计量，有更小方差的估计量更有效。假定有两个用于估计总体参数的无偏估计量，分别用 $\hat{\theta}_1$ 和 $\hat{\theta}_2$ 表示，它们的方差分别用 $D(\hat{\theta}_1)$和 $D(\hat{\theta}_2)$ 表示，如果 $\hat{\theta}_1$ 的方差小于 $\hat{\theta}_2$ 的方差，即 $D(\hat{\theta}_1)<D(\hat{\theta}_2)$，就称 $\hat{\theta}_1$ 是比 $\hat{\theta}_2$ 更有效的一个估计量。在无偏估计的条件下，估计量的方差越小，估计就越有效。图 5－5 给出了两个无偏估计量 $\hat{\theta}_1$ 和 $\hat{\theta}_2$ 的抽样分布。可以看到，$\hat{\theta}_1$ 的方差比 $\hat{\theta}_2$ 的方差小，因此 $\hat{\theta}_1$ 的值比 $\hat{\theta}_2$ 的值更接近总体的参数，表明 $\hat{\theta}_1$ 是比 $\hat{\theta}_2$ 更有效的一个估计量。

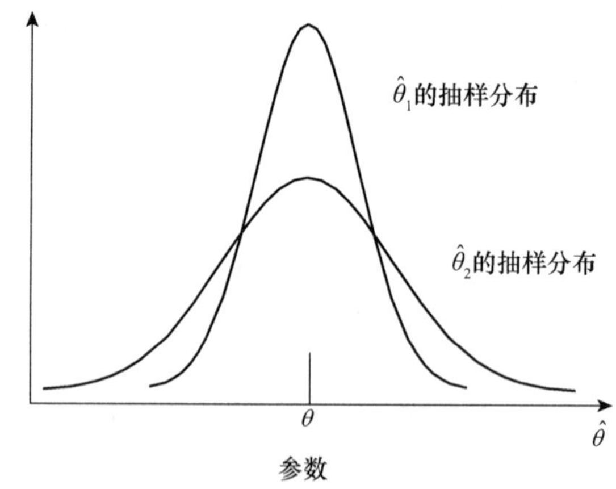

图 5－5　两个无偏估计量的抽样分布

就无偏性和有效性两个标准而言，实际应用时首先应考虑无偏性，在无偏性的前提下再考虑有效性。因为一个有偏的估计量即使方差再小，也不如有较大方差的无偏估计量给出的估计更接近总体参数。

3. 一致性

一致性（consistency）是指随着样本量的无限增大，统计量收敛于所估计总体的参数。换言之，一个大样本给出的估计量更接近总体参数。由于样本均值的标准误差 $\sigma_{\bar{x}}=\sigma/\sqrt{n}$ 与样本量大小有关，样本量越大，$\sigma_{\bar{x}}$ 的值就越小，因此可以说，大样本量给出的估计量很接近总体均值 μ。从这个意义上说，样本均值是总体均值的一个一致估计量。对于一致性，也可以用图 5－6 直观地说明它的意义。

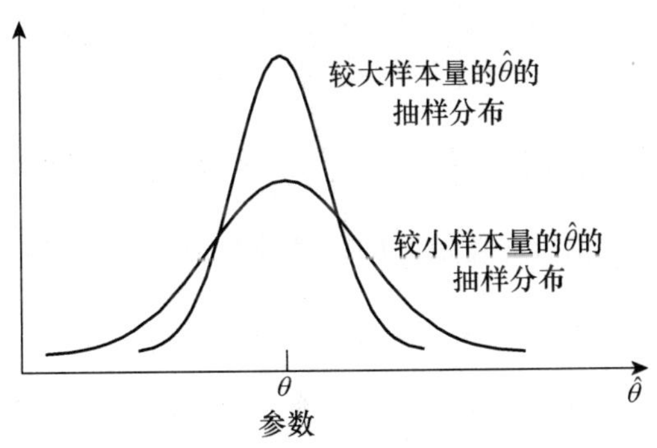

图 5－6　两个不同样本量的样本统计量的抽样分布

5.2　总体均值的区间估计

研究一个总体时，推断总体均值 μ 的统计量就是样本均值 $\bar{x}$。研究两个总体时，所关心的参数主要是两个总体的均值之差（$\mu_1-\mu_2$），用于推断的统计量则是两个样本的均值之差（$\bar{x}_1-\bar{x}_2$）。

5.2.1　一个总体均值的估计

在对一个总体均值进行区间估计时，需要考虑抽取样本的总体是否服从正态分布，总体方差是否已知，用于估计的样本是大样本（$n\geqslant 30$）还是小样本（$n<30$）等几种情况。但不管哪种情况，总体均值的置信区间都是由样本均值加减估计误差得到的。那么，怎样计算估计误差呢？估计误差由两部分组成：一是点估计量的标准误差，它取决于样本统计量的抽样分布；二是估计所要求的置信水平为 $1-\alpha$ 时，统计量分布两侧面积各为 $\alpha/2$ 时的分位数值，它取决于事先所要求的置信水平。因此，总体均值在 $1-\alpha$ 置信水平下的置信区间一般表示为：

$$\bar{x}\pm（分位数值\times\bar{x} 的标准误差）\tag{5.1}$$

1. 大样本的估计

在大样本（$n\geqslant 30$）情况下，由中心极限定理可知，样本均值 $\bar{x}$ 近似服从期望值

为 μ、方差为 σ^2/n 的正态分布。样本均值经过标准化后则服从标准正态分布，即 $z=\frac{\bar{x}-\mu}{\sigma/\sqrt{n}}\sim N(0,\ 1)$。当总体标准差 σ 已知时，标准化时使用 σ；当 σ 未知时，用样本标准差 s 代替。因此，可以由正态分布构建总体均值在 $1-\alpha$ 置信水平下的置信区间。

当总体方差 σ^2 已知时，总体均值 μ 在 $1-\alpha$ 置信水平下的置信区间为：

$$\bar{x}\pm z_{\alpha/2}\frac{\sigma}{\sqrt{n}} \tag{5.2}$$

式中，$\bar{x}-z_{\alpha/2}\frac{\sigma}{\sqrt{n}}$称为置信下限；$\bar{x}+z_{\alpha/2}\frac{\sigma}{\sqrt{n}}$称为置信上限；$\alpha$ 是事先确定的一个概率值，它是总体均值不包括在置信区间的概率；$1-\alpha$ 称为置信水平；$z_{\alpha/2}$是标准正态分布两侧面积各为 $\alpha/2$ 时的 z 值；$z_{\alpha/2}\frac{\sigma}{\sqrt{n}}$是估计误差。

当总体方差 σ^2 未知时，式（5.2）中的 σ^2 可以用样本方差 s^2 代替，这时总体均值 μ 在 $1-\alpha$ 置信水平下的置信区间为：

$$\bar{x}\pm z_{\alpha/2}\frac{s}{\sqrt{n}} \tag{5.3}$$

例 5－1

一家保险公司收集到由 36 位投保人组成的随机样本，得到每位投保人的年龄数据（单位：岁），如表 5－1 所示。

表 5－1　　36 位投保人年龄的数据

23	35	39	27	36	44
36	42	46	43	31	33
42	53	45	54	47	24
34	28	39	36	44	40
39	49	38	34	48	50
34	39	45	48	45	32

建立投保人年龄的 90%的置信区间。

解：虽然总体方差未知，但为大样本，可用样本方差来代替，用正态分布来构建置信区间。由 SPSS 函数【IDF. NORMAL(0.95，0，1)】得 $z_{\alpha/2}=1.645$。根据样本数据计算的样本均值和标准差分别为：$\bar{x}=39.5$，$s=7.77$。根据式（5.3）得

$$39.5\pm1.645\times\frac{7.77}{\sqrt{36}}=39.5\pm2.13$$

即（37.4，41.6），投保人平均年龄的 90%的置信区间为 37.4～41.6 岁。

2. 小样本的估计

在小样本（$n<30$）情况下，对总体均值的估计都建立在总体服从正态分布的假

定前提下。[①] 如果正态总体的 σ 已知，则样本均值经过标准化后仍服从标准正态分布，此时可根据正态分布使用式（5.2）建立总体均值的置信区间。如果正态总体的 σ 未知，则样本均值经过标准化后服从自由度为（$n-1$）的 t 分布，即 $t=\frac{\bar{x}-\mu}{s/\sqrt{n}}\sim t(n-1)$。这时需要使用 t 分布构建总体均值的置信区间。在 $1-\alpha$ 的置信水平下，总体均值的置信区间为：

$$\bar{x}\pm t_{\alpha/2}\frac{s}{\sqrt{n}} \tag{5.4}$$

例 5-2

一家食品生产企业以生产袋装食品为主，按规定每袋的标准重量应为 100 克。为检查每袋重量是否符合要求，企业质检部门从某天生产的一批食品中随机抽取 25 袋，测得每袋重量如表 5-2 所示。

表 5-2　　25 袋食品的重量　　单位：克

112.5	101.0	103.0	102.0	100.5
102.6	107.5	95.0	108.8	115.6
100.0	123.5	102.0	101.6	102.2
116.6	95.4	97.8	108.6	105.0
136.8	102.8	101.5	98.4	93.3

假定食品重量服从正态分布，估计该天生产的食品平均重量的置信区间（置信水平为 95%）。

解：总体服从正态分布但 σ 未知，由于是小样本，样本均值经标准化后服从自由度为（$n-1$）的 t 分布，因此可按式（5.4）来建立置信区间。由 SPSS 函数【IDF. T (0.975，24)】得 $t_{\alpha/2}=2.063\,9$。由样本数据计算得到样本均值和标准差：$\bar{x}=105.36$，$s=9.654\,5$。根据式（5.4）得

$$105.36\pm 2.063\,9\times\frac{9.654\,5}{\sqrt{25}}=105.36\pm 3.985$$

即（101.375，109.345），该天生产的食品平均重量的 95%的置信区间为 101.375～109.345 克。（该天生产的食品的平均重量是否在 101.375～109.345 克之间，请读者自己思考。）

上述计算仅仅是为了演示计算过程，以帮助读者更好地理解方法。实际应用中，可直接由 SPSS 得到有关结果。下面的文本框中给出了操作步骤。

---

① 在估计之前首先应对总体的正态性进行检验，可以使用直方图、茎叶图、P-P 图或 Q-Q 图进行初步评估，也可以使用 χ^2 检验或非参数方法中的 K-S 检验。

求一个总体均值的置信区间（小样本）

第 1 步：选择【分析】→【比较均值—单样本 T 检验】，进入主对话框。

第 2 步：将变量选入【检验变量】；在【选项】中选择所需的置信水平（隐含值为 95%）。点击【确定】。

（注：选择【分析】→【描述统计—探索】，将变量选入【因变量列表】，点击【统计量】，在【均值的置信区间】后输入所需的置信水平（隐含值是 95%）。点击【继续】。点击【确定】。可以得到相同的置信区间。）

由 SPSS 输出的结果如表 5－3 所示。

表 5－3　食品重量的 95%的置信区间

单个样本检验

	检验值 = 0					
					差分的 95% 置信区间	
	t	df	Sig.(双侧)	均值差值	下限	上限
食品重量	54.565	24	.000	105.3600	101.375	109.345

5.2.2　两个总体均值之差的估计

设两个总体的均值分别为 μ_1 和 μ_2，从两个总体中分别抽取样本量为 n_1 和 n_2 的两个随机样本，其样本均值分别为 $\bar{x}_1$ 和 $\bar{x}_2$。估计两个总体均值之差（$\mu_1-\mu_2$）的点估计量显然是两个样本的均值之差（$\bar{x}_1-\bar{x}_2$）。估计原理与一个总体均值的区间估计相同，置信区间仍然是点估计量加减估计误差。因此，两个总体均值之差（$\mu_1-\mu_2$）在 $1-\alpha$ 置信水平下的置信区间一般表示为：

$$(\bar{x}_1-\bar{x}_2)\pm\text{分位数值}\times(\bar{x}_1-\bar{x}_2)\text{的标准误差} \tag{5.5}$$

1. 独立大样本的估计

如果两个样本是从两个总体中独立抽取的，即一个样本中的元素与另一个样本中的元素相互独立，则称为**独立样本**（independent sample）。

如果两个样本都为大样本（$n_1\geqslant 30$，$n_2\geqslant 30$），两个样本均值之差（$\bar{x}_1-\bar{x}_2$）近似服从期望值为（$\mu_1-\mu_2$）、方差为$\left(\frac{\sigma_1^2}{n_1}+\frac{\sigma_2^2}{n_2}\right)$的正态分布，则两个样本均值之差经标准化后服从标准正态分布，即

$$z=\frac{(\bar{x}_1-\bar{x}_2)-(\mu_1-\mu_2)}{\sqrt{\frac{\sigma_1^2}{n_1}+\frac{\sigma_2^2}{n_2}}}\sim N(0,1) \tag{5.6}$$

当两个总体的方差 σ_1^2 和 σ_2^2 都已知时，两个总体均值之差（$\mu_1-\mu_2$）在 $1-\alpha$ 置信水平下的置信区间为：

$$(\bar{x}_1-\bar{x}_2)\pm z_{\alpha/2}\sqrt{\frac{\sigma_1^2}{n_1}+\frac{\sigma_2^2}{n_2}} \tag{5.7}$$

当两个总体的方差 σ_1^2 和 σ_2^2 未知时，可用两个样本方差 s_1^2 和 s_2^2 来代替，这时，两个总体均值之差（$\mu_1-\mu_2$）在 $1-\alpha$ 置信水平下的置信区间为：

$$(\bar{x}_1-\bar{x}_2)\pm z_{\alpha/2}\sqrt{\frac{s_1^2}{n_1}+\frac{s_2^2}{n_2}} \tag{5.8}$$

 **例 5-3**

某地区教育管理部门想估计两所中学的学生高考时的英语平均分数之差，为此在两所中学独立地抽取两个随机样本，有关数据如表 5-4 所示。

表 5-4　　两个样本的有关统计量

中学 1	中学 2
$n_1=46$	$n_2=33$
$\bar{x}_1=126$	$\bar{x}_2=118$
$s_1=5.8$	$s_2=7.2$

建立两所中学高考英语平均分数之差的 95%的置信区间。

解：由 SPSS 函数【IDF. NORMAL（0.975，0，1）】得 $z_{\alpha/2}=1.96$。根据式（5.8）得

$$(126-118)\pm 1.96\times\sqrt{\frac{5.8^2}{46}+\frac{7.2^2}{33}}=8\pm 2.97$$

即（5.03，10.97），两所中学高考英语平均分数之差的 95%的置信区间为 5.03～10.97 分。

2. 独立小样本的估计

当两个样本都为独立小样本（$n_1<30$，$n_2<30$）时，为估计两个总体的均值之差，需要假定两个总体都服从正态分布。当两个总体方差 σ_1^2 和 σ_2^2 已知时，两个样本均值之差经标准化后服从标准正态分布，此时可按式（5.7）建立两个总体均值之差的置信区间。当 σ_1^2 和 σ_2^2 未知时，有以下几种情况。

（1）当两个总体的方差未知但相等时，即 $\sigma_1^2=\sigma_2^2=\sigma^2$，需要用两个样本的方差 s_1^2 和 s_2^2 来估计 σ^2。这时，需要将两个样本的数据合并在一起，以给出 σ^2 的合并估计量 s_p^2，其计算公式为：

$$s_p^2=\frac{(n_1-1)s_1^2+(n_2-1)s_2^2}{n_1+n_2-2} \tag{5.9}$$

这时，两个样本均值之差经标准化后服从自由度为（n_1+n_2-2）的 t 分布，即

$$t=\frac{(\bar{x}_1-\bar{x}_2)-(\mu_1-\mu_2)}{s_p\sqrt{\frac{1}{n_1}+\frac{1}{n_2}}}\sim t(n_1+n_2-2) \tag{5.10}$$

因此，两个总体均值之差（$\mu_1-\mu_2$）在 $1-\alpha$ 置信水平下的置信区间为：

$$(\bar{x}_1-\bar{x}_2)\pm t_{\alpha/2}(n_1+n_2-2)\sqrt{s_p^2\left(\frac{1}{n_1}+\frac{1}{n_2}\right)} \tag{5.11}$$

（2）当两个总体的方差未知且不相等时，即 $\sigma_1^2\neq\sigma_2^2$，两个样本均值之差经标准化后近似服从自由度为 v 的 t 分布，自由度 v 的计算公式为：

$$v=\frac{\left(\frac{s_1^2}{n_1}+\frac{s_2^2}{n_2}\right)^2}{\frac{(s_1^2/n_1)^2}{n_1-1}+\frac{(s_2^2/n_2)^2}{n_2-1}} \tag{5.12}$$

两个总体均值之差（$\mu_1-\mu_2$）在 $1-\alpha$ 置信水平下的置信区间为：

$$(\bar{x}_1-\bar{x}_2)\pm t_{\alpha/2}(v)\sqrt{\frac{s_1^2}{n_1}+\frac{s_2^2}{n_2}} \tag{5.13}$$

例 5-4

为估计两种方法组装产品所需时间的差异，分别对两种不同的组装方法各随机安排 12 个工人，每个工人组装一件产品所需的时间（单位：分钟）如表 5-5 所示。

表 5-5　　两种方法组装产品所需的时间

	方法一	方法二
1	28.3	27.6
2	30.1	22.2
3	29.0	31.0
4	37.6	33.8
5	32.1	20.0
6	28.8	30.2
7	36.0	31.7
8	37.2	26.0
9	38.5	32.0
10	34.4	31.2
11	28.0	33.4
12	30.0	26.5

假定两种方法组装产品的时间服从正态分布。以 95%的置信水平建立两种方法组装产品所需平均时间差值的置信区间：（1）假定 $\sigma_1^2=\sigma_2^2$；（2）假定 $\sigma_1^2\neq\sigma_2^2$。

解：（1）假定 $\sigma_1^2=\sigma_2^2$。根据样本数据计算得到

方法一：$\bar{x}_1=32.5$，$s_1^2=15.996$。

方法二：$\bar{x}_2=28.8$，$s_2^2=19.358$。

σ^2 的合并估计量为：

$$s_p^2=\frac{(12-1)\times 15.996+(12-1)\times 19.358}{12+12-2}=17.677$$

由 SPSS 函数【IDF. T(0.975，22)】得 $t_{0.05/2}(12+12-2)=2.0739$。两个总体均值之差（$\mu_1-\mu_2$）的置信区间为：

$$(32.5-28.8)\pm 2.0739\times\sqrt{17.677\times\left(\frac{1}{12}+\frac{1}{12}\right)}=3.7\pm 3.56$$

即（0.14，7.26），两种方法组装产品所需平均时间之差的 95%的置信区间为 0.14～7.26 分钟。

上述结果可直接由 SPSS 给出，下面的文本框中给出了操作步骤。

求两个总体均值之差的置信区间（独立小样本）

首先，把两个样本的观测值作为一个变量输入，然后设计另一个分组变量用于标记每个观测值所属的样本，比如，方法一用“1”表示，方法二用“2”表示。然后按下列步骤操作。

第 1 步：选择【分析】→【比较均值—独立样本 T 检验】，进入主对话框。

第 2 步：将检验变量（本例为“组装时间”）选入【检验变量】，将分组变量（本例为“组装方法”）选入【分组变量】，并点击【定义组】，在【组 1】后输入 1，在【组 2】后输入 2，点击【继续】回到主对话框。点击【确定】。

第 3 步：点击【选项】，选择所需的置信水平（隐含值为 95%），点击【继续】回到主对话框。点击【确定】。

（注：用 SPSS 求两个配对小样本总体均值之差的置信区间的操作与上述步骤类似。只需要选择【分析】→【比较均值—配对样本 T 检验】，并将两个样本分别选入【变量 1】和【变量 2】即可。）

由 SPSS 输出的结果（部分）如表 5-6 所示。

表 5-6　两种方法组装产品所需平均时间差值的 95%的置信区间

		方差方程的 Levene 检验		均值方程的 t 检验				
							差分的 95% 置信区间	
		F	Sig.	df	均值差值	标准误差值	下限	上限
组装时间	假设方差相等	.011	.917	22	3.7000	1.7165	.1403	7.2597
	假设方差不相等			21.803	3.7000	1.7165	.1384	7.2616

表 5-6 分别给出了方差相等和方差不相等两种假设条件下的置信区间。

（2）根据表 5-6 的结果，假定 $\sigma_1^2\neq\sigma_2^2$ 时，两种方法组装产品所需平均时间差值的 95%的置信区间为 0.1384～7.2616 分钟。

实际上，我们可以事先对两个总体方差是否相等进行检验①，这时就不需要在某

① 见第 6 章假设检验。

种假定的前提下进行估计了。由表 5－6 的 F 检验可知，本例的两个总体方差是相等的，因此，应使用方差相等时的置信区间。

3. 配对样本的估计

在前面的例 5－4 中，使用的是两个独立的样本。但使用独立样本估计两个总体均值之差存在潜在弊端。比如，在对每种方法随机指派 12 个工人时，可能会将技术比较差的 12 个工人指派给方法一，而将技术比较好的 12 个工人指派给方法二。这种不公平的指派可能会掩盖两种方法组装产品所需时间的真正差异。

为解决这一问题，可以使用**配对样本**（paired sample），即一个样本中的数据与另一个样本中的数据相对应，这样的数据通常是对同一个体所做的前后两次测量。比如，先指定 12 个工人用第一种方法组装产品，然后再让这 12 个工人用第二种方法组装产品，这样得到的两种方法组装产品的时间数据就是配对数据。

使用配对样本进行估计时，在大样本条件下，两个总体均值之差 $\mu_d=\mu_1-\mu_2$ 在 $1-\alpha$ 置信水平下的置信区间为：

$$\bar{d}\pm z_{\alpha/2}\frac{\sigma_d}{\sqrt{n}} \tag{5.14}$$

式中，d 表示两个配对数据的差值；$\bar{d}$ 表示各差值的均值；σ_d 表示各差值的标准差。当总体的 σ_d 未知时，可以用样本差值的标准差 s_d 来代替。

在小样本情况下，假定两个总体各观察值的配对差服从正态分布。两个总体均值之差 $\mu_d=\mu_1-\mu_2$ 在 $1-\alpha$ 置信水平下的置信区间为：

$$\bar{d}\pm t_{\alpha/2}(n-1)\frac{s_d}{\sqrt{n}} \tag{5.15}$$

 **例 5－5**

由 10 名学生组成一个随机样本，让他们分别采用 A 和 B 两套试卷进行测试，结果如表 5－7 所示。

表 5－7　　10 名学生两套试卷的测试得分

	学生编号	试卷A	试卷B
1	1	78	71
2	2	63	44
3	3	72	61
4	4	89	84
5	5	91	74
6	6	49	51
7	7	68	55
8	8	76	60
9	9	85	77
10	10	55	39

假定两套试卷分数之差服从正态分布，试建立两套试卷平均分数之差 $\mu_d=\mu_1-\mu_2$ 的 95%的置信区间。

解：根据上表数据计算得

$$\bar{d}=\frac{\sum_{i=1}^{n}d_i}{n_d}=\frac{110}{10}=11,\ s_d=\sqrt{\frac{\sum_{i=1}^{n}(d_i-\bar{d})^2}{n_d-1}}=6.53$$

由 SPSS 函数【IDF. T(0.975，9)】得 $t_{0.05/2}(10-1)=2.2622$。根据式（5.15）得两套试卷分数之差 $\mu_d=\mu_1-\mu_2$ 的置信区间为：

$$11\pm2.2622\times\frac{6.53}{\sqrt{10}}=11\pm4.67$$

即（6.33，15.67），两套试卷所产生的分数之差的 95%的置信区间为 6.33～15.67 分。

由 SPSS 输出的结果（部分）如表 5-8 所示。

表 5-8　　两套试卷平均分数之差 $\mu_d=\mu_1-\mu_2$ 的 95%的置信区间

成对样本检验

	成对差分					df
				差分的 95% 置信区间		
	均值	标准差	均值的标准误	下限	上限	
对 1　试卷A - 试卷B	11.000	6.532	2.066	6.327	15.673	9

5.3　总体比例的区间估计

研究一个总体时，推断总体比例 π 使用的统计量为样本比例 p。研究两个总体时，所关注的参数是两个总体的比例之差（$\pi_1-\pi_2$），用于推断的统计量则是两个样本的比例之差（p_1-p_2）。

5.3.1　一个总体比例的估计

推断总体比例时，同样需要考虑样本量的大小。当样本量非常大时，可采用传统的估计方法。对于小样本或中等大小的样本，改进的估计方法更适用。

1. 大样本的估计方法（传统方法）

由样本比例 p 的抽样分布可知，当样本量足够大①时，比例 p 近似服从期望值为

① 对于总体比例的估计，确定样本量是否“足够大”的一般经验规则是：区间 $p\pm2\sqrt{p(1-p)/2}$ 中不包含 0 或 1，或者要求 $np\geqslant10$ 和 $n(1-p)\geqslant10$。

$E(p)=\pi$，方差为 $\sigma_p^2=\frac{\pi(1-\pi)}{n}$ 的正态分布。样本比例经标准化后则服从标准正态分布，即 $z=\frac{p-\pi}{\sqrt{\pi(1-\pi)/n}}\sim N(0,1)$。因此，可由正态分布建立总体比例的置信区间。与总体均值的区间估计类似，总体比例的置信区间是 π 的点估计值 p 加减估计误差得到的，π 在 $1-\alpha$ 置信水平下的置信区间一般表示为：

$$p\pm(\text{分位数值}\times p\text{ 的标准误差}) \tag{5.16}$$

适用于大样本的传统方法给出的总体比例 π 在 $1-\alpha$ 置信水平下的置信区间为：

$$p\pm z_{\alpha/2}\sqrt{\frac{p(1-p)}{n}} \tag{5.17}$$

式中，$z_{\alpha/2}$ 是标准正态分布上两侧面积各为 $\alpha/2$ 时的 z 值；$z_{\alpha/2}\sqrt{\frac{p(1-p)}{n}}$ 是估计误差。

例 5-6

某城市想要进行一项交通措施改革，为征求市民对该项改革措施的意见，在成年人中随机调查了 500 个市民，其中 325 人赞成改革措施。用 95%的置信水平估计该城市成年人口中赞成该项改革的人数比例的置信区间。

解：由抽样结果计算的样本比例为 $p=325/500=65\%$。由 SPSS 函数【IDF. NORMAL(0.025，0，1)】得 $z_{\alpha/2}=1.96$。根据式（5.17）得

$$65\%\pm1.96\times\sqrt{\frac{65\%\times(1-65\%)}{500}}=65\%\pm4.18\%$$

即（60.82%，69.18%），该城市人口中赞成该项改革的比例的 95%的置信区间为 60.82%～69.18%。

2. 任意大小样本的估计方法（改进的方法）

虽然传统的估计方法至今仍被广泛使用，但按照传统方法计算出来的置信水平为 $1-\alpha$ 的置信区间能够覆盖总体真实比例的概率通常小于 $1-\alpha$，即使大样本也是如此（除非样本量非常大），更不可能应用于小样本。因此，对于任意大小的样本，可以通过修正试验次数（样本量）n 和样本比例 p 的值让置信区间有所改进。

最近的研究表明，对于任意大小的样本，将试验次数（样本量）n 加上 4，即用 $\tilde{n}=n+4$ 代替 n；将试验成功的次数 x 加上 2，即用 $\tilde{p}=(x+2)/\tilde{n}$ 代替 p，可以改进置信区间。由此给出的总体比例 π 在 $1-\alpha$ 置信水平下的置信区间为：

$$\tilde{p}\pm z_{\alpha/2}\sqrt{\frac{\tilde{p}(1-\tilde{p})}{\tilde{n}}} \tag{5.18}$$

该区间也称为 Agresti-Coull 区间（由阿伦·艾格瑞斯蒂（Alan Agresti）和布伦特·库尔（Brent Coull）给出，以其姓氏命名）。对于任意大小的样本，都可以使用

式 (5.18) 来计算总体比例的置信区间。只是在样本较小时，偶尔会有区间下限小于 0 或区间上限大于 1 的情况发生。此时可用 0 代替小于 0 的下限，用 1 代替大于 1 的上限。对于非常大的样本，传统方法和改进的方法的结果几乎相同，但对于小样本或中等样本，改进的方法更适用。

例 5 - 7

沿用例 5 - 6。用 95%的置信水平估计该城市成年人口中赞成该项改革的人数比例的置信区间。

解：根据样本数据得 $\tilde{n}=500+4$，$\tilde{p}=(325+2)/(500+4)=64.88\%$。根据式 (5.18) 得

$$64.88\%\pm 1.96\times\sqrt{\frac{64.88\%\times(1-64.88\%)}{504}}=64.88\%\pm 4.17\%$$

即 (60.71%，69.05%)，该城市成年人口中赞成该项改革的人数比例的 95%的置信区间为 60.71%～69.05%。

由于本例的样本量较大，两种方法得到的结果几乎相同。但对于中小样本，二者会有一定差异。因此，这里推荐使用改进的方法。

5.3.2 两个总体比例之差的估计

对两个总体比例之差的估计同样需要考虑样本量的大小。当两个样本量都非常大时，可采用传统的估计方法。对于两个小样本或中等大小的样本，改进的估计方法更适用。

1. 两个大样本的估计方法 (传统方法)

两个总体比例之差的区间估计原理与一个总体比例的区间估计相同，$\pi_1-\pi_2$ 的置信区间是由点估计量 (p_1-p_2) 加减估计误差得到的，即

$$(p_1-p_2)\pm 分位数\times(p_1-p_2)的标准误差 \tag{5.19}$$

设两个总体都服从二项分布，即 $X_1\sim B(n_1,\ p_1)$，$X_2\sim B(n_2,\ p_2)$。x_1 为 n_1 次独立伯努利试验成功的次数，p_1 为成功的概率；x_2 为 n_2 次独立伯努利试验成功的次数，p_2 为成功的概率。由样本比例的抽样分布可知，从两个二项总体中抽出两个独立大样本，则两个样本比例之差近似服从正态分布，而两个样本的比例之差经标准化后服从标准正态分布，即

$$Z=\frac{(p_1-p_2)-(\pi_1-\pi_2)}{\sqrt{\frac{\pi_1(1-\pi_1)}{n_1}+\frac{\pi_2(1-\pi_2)}{n_2}}}\sim N(0,1) \tag{5.20}$$

由于两个总体比例 π_1 和 π_2 通常是未知的，可用样本比例 p_1 和 p_2 来代替。因此，根据正态分布建立的两个总体比例之差 $(\pi_1-\pi_2)$ 在 $1-\alpha$ 置信水平下的置信区间为：

$$(p_1-p_2)\pm z_{\alpha/2}\sqrt{\frac{p_1(1-p_1)}{n_1}+\frac{p_2(1-p_2)}{n_2}} \tag{5.21}$$

例 5-8

在某档电视节目的收视率调查中，随机调查了 500 名女性观众，有 225 人收看了该节目；随机调查了 400 名男性观众，有 128 人收看了该节目。用 95%的置信水平估计女性与男性收视率差值的置信区间。

解：设女性收视率为 $p_1=225/500=45\%$，男性收视率为 $p_2=128/400=32\%$，$z_{\alpha/2}=1.96$。因此，根据式（5.21）得（$\pi_1-\pi_2$）的置信区间为：

$$\begin{aligned}&(45\%-32\%)\pm 1.96\times\sqrt{\frac{45\%\times(1-45\%)}{500}+\frac{32\%\times(1-32\%)}{400}}\\&=13\%\pm 6.32\%\end{aligned}$$

即（6.68%，19.32%），女性与男性收视率差值的 95%的置信区间为 6.68%～19.32%。

2. 两个任意大小样本的估计方法（改进的方法）

最近的研究表明，对于两个任意大小的样本，只要对 n_1 和 n_2，p_1 和 p_2 略加修正就可以改进估计区间。具体做法是，将试验次数（样本量）n_1 和 n_2 各加上 2，即用 $\tilde{n}_1=n_1+2$ 代替 n_1，用 $\tilde{n}_2=n_2+2$ 代替 n_2；将试验成功的次数 x_1 和 x_2 各加上 1，即用 $\tilde{p}_1=(x_1+1)/\tilde{n}_1$ 代替 p_1，用 $\tilde{p}_2=(x_2+1)/\tilde{n}_2$ 代替 p_2，由此给出的两个总体比例之差（$\pi_1-\pi_2$）在 $1-\alpha$ 置信水平下的置信区间为：

$$(\tilde{p}_1-\tilde{p}_2)\pm z_{\alpha/2}\sqrt{\frac{\tilde{p}_1(1-\tilde{p}_1)}{\tilde{n}_1}+\frac{\tilde{p}_2(1-\tilde{p}_2)}{\tilde{n}_2}} \tag{5.22}$$

该区间也称为 Agresti-Coull 区间。对于任意大小的两个样本，都可以使用式（5.22）来计算两个总体比例之差的置信区间。如果有区间下限小于 0 或区间上限大于 1 的情况发生，可用 0 代替小于 0 的下限，用 1 代替大于 1 的上限。对于非常大的两个样本，传统方法和改进的方法的结果几乎相同，但对于两个小样本或中等样本，改进的方法更适用。因此推荐使用改进的方法。

 例 5-9

沿用例 5-8。用 95%的置信水平估计女性与男性收视率差值的置信区间。

解：根据样本数据得 $\tilde{n}_1=500+2=502$，$\tilde{n}_2=400+2=402$，$\tilde{p}_1=(225+1)/502=45.02\%$，$\tilde{p}_2=(128+1)/402=32.09\%$。根据式（5.22）得

$$\begin{aligned}&(45.02\%-32.09\%)\pm 1.96\times\sqrt{\frac{45.02\%\times(1-45.02\%)}{502}+\frac{32.09\%\times(1-32.09\%)}{402}}\\&=12.93\%\pm 6.31\%\end{aligned}$$

即（6.62%，19.24%），女性与男性收视率差值的 95%的置信区间为 6.62%～19.24%。

5.4　总体方差的区间估计

研究一个总体时，推断总体方差 σ^2 的统计量是样本方差 s^2。研究两个总体时，所关注的参数是两个总体的方差比（σ_1^2/σ_2^2），用于推断的统计量则是两个样本的方差比（s_1^2/s_2^2）。

5.4.1　一个总体方差的估计

估计总体方差时，首先假定总体服从正态分布。其原理与总体均值和总体比例的区间估计不同，不再是点估计量加减估计误差。由于样本方差的抽样分布服从自由度为（$n-1$）的 χ^2 分布，因此需要用 χ^2 分布构造总体方差的置信区间。由于 χ^2 分布是不对称分布，因此无法由点估计值加减估计误差得到总体方差的置信区间。

怎样来构造总体方差的置信区间呢？若给定显著性水平 α，则用 χ^2 分布构造总体方差 σ^2 的置信区间的原理可用图 5－7 表示。

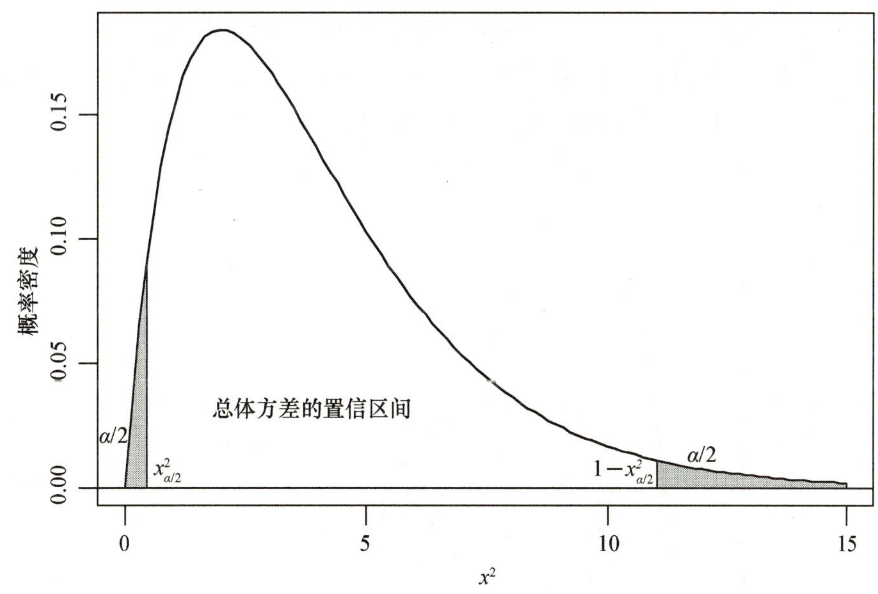

图 5－7　总体方差的置信区间示意图

由图 5－7 可以看出，建立总体方差 σ^2 的置信区间，也就是要找到一个 χ^2 值，使其满足 $\chi^2_{\alpha/2}\leqslant\chi^2\leqslant\chi^2_{1-\alpha/2}$，由于 $\dfrac{(n-1)s^2}{\sigma^2}\sim\chi^2(n-1)$，因此可用它来代替 χ^2，于是有

$$\chi^2_{\alpha/2}\leqslant\frac{(n-1)s^2}{\sigma^2}\leqslant\chi^2_{1-\alpha/2} \tag{5.23}$$

根据式（5.23）可推导出总体方差 σ^2 在 $1-\alpha$ 置信水平下的置信区间为：

$$\frac{(n-1)s^2}{\chi^2_{1-\alpha/2}}\leqslant\sigma^2\leqslant\frac{(n-1)s^2}{\chi^2_{\alpha/2}} \tag{5.24}$$

 例 5 - 10

仍沿用例 5 - 2。以 95%的置信水平建立该种食品重量方差的置信区间。

解：根据样本数据计算的样本方差为 $s^2=93.21$。根据显著性水平 $\alpha=0.05$ 和自由度 $(n-1)=(25-1)=24$，由 SPSS 函数【IDF. CHISQ(0.025，24)】得 $\chi^2_{\alpha/2}(n-1)=\chi^2_{0.025}(25-1)=12.4012$，由函数【IDF. CHISQ(0.975，24)】得 $\chi^2_{1-\alpha/2}(n-1)=\chi^2_{0.975}(25-1)=39.3641$。总体方差 σ^2 的置信区间为：

$$\frac{(25-1)\times 93.21}{39.3641}\leqslant\sigma^2\leqslant\frac{(25-1)\times 93.21}{12.4012}$$

即 $56.83\leqslant\sigma^2\leqslant 180.39$。相应地，总体标准差的置信区间为 $7.54\leqslant\sigma\leqslant 13.43$。该企业生产的食品重量标准差的 95%的置信区间为 7.54～13.43 克。

5.4.2 两个总体方差比的估计

在实际中，经常会遇到比较两个总体方差的问题。比如，希望比较用两种不同方法生产的产品性能的稳定性，比较不同测量工具的精度，等等。

由于两个样本的方差比服从 $F(n_1-1, n_2-2)$ 分布，因此可用 F 分布来构造两个总体方差比（σ_1^2/σ_2^2）的置信区间，其原理可用图 5 - 8 来表示。

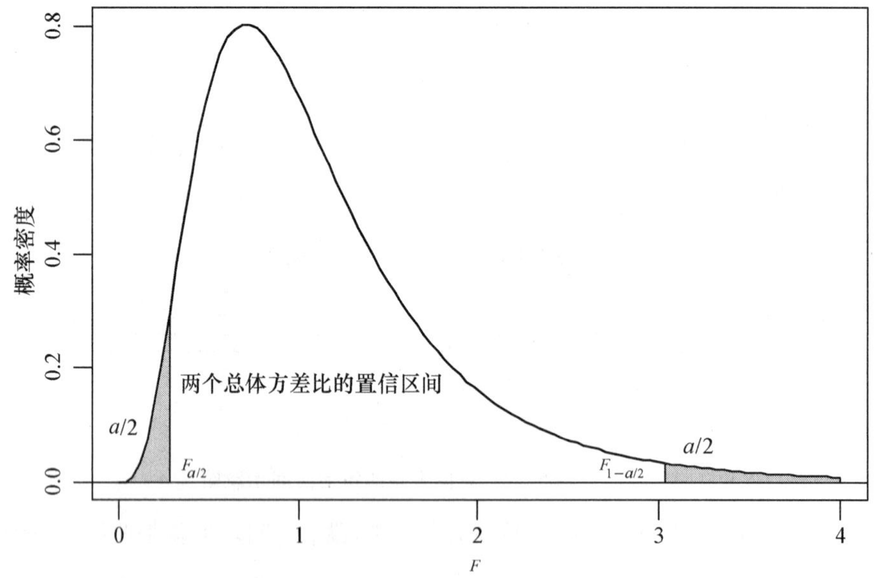

图 5 - 8　总体方差比的置信区间示意图

建立两个总体方差比的置信区间，也就是要找到一个 F 值，使其满足 $F_{\alpha/2}\leqslant F\leqslant F_{1-\alpha/2}$。由于$\frac{s_1^2}{s_2^2}\cdot\frac{\sigma_2^2}{\sigma_1^2}\sim F(n_1-1, n_2-1)$，故可用它来代替 F，于是有

$$F_{\alpha/2}\leqslant\frac{s_1^2}{s_2^2}\cdot\frac{\sigma_2^2}{\sigma_1^2}\leqslant F_{1-\alpha/2} \tag{5.25}$$

根据式（5.25）可以推导出两个总体方差比在 $1-\alpha$ 置信水平下的置信区间为：

$$\frac{s_1^2/s_2^2}{F_{1-\alpha/2}} \leqslant \frac{\sigma_1^2}{\sigma_2^2} \leqslant \frac{s_1^2/s_2^2}{F_{\alpha/2}} \tag{5.26}$$

式中，$F_{\alpha/2}$ 和 $F_{1-\alpha/2}$ 为分子自由度为（n_1-1）、分母自由度为（n_2-1）的 F 分布两侧面积为 $\alpha/2$ 和 $1-\alpha/2$ 的分位数。

 **例 5－11**

为研究男女学生在生活费支出（单位：元）上的差异，在某大学随机抽取 25 名女学生和 25 名男学生，女学生支出的方差 $s_1^2=3\,600$，男学生支出的方差 $s_2^2=2\,500$。以 95％的置信水平估计男女学生生活费支出方差比的置信区间。

解：根据自由度 $n_1=25-1=24$ 和 $n_2=25-1=24$，由 SPSS 函数【IDF. F (0.975，24，24)】得 $F_{0.975}(24，24)=2.269\,3$，由函数【IDF. F(0.025，24，24)】得 $F_{0.025}(24，24)=0.440\,7$。根据式（5.26）得

$$\frac{3\,600/2\,500}{2.269\,3} \leqslant \frac{\sigma_1^2}{\sigma_2^2} \leqslant \frac{3\,600/2\,500}{0.440\,7}$$

即（0.634 557，3.267 529），女学生与男学生生活费支出方差比的 95％的置信区间为 0.634 557～3.267 529。

5.5 样本量的确定

在进行参数估计之前，首先应确定一个适当的样本量。究竟应该抽取一个多大的样本来估计总体参数呢？在进行估计时，总是希望提高估计的可靠程度。但在一定的样本量下，要提高估计的可靠程度，就需要给出较高的置信水平以扩大置信区间，但相应的准确性就会下降。如果想要提高估计的准确性，在不降低置信水平的条件下，就需要增加样本量以缩小置信区间，但样本量的增加也会受到许多限制。通常，样本量的确定与可以容忍的置信区间的宽度以及对此区间设置的置信水平有一定的关系。

5.5.1 估计总体均值时样本量的确定

1. 估计一个总体均值时样本量的确定

总体均值的置信区间是由样本均值 $\bar{x}$ 和估计误差两部分组成的。在重复抽样或无限总体抽样条件下，估计误差为 $z_{\alpha/2}\frac{\sigma}{\sqrt{n}}$。$z_{\alpha/2}$ 的值和样本量 n 共同确定了估计误差的大小。一旦确定了置信水平 $1-\alpha$，$z_{\alpha/2}$ 的值也就确定了。对于给定的 $z_{\alpha/2}$ 值和总体标准差 σ，可以确定任一允许的估计误差所需的样本量。令 E 代表允许的估计误差，可以推

导出所需样本量的计算公式如下：

$$n=\frac{(z_{\alpha/2})^2\sigma^2}{E^2} \tag{5.27}$$

式中，E 值是使用者在给定的置信水平下可以接受的估计误差。如果能求出 σ 的具体值，就可以用上面的公式计算所需的样本量。如果 σ 的值未知，可以用以前相同或类似样本的标准差来代替；也可以用试验调查的办法，选择一个初始样本，以该样本的标准差作为 σ 的估计值。

从式（5.27）可以看出，样本量与置信水平成正比，在其他条件不变的情况下，置信水平越高，所需的样本量就越大；样本量与总体方差成正比，总体的差异越大，所要求的样本量也越大；样本量与估计误差的平方成反比，即允许的估计误差的平方越大，所需的样本量就越小。简言之，要得到一个很有把握或精度很高的估计值，就需要更大的样本量。

注意：根据式（5.27）计算出的样本量不一定是整数，通常是将样本量取成较大的整数，也就是将小数点后面的数值一律进位成整数，如 24.68 取 25，24.32 也取 25，等等。

例 5-12

拥有工商管理学士学位的大学毕业生年薪的标准差大约为 2 000 元，假定想要估计年薪的 95%的置信区间，允许的估计误差不超过 400 元，应抽取多大的样本量？

解：已知 $\sigma=2\ 000$，$E=400$，$z_{\alpha/2}=1.96$。根据式（5.27）得

$$n=\frac{1.96^2\times 2\ 000^2}{400^2}=96.04\approx 97$$

即应抽取 97 人作为样本。

2. 估计两个总体均值之差时样本量的确定

在估计两个总体均值之差时，样本量的确定方法与上述类似。对于给定的估计误差和置信水平 $1-\alpha$，估计两个总体均值之差所需的样本量为：

$$n_1=n_2=\frac{(z_{\alpha/2})^2\cdot(\sigma_1^2+\sigma_2^2)}{E^2} \tag{5.28}$$

式中，n_1 和 n_2 为来自两个总体的样本量；σ_1^2 和 σ_2^2 为两个总体的方差。

例 5-13

一所中学的教务处想要估计实验班和普通班数学考试成绩平均分数差值的置信区间。要求置信水平为 95%，预先估计两个班考试分数的方差分别为：实验班 $\sigma_1^2=90$，普通班 $\sigma_2^2=120$。如果要求估计误差不超过 5 分，在两个班应分别抽取多少名学生作为样本？

解：已知 $\sigma_1^2=90$，$\sigma_2^2=120$，$E=5$，$z_{\alpha/2}=1.96$。根据式（5.28）得

$$n_1=n_2=\frac{1.96^2\times(90+120)}{5^2}=32.269\approx 33$$

即应各抽取 33 人作为样本。

5.5.2 估计总体比例时样本量的确定

1. 估计一个总体比例时样本量的确定

与估计总体均值时样本量的确定方法类似，在重复抽样或无限总体抽样条件下，估计总体比例置信区间的估计误差为 $z_{\alpha/2}\sqrt{\frac{\pi(1-\pi)}{n}}$，$z_{\alpha/2}$ 的值、总体比例 π 和样本量 n 共同确定了估计误差的大小。因为总体比例的值是固定的，所以估计误差由样本量来确定，样本量越大，估计误差越小，估计的精度就越高。因此，对于给定的 $z_{\alpha/2}$ 的值，可以计算出一定的允许估计误差条件下所需的样本量。令 E 表示允许的估计误差，可以推导出估计总体比例时所需的样本量，计算公式如下：

$$n=\frac{(z_{\alpha/2})^2\cdot\pi(1-\pi)}{E^2} \tag{5.29}$$

式中，估计误差 E 由使用者事先确定。大多数情况下，E 的取值一般应小于 0.10。如果能够求出 π 的具体值，就可以用式（5.29）计算所需的样本量。如果 π 的值未知，则可以用类似的样本比例来代替；也可以用试验调查的办法选择一个初始样本，以该样本的比例作为 π 的估计值。当 π 的值无法知道时，通常取使 $\pi(1-\pi)$ 达到最大的值 0.5。

例 5-14

根据以往的生产统计，某种产品的合格率约为 90%，现要求估计误差不超过 5%，在求 95%的置信区间时，应抽取多少个产品作为样本?

解：已知 $\pi=90\%$，$E=5\%$，$z_{\alpha/2}=1.96$。根据式（5.29）得

$$n=\frac{1.96^2\times0.9\times(1-0.9)}{0.05^2}=138.3\approx139$$

即应抽取 139 个产品作为样本。

2. 估计两个总体比例时样本量的确定

对于给定的估计误差和置信水平 $1-\alpha$，估计两个总体比例之差所需的样本量为：

$$n_1=n_2=\frac{(z_{\alpha/2})^2\cdot[\pi_1(1-\pi_1)+\pi_2(1-\pi_2)]}{E^2} \tag{5.30}$$

式中，n_1 和 n_2 为来自两个总体的样本量；π_1 和 π_2 为两个总体的比例。

例 5-15

一家瓶装饮料制造商想要估计一种新型饮料的广告效果。在做广告前和做广告后分别从市场营销区抽选一个消费者随机样本，询问这些消费者是否听说过这种新型饮料。该制造商想以 95%的置信水平估计做广告前后知道该新型饮料消费者的比例之差。若

要求估计误差不超过 10%，抽取的两个样本分别应有多少人（假定两个样本量相等）？

解：已知 $E=10\%$，$z_{\alpha/2}=1.96$。由于没有 π_1 和 π_2 的信息，此时用 0.5 作为 π_1 和 π_2 的近似值。根据式（5.30）得

$$n_1=n_2=\frac{1.96^2\times[0.5\times(1-0.5)+0.5\times(1-0.5)]}{0.1^2}=192.08\approx193$$

即两个样本应各包括 193 人。

□ 本章图解：参数估计使用的分布

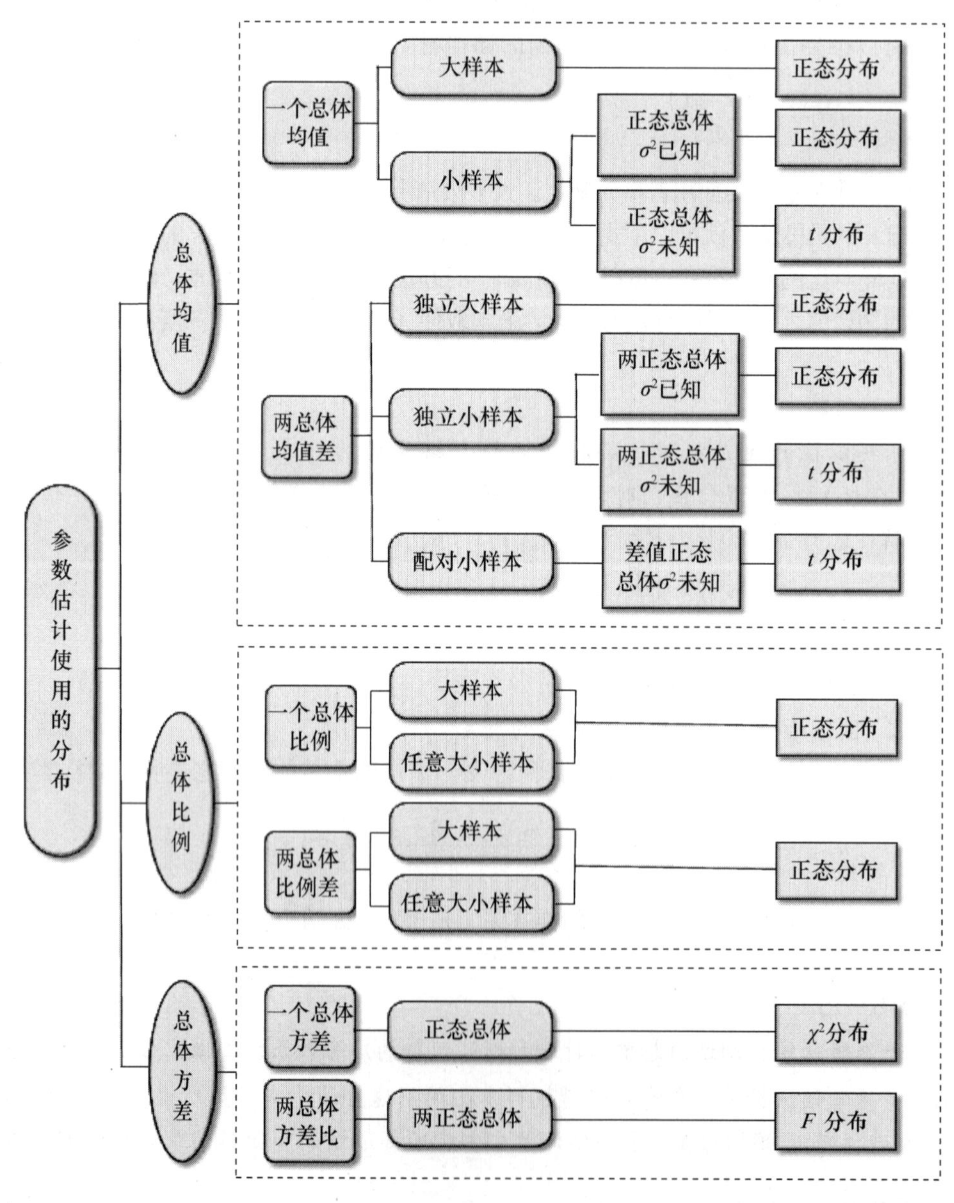

主要术语

- **估计量**（estimator）：用来估计总体参数的统计量的名称，用 $\hat{\theta}$ 表示。
- **估计值**（estimate）：估计总体参数时计算出来的估计量的具体数值。
- **点估计**（point estimate）：用样本估计量 $\hat{\theta}$ 的某个取值直接作为总体参数 θ 的估计值。
- **区间估计**（interval estimate）：在点估计的基础上，给出总体参数估计的一个估计区间，该区间通常由样本统计量加减估计误差得到。
- **置信区间**（confidence interval）：由样本统计量构造出的总体参数在一定置信水平下的估计区间。
- **置信水平**（confidence level）：也称**置信度**或**置信系数**（confidence coefficient），在重复构造的总体参数的多个置信区间中包含总体参数真值的区间所占的比例。
- **无偏性**（unbiasedness）：估计量抽样分布的期望值等于被估计的总体参数。
- **有效性**（efficiency）：估计量的方差大小。对同一总体参数的两个无偏估计量，有更小方差的估计量更有效。
- **一致性**（consistency）：随着样本量的无限增大，统计量收敛于所估计总体的参数。
- **独立样本**（independent sample）：一个样本中的元素与另一个样本中的元素相互独立。
- **配对样本**（paired sample）：一个样本中的数据与另一个样本中的数据相对应。

思考与练习

一、思考题

5.1　说明区间估计的基本原理。

5.2　简述评价估计量好坏的标准。

5.3　解释置信水平的含义。

5.4　怎样理解置信区间?

5.5　解释 95%的置信区间。

5.6 $z_{\alpha/2}\frac{\sigma}{\sqrt{n}}$的含义是什么？

5.7 解释独立样本和配对样本的含义。

5.8 小样本估计时对总体有什么假定？

5.9 简述样本量与置信水平、总体方差、估计误差的关系。

5.10 总体比例估计的传统方法与改进的方法有何区别？

二、练习题

5.1 某快餐店想要估计每位顾客午餐的平均花费，在为期 3 周的时间里选取 49 位顾客组成了一个简单随机样本。

(1) 假定总体标准差为 15 元，求样本均值的标准误差。

(2) 在 95%的置信水平下，求估计误差。

(3) 如果样本均值为 120 元，求总体均值 μ 的 95%的置信区间。

5.2 利用下面的信息，构建总体均值 μ 的置信区间。

(1) 总体服从正态分布，且已知 $\sigma=500$，$n=15$，$\bar{x}=8\,900$，置信水平为 95%。

(2) 总体不服从正态分布，且已知 $\sigma=500$，$n=35$，$\bar{x}=8\,900$，置信水平为 95%。

(3) 总体不服从正态分布，σ 未知，$n=35$，$\bar{x}=8\,900$，$s=500$，置信水平为 90%。

(4) 总体不服从正态分布，σ 未知，$n=35$，$\bar{x}=8\,900$，$s=500$，置信水平为 99%。

5.3 某大学为了解学生每天上网的时间，在全校学生中随机抽取 36 人进行调查，得到下面的数据（单位：小时）：

3.3	3.1	6.2	5.8	2.3	4.1	5.4	4.5	3.2
4.4	2.0	5.4	2.6	6.4	1.8	3.5	5.7	2.3
2.1	1.9	1.2	5.1	4.3	4.2	3.6	0.8	1.5
4.7	1.4	1.2	2.9	3.5	2.4	0.5	3.6	2.5

求该校大学生平均上网时间的置信区间，置信水平分别为 90%，95%和 99%。

5.4 某居民小区共有居民 500 户，小区管理者准备采取一项新的供水措施，想了解居民是否赞成。采取重复抽样方法随机抽取了 50 户，其中有 32 户赞成，18 户反对。

(1) 分别使用传统方法和改进的方法估计总体中赞成新措施的户数比例的置信区间，置信水平为 95%。

(2) 如果小区管理者预计赞成的比例能达到 80%，要求估计误差不超过 10%，则应抽取多少户进行调查？

5.5 顾客到银行办理业务时往往需要等待，而等待时间的长短与许多因素有关，比如，银行业务员办理业务的速度，顾客排队等待的方式，等等。为此，某银行准备采取两种排队方式进行试验。第一种排队方式是所有顾客都进入一个等待队列；第二种排队方式是顾客在三个业务窗口处列三队等待。为比较哪种排队方式使顾客等待的时间更短，银行在两种排队方式下各随机抽取 10 名顾客，他们在办理业务时的等待时间（单位：分钟）如下：

方式 1	6.5	6.6	6.7	6.8	7.1	7.3	7.4	7.7	7.7	7.7
方式 2	4.2	5.4	5.8	6.2	6.7	7.7	7.7	8.5	9.3	10.0

（1）构建第一种排队方式等待时间标准差的 95%的置信区间。

（2）构建第二种排队方式等待时间标准差的 95%的置信区间。

（3）根据（1）和（2）的结果，你认为哪种排队方式更好？

5.6　两个正态总体的方差 σ_1^2 和 σ_2^2 未知但相等。从两个总体中分别抽取两个独立的随机样本，它们的均值和标准差如下：

来自总体 1 的样本	来自总体 2 的样本
$n_1=14$	$n_2=7$
$\bar{x}_1=53.2$	$\bar{x}_2=43.4$
$s_1^2=96.8$	$s_2^2=102.0$

（1）求 $\mu_1-\mu_2$ 的 95%的置信区间。

（2）求 $\mu_1-\mu_2$ 的 99%的置信区间。

5.7　一家人才测评机构对随机抽取的 10 名小企业的经理人用两种方法进行自信心测试，得到的自信心测试分数如下：

人员编号	方法 1	方法 2
1	78	71
2	63	44
3	72	61
4	89	84
5	91	74
6	49	51
7	68	55
8	76	60
9	85	77
10	55	39

构建两种方法平均自信心得分之差 $\mu_d=\mu_1-\mu_2$ 的 95%的置信区间。

5.8　从两个总体中各抽取一个 $n_1=n_2=250$ 的独立随机样本，来自总体 1 的样本比例为 $p_1=40\%$，来自总体 2 的样本比例为 $p_2=30\%$。

（1）用传统方法构造 $\pi_1-\pi_2$ 的 95%的置信区间。

（2）用改进的方法构造 $\pi_1-\pi_2$ 的 95%的置信区间。

（3）对两种方法构造的置信区间进行比较。

5.9 生产工序中的方差是工序质量的一个重要度量。当方差较大时，需要对工序进行改进以减小方差。下面是两台机器生产的袋装茶重量的数据（单位：克）：

机器 1			机器 2		
3.45	3.22	3.90	3.22	3.28	3.35
3.20	2.98	3.70	3.38	3.19	3.30
3.22	3.75	3.28	3.30	3.20	3.05
3.50	3.38	3.35	3.30	3.29	3.33
2.95	3.45	3.20	3.34	3.35	3.27
3.16	3.48	3.12	3.28	3.16	3.28
3.20	3.18	3.25	3.30	3.34	3.25

构造两个总体方差比（σ_1^2/σ_2^2）的 95%的置信区间。

5.10 某超市想要估计每名顾客平均每次购物的花费。根据过去的经验，标准差大约为 120 元，现要求以 95%的置信水平估计每名顾客平均购物花费的置信区间，并要求估计误差不超过 20 元，应抽取多少名顾客作为样本？

5.11 假定两个总体的标准差分别为：$\sigma_1=12$，$\sigma_2=15$，若要求估计误差不超过 5，相应的置信水平为 95%，假定 $n_1=n_2$，估计两个总体均值之差（$\mu_1-\mu_2$）所需的样本量为多大？

5.12 假定 $n_1=n_2$，估计误差 $E=0.05$，相应的置信水平为 95%，估计两个总体比例之差（$\pi_1-\pi_2$）所需的样本量为多大？

第 6 章 Chapter 6 假设检验

问题与思考：你相信饮用水瓶子标签上的说法吗？

产品的外包装上都贴有标签，标签上通常标有该产品的性能说明、成分指标等信息。下面是农夫山泉 550mL 瓶装饮用天然水外包装标签上给出的“特征性指标”信息。

每 100mL 含量（μg/100mL）	
钙	≥400
镁	≥50
钾	≥35
钠	≥80
偏硅酸	≥180

pH 值（25℃）　7.3±0.5

你相信标签上特征性指标给出的这些数值吗？如果你相信或者对此没有异议，那么你不必做任何事情，直接买来饮用就可以了。如果你不相信或者对此持怀疑态度，想要验证标签上的说法是否正确，那么，你可以从某个批次的瓶装水中随机抽取若干瓶来做检验。你该如何提出检验的假设呢？如何根据样本信息做出决策呢？做出这一决策有可能犯什么错误呢？决策的结论该如何解释呢？本章将提供一套标准统计检验程序来回答这些问题。

假设检验是推断统计的另一项重要内容，它与参数估计类似，但角度不同。参数估计是利用样本信息推断未知的总体参数，假设检验则是先对总体参数提出一个假设，然后利用样本信息判断这一假设是否成立。本章首先介绍假设检验的基本原理，然后介绍总体均值、总体比例和总体方差的检验方法。

6.1 假设检验的基本原理

假设检验的大体思路是：首先对所关心的总体提出某种假设，然后从待检验的总体中抽取一个随机样本并获得数据，再根据样本提供的信息判断假设是否成立。如果所关注的是总体的某个参数，并对参数的某个假设值做检验，则为**参数检验**（parameter test）；如果是对总体的其他特征（如分布的形式）做检验，或者样本数据不满足参数检验的条件，则这时所做的检验称为**非参数检验**（nonparametric test）。本章主要介绍参数检验方法。

6.1.1 怎样提出假设

所谓**假设**（hypothesis），就是对总体的某种看法。在参数检验中，假设就是对总体参数的具体数值所作的陈述。比如，我们虽然不知道一批灯泡的平均使用寿命是多长，不知道一批产品的合格率是多少，不知道全校学生月生活费支出的方差是多少，但可以事先提出一个假设值，比如，这批灯泡的平均使用寿命是 6 500 小时，这批产品的合格率是 95%，全校学生月生活费支出的方差是 10 000，等等。这些陈述就是对总体参数提出的假设。

假设检验（hypothesis test）是在对总体参数提出假设的基础上，利用样本信息来判断假设是否成立的统计方法。比如，假设全校学生月生活费支出的平均值是 2 500 元，然后从全校学生中抽取一个样本，根据样本信息检验月平均生活费支出是否为 2 500 元，这就是假设检验。

在假设检验中，首先需要提出两种假设，即原假设和备择假设。

原假设也称**零假设**（null hypothesis），它通常是研究者想收集证据予以推翻的假设，用 H_0 表示。原假设所表达的含义是参数没有变化或变量之间没有关系，因此等号“=”总是放在原假设上。以总体均值的检验为例，设参数的假设值为 μ_0，原假设总是写成 $H_0:\mu=\mu_0$，$H_0:\mu\geqslant\mu_0$ 或 $H_0:\mu\leqslant\mu_0$。原假设最初被假定成立，之后根据样本数据确定是否有足够的证据可以拒绝。

备择假设（alternative hypothesis）通常是指研究者想收集证据予以支持的假设，用 H_1 或 H_a 表示。备择假设所表达的含义是总体参数发生了变化或变量之间有某种关系，因此，备择假设的形式总是为 $H_1:\mu\neq\mu_0$，$H_1:\mu<\mu_0$ 或 $H_1:\mu>\mu_0$。备择假设通常用于表达研究者自己倾向于支持的看法，研究者要想办法收集证据拒绝原假设，以支持备择假设。

在假设检验中，如果备择假设没有特定的方向性，并含有符号“≠”，这样的假设检验称为**双侧检验**或**双尾检验**（two-tailed test）。如果备择假设具有特定的方向性，并含有符号“>”或“<”，这样的假设检验称为**单侧检验**或**单尾检验**（one-tailed test）。备择假设含有符号“<”的单侧检验称为左侧检验，含有符号“>”的单侧检验称为右侧检验。

确定原假设和备择假设在假设检验中十分重要，直接关系到检验的结论。下面通过两个例子来说明确定原假设和备择假设的大概思路。

例 6-1

一种零件的生产标准是直径为 15cm，为对生产过程进行控制，质量监测人员定期对一台加工机床进行检查，以确定这台机床生产的零件是否符合标准要求。如果零件的平均直径大于或小于 15cm，则表明生产过程不正常，必须进行调整。试陈述用来检验生产过程是否正常的原假设和备择假设。

解：设这台机床生产的所有零件平均直径的真值为 μ。如果 $\mu=15$，则表明生产过程正常，如果 $\mu>15$ 或 $\mu<15$，则表明机床的生产过程不正常，研究者要检测这两种可能情况中的任何一种。因此，研究者想收集证据予以推翻的假设应该是“生产过程正常”，想收集证据予以支持的假设则是“生产过程不正常”（因为如果研究者事先认为生产过程正常，也就没有必要进行检验了）。所以建立的原假设和备择假设应为：

$$H_0:\mu=15\text{(生产过程正常)};\ H_1:\mu\neq15\text{(生产过程不正常)}$$

例 6-2

以本章开头给出的饮用水瓶子上的标签为例。检验每 100mL 水中钙的含量是否大于等于 400μg。如果是消费者来做检验，则应该提出怎样的原假设和备择假设？如果是生产厂家自己来做检验，又会提出怎样的原假设和备择假设？

解：设每 100mL 水中钙含量的均值为 μ。消费者做检验的目的是想寻找证据推翻标签中的说法，即 $\mu\geqslant400\mu g$（如果对标签中的数值没有质疑，也就没有抽检的必要了），想支持的观点则是标签中的说法不正确，即 $\mu<400\mu g$。因此，提出的原假设和备择假设应为：

$$H_0:\mu\geqslant400\text{(标签中的说法正确)};\ H_1:\mu<400\text{(标签中的说法不正确)}$$

如果是生产厂家自己做检验，自然会想办法支持自己的看法，也就是想寻找证据证明标签中的说法是正确的，即 $\mu>400$，想推翻的则是 $\mu\leqslant400$，因此会提出与消费者观点不同（方向相反）的原假设和备择假设，即

$$H_0:\mu\leqslant400\text{(想推翻的假设)};\ H_1:\mu>400\text{(想支持的假设)}$$

通过上面几个例子可以看出，原假设和备择假设是一个完备事件组，而且相互对立。这意味着，在一项假设检验中，原假设和备择假设必有一个成立，而且只有一个成立。此外，假设的确定带有一定的主观色彩，因为“研究者想推翻的假设”和“研究者想支持的假设”最终仍取决于研究者本人的意向。所以，即使是对同一个问题，由于研究目的不同，也可能提出截然不同的假设。但无论怎样，只要假设的建立符合研究者的最终目的便是合理的。

6.1.2　怎样做出决策

假设检验根据样本信息做出拒绝或不拒绝原假设的决策。这就涉及两个问题：一

是依据什么标准做出决策；二是所做的决策是否正确。

1. 两类错误与显著性水平

研究者总是希望能够做出正确的决策，但由于决策是建立在样本信息的基础之上，而样本又是随机的，因而就有可能犯错误。

原假设和备择假设不能同时成立，决策的结果要么是拒绝原假设，要么是不拒绝原假设。决策时总是希望，若原假设正确则不拒绝它，若原假设不正确则拒绝它，但实际上很难保证不犯错误。一种情况是，原假设是正确的却被拒绝了，这时所犯的错误称为**第Ⅰ类错误**（typeⅠerror），犯第Ⅰ类错误的概率记为 α，因此也称为 α 错误。另一种情况是，原假设是错误的却没有被拒绝，这时所犯的错误称为**第Ⅱ类错误**（type Ⅱ error），犯第Ⅱ类错误的概率记为 β，因此也称为 β 错误。

在假设检验中，只要做出拒绝原假设的决策，就有可能犯第Ⅰ类错误；只要做出不拒绝原假设的决策，就有可能犯第Ⅱ类错误。从直觉上说，这两类错误的概率之间存在这样的关系：在样本量不变的情况下，要减小 α 就会使 β 增大，而要减小 β 就会使 α 增大，两类错误就像一个跷跷板的两端。人们自然希望犯两类错误的概率都尽可能小，但实际上难以做到。要使 α 和 β 同时减小的唯一办法就是增加样本量，但样本量的增加又会受许多因素的限制，所以人们只能在两类错误的发生概率之间进行平衡，以使 α 和 β 控制在能够接受的范围内。一般来说，对于一个给定的样本，如果犯第Ⅰ类错误的代价比犯第Ⅱ类错误的代价高，则将犯第Ⅰ类错误的概率定得低些较为合理；反之，则可以将犯第Ⅰ类错误的概率定得高些。那么假设检验中先控制哪类错误呢？一般来说，发生哪一类错误的后果更严重，就应该首先控制哪类错误发生的概率。但由于犯第Ⅰ类错误的概率可以由研究者事先控制，犯第Ⅱ类错误的概率则相对难以计算，因此在假设检验中，人们往往先控制第Ⅰ类错误发生的概率。

假设检验中犯第Ⅰ类错误的概率也称为**显著性水平**（level of significance），记为 α。它是人们事先指定的犯第Ⅰ类错误概率的最大允许值。显著性水平 α 越小，犯第Ⅰ类错误的可能性自然就越小，但犯第Ⅱ类错误的可能性随之增大。实际应用中，究竟确定一个多大的显著性水平比较合适呢？一般情况下，人们认为犯第Ⅰ类错误的后果更严重，因此通常会取一个较小的 α 值（一般要求 α 可以取小于或等于 0.1 的任何值）。英国著名的统计学家费希尔在他的研究中把小概率的标准定为 0.05，所以人们通常选择显著性水平为 0.05 或比 0.05 更小的概率值，当然也可以取其他值。实际中常用的显著性水平有 $\alpha=0.01$，$\alpha=0.05$，$\alpha=0.1$ 等。当选择样本量时，通常要求犯第Ⅰ类错误的概率不大于 0.05，犯第Ⅱ类错误的概率不大于 0.1。

2. 依据什么做出决策

在提出具体的假设之后，研究者需要提供可靠的证据来支持他所关注的备择假设。在前面的例 6－2 中，你想证实产品标签中的说法不属实，即检验假设：$H_0:\mu\geqslant400$；$H_1:\mu<400$，如果抽取一个样本得到的样本均值为 390μg，你是否拒绝原假设？如果

样本均值是 410μg，你是否就不拒绝原假设？做出拒绝或不拒绝原假设的依据是什么呢？传统检验中，做出决策所依据的是样本统计量；现代检验中，人们直接根据样本数据计算出犯第Ⅰ类错误的概率，即所谓的 P 值。假设检验时做出决策的依据是：原假设成立时小概率事件不应发生，如果小概率事件发生了，就应当拒绝原假设。统计上通常把 $P\leqslant 0.1$ 的值统称为小概率。

（1）用统计量决策（传统做法）。

怎样利用样本信息做出决策呢？传统方法是首先根据样本数据计算出用于决策的**检验统计量**（test statistic）。比如要检验总体均值，我们自然会想到要用样本均值作为判断标准。但样本均值 $\bar{x}$ 是总体均值 μ 的一个点估计量，并不能直接作为判断的依据，只有将其标准化后，才能用于度量它与原假设的参数值之间的差异程度。对于总体均值和总体比例的检验，在原假设 H_0 为真的条件下，根据点估计量的抽样分布可以得到**标准化检验统计量**（standardized test statistic）：

$$\text{标准化检验统计量}=\frac{\text{点估计量}-\text{假设值}}{\text{点估计量的抽样标准差}} \tag{6.1}$$

实际中使用的检验统计量都是标准化检验统计量，它反映了点估计量（比如样本均值）与假设的总体参数（比如假设的总体均值）相比相差多少个标准差的距离。虽然检验统计量是一个随机变量，随样本观测结果的不同而变化，但只要已知一组特定的样本观测结果，检验统计量的值也就唯一确定了。

有了检验统计量就可以建立一个决策准则。根据事先给定的显著性水平 α，可以在统计量的分布上找到相应的**临界值**（critical value）。由显著性水平和相应的临界值围成的一个区域称为**拒绝域**（rejection region）。如果统计量的值落在拒绝域内就拒绝原假设，否则就不拒绝原假设。拒绝域的大小与给定的显著性水平有关。当样本量固定时，拒绝域随 α 的减小而减小。显著性水平、拒绝域和临界值的关系可以用图 6－1 来表示。

从图 6－1 可以得出利用统计量进行检验时的决策准则：

双侧检验：｜统计量｜＞临界值，拒绝原假设。

左侧检验：统计量的值＜－临界值，拒绝原假设。

右侧检验：统计量的值＞临界值，拒绝原假设。

介绍传统的统计量决策方法只是为了帮助读者理解假设检验的原理，并不推荐使用。

（2）用 P 值决策（现代做法）。

统计量检验是根据事先确定的显著性水平 α 围成的拒绝域做出决策，不论检验统计量的值是大还是小，只要它落入拒绝域就拒绝原假设，否则就不拒绝原假设。这样，无论统计量落在拒绝域的什么位置，你都只能说犯第Ⅰ类错误的概率是 α。但实际上，α 是犯第Ⅰ类错误的上限控制值，统计量落在拒绝域的不同位置，决策时所犯第Ⅰ类错误的概率是不同的。如果能把犯第Ⅰ类错误的真实概率计算出来，就可以直

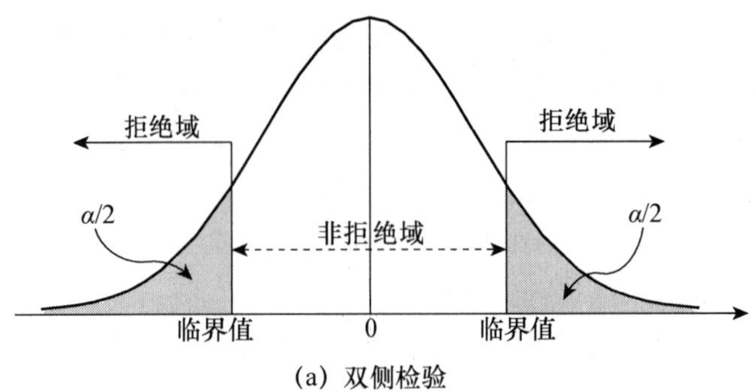

(a) 双侧检验

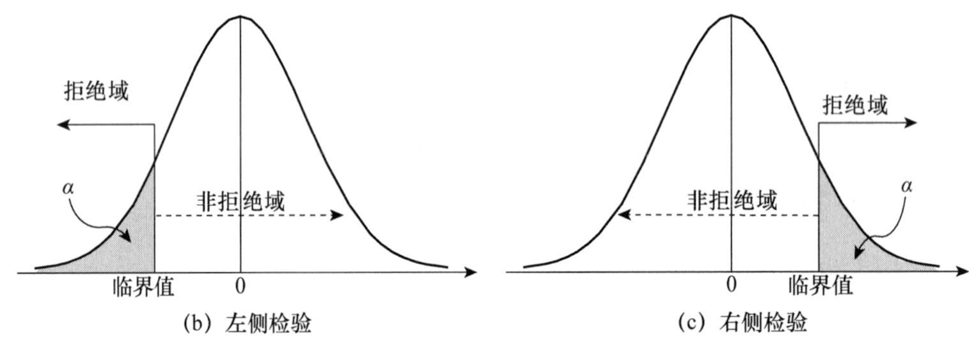

(b) 左侧检验　　(c) 右侧检验

图 6-1　显著性水平、拒绝域和临界值的关系

接用这个概率做出决策，而不需要考虑事先给定的显著性水平 α。这个犯第Ⅰ类错误的真实概率就是 P 值。

用统计的术语来说，如果原假设是正确的，所得到的样本结果会像实际观测结果那么极端或更极端的概率称为 ***P* 值**（P-value），也称为**观察到的显著性水平**（observed significance level）或实际显著性水平。图 6-2 给出了拒绝原假设时的 P 值与给定显著性水平 α 的比较示意图。

用 P 值进行决策的规则很简单：如果 $P<\alpha$，则拒绝 H_0；如果 $P>\alpha$，则不拒绝 H_0（双侧检验将两侧面积的总和定义为 P）。利用 P 值进行决策需要注意以下几点。

1）P 值是关于数据的概率，它与原假设对或错的概率无关。具体来说，P 值反映的是在某个总体的多样本中某一类数据出现的经常程度，它是当原假设正确时，得到目前这个样本数据的概率。比如，要检验瓶装饮用水标签上所标注的钙的含量是否正确，检验假设：$H_0:\mu\geqslant400$；$H_1:\mu<400$，假定抽出一个样本计算出的样本均值 $\bar{x}=390\mu g$，得到的 P 值为 0.02，这个 0.02 是指如果每 100mL 水中钙含量的均值真的不小于 $400\mu g$，那么，从该总体中抽出一个均值小于 $400\mu g$ 的样本的概率仅为 0.02。如果你认为这个概率太小了，就可以拒绝原假设，因为如果原假设正确的话，几乎不可能抓到这样的一个样本，既然抓到了，就表明这样的样本在总体中不在少数，所以原假设是不正确的。显然，P 值越小，拒绝原假设的理由就

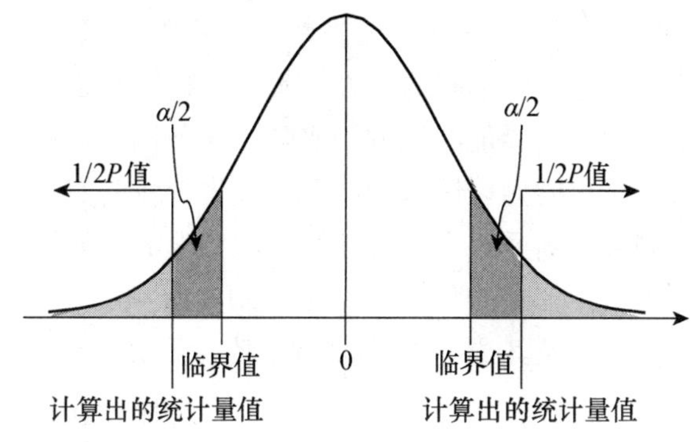

(a) 双侧检验

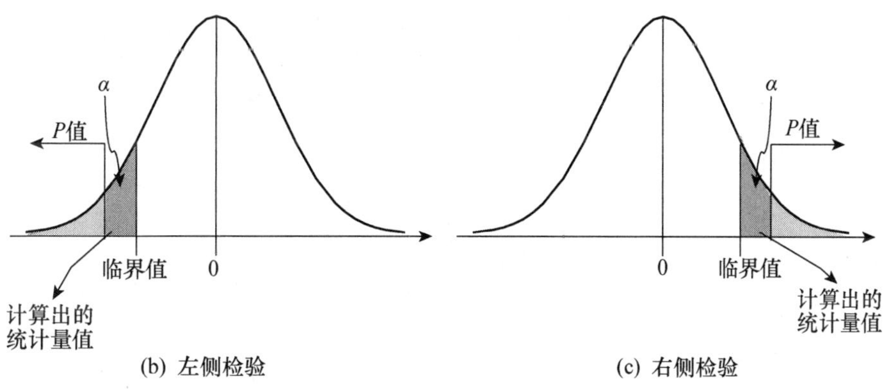

(b) 左侧检验　　(c) 右侧检验

图 6-2　P 值与给定的显著性水平 α 的比较

越充分。

2）究竟确定多大的 P 才能使你有理由拒绝原假设呢？或者说，要证明原假设不正确，P 值要多小才能令人信服呢？这要根据两种情况来确定：其一，原假设的可信度有多高。如果原假设所代表的是人们多年来一直相信的看法，就需要很强的证据（小的 P 值）才能说服他们，应该选择小的 P 值。其二，拒绝原假设的成本有多高。如果拒绝原假设可能会付出很高的成本，就需要选择一个更小的 P 值。比如，备择假设代表要花很多钱把产品包装改换成另一种包装，此时就要有很强的证据显示新包装一定会增加销售量（因为拒绝原假设要花很高的成本）。一般来说，$P<0.10$ 代表有“一些证据”不利于原假设；$P<0.05$ 代表有“适度证据”不利于原假设；$P<0.01$ 代表有“很强证据”不利于原假设。实际上，有了 P 值，也就不用太关心事先给定的显著性水平 α 了。只要在 $P\leqslant 0.1$ 的范围内，若你认为这么大的值就算是小概率了，那么可以在这样的 P 值水平上拒绝原假设。当然，统计上有几个常用的 α 值可以作为比较标准，分别是 $\alpha=0.1$，$\alpha=0.05$ 和 $\alpha=0.01$，其中 $\alpha=0.05$ 在多数情况下被人们使用。

3）P 值决策优于统计量决策。与传统的统计量决策相比，P 值决策提供了更多的信息。比如，根据事先确定的 α 进行决策时，只要统计量的值落在拒绝域内，无论它具体在哪个位置，拒绝原假设的结论都是一样的（只能说犯第Ⅰ类错误的概率是 α）。但统计量落在拒绝域内不同的地方，实际的显著性是不同的。比如，统计量落在临界值附近与落在远离临界值的地方，实际的显著性就有较大差异。而 P 值给出的是根据实际统计量计算出的显著性水平，它可以告诉我们实际的显著性水平是多少。根据统计量决策，如果拒绝原假设，仅仅知道犯错误的可能性是 α 那么大，究竟是多少却不知道。P 值则是计算出的犯第Ⅰ类错误的实际概率。图 6－3 给出了拒绝原假设时两个不同统计量的值及其 P 值，容易看出统计量决策与 P 值决策的差异。

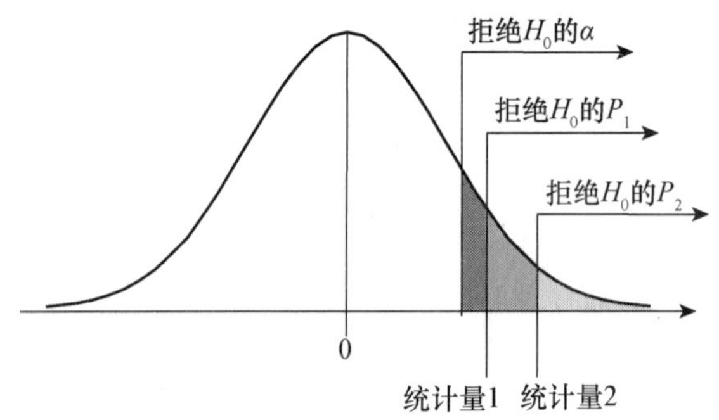

图 6－3　拒绝 H_0 的两个统计量的不同显著性

6.1.3　怎样表述决策结果

1. 假设检验不能证明原假设正确

假设检验的目的主要是收集证据拒绝原假设，而支持你所倾向的备择假设。因为假设检验只提供不利于原假设的证据（证据的强弱取决于 P 值的大小）。因此，当拒绝原假设时，表明样本提供的证据可以证明它是错误的；当没有拒绝原假设时，我们也没法证明它是正确的，因为假设检验的程序没有提供它正确的证据。这与法庭上对被告的定罪类似：先假定被告无罪，除非你有足够的证据证明他有罪，否则法庭就不能认定被告有罪。当证据不足时，法庭的裁决是“被告无罪”，但这时也没有证明被告一定是清白的。

假设检验的结论是根据原假设做出的。我们要么拒绝原假设，要么不拒绝原假设。当不能拒绝原假设时，我们通常不说“接受原假设”，因为没有证明原假设是真的（如果采用“接受原假设”的说法，则意味着你证明了原假设是正确的）。没有足够的证据拒绝原假设并不等于你已经“证明”了原假设是真的，这仅仅意味着目前我们还没有足够的证据拒绝原假设，只表明手头上这个样本提供的证据还不足以拒绝它。比如，在前面的例 6－2 中，如果拒绝原假设，就可以说该饮用水标签上的标注与实际不符。但如果没有拒绝原假设，只能说这个样本提供的证据还不足以证明每 100mL 水中钙的含量不在 400μg 以下，这并不等于证明了其含量等于或超过 400μg。“不拒绝”的表述方式实际上意味着我们没有得出明确的结论。

此外，假设检验中通常是先确定显著性水平 α（至少在你的心目中有一个潜在的 α），这就等于控制了犯第Ⅰ类错误的概率，但犯第Ⅱ类错误的概率 β 是不确定的。在拒绝 H_0 时，犯第Ⅰ类错误的概率不超过给定的显著性水平 α，当样本结果显示没有充分的理由拒绝原假设时，有时也难以确切知道第Ⅱ类错误发生的概率。因此，在假设检验中采用“不拒绝 H_0”而不采用“接受 H_0”的表述方式，在多数场合下避免了第Ⅱ类错误发生的风险，因为所得结论“接受 H_0”的可靠性将由犯第Ⅱ类错误的概率 β 来测量，而 β 的控制又相对复杂，有时甚至根本无法知道 β 的值（除非你能确切给出 β，否则就不宜表述成“接受 H_0”）。当然，不拒绝 H_0 并不意味着 H_0 为真的概率很高，只是意味着拒绝 H_0 需要更多的证据。

2. 统计上显著不等于有实际意义

在假设检验中，若拒绝原假设则称样本结果是**“统计上显著的”**（statistically significant）；不能拒绝原假设则称结果是“统计上不显著的”。“显著的”在这里是指“非偶然的”，它表示这样的样本结果不是偶然得到的。结果是不显著的（没有充分证据拒绝原假设），则表明这样的样本结果很可能是偶然得到的。比如说，在 $\alpha=0.05$ 的显著性水平下拒绝了 H_0，表明如果 H_0 是对的，在 5%这么小的概率下，不可能抓到这个样本，既然抓到了这个样本，就说明这样的样本数据经常出现，不在少数，因而抓到它不是偶然的，样本检验结果是显著的。而没有拒绝原假设，则表明在 5%这么小的概率下，没有抓到能拒绝原假设的一组样本数据，所以不拒绝原假设，因而称样本检验结果是不显著的。

当然，在“显著”和“不显著”之间没有清楚的界限，只是在 P 值越小时，我们就有越强的证据而已。0.049 和 0.051 这两个 P 值并没有多少实质的差别，即使你非要把这种差别找出来（0.051　0.049−0.002），又有什么实质上的意义呢？退一步说，把这么小的差别找出来干什么呢？因此，在进行决策时，我们只能说 P 值越小，拒绝原假设的证据就越强，检验的结果也就越显著。但在 P 值很小而拒绝原假设时，并不一定意味着检验的结果就有实际意义，因为假设检验中所说的“显著”仅仅是“统计意义上的显著”。也就是说，一个在统计上显著的结论在实际中不见得就很重要，也不一定就有实际意义。

6.2 总体均值的检验

理解了假设检验的原理，在实际中应用并不困难。与参数估计类似，对于总体均值的检验，当研究一个总体时，要检验的主要是该总体均值 μ 与某个假设值 μ_0 的差异是否显著；当研究两个总体时，要检验的主要是两个总体均值之差（$\mu_1-\mu_2$）是否显著。

6.2.1 一个总体均值的检验

在对总体均值进行检验时，采用什么检验统计量取决于所抽取的样本是大样本（$n\geqslant30$）还是小样本（$n<30$），此外还需要区分总体是否服从正态分布、总体方差 σ^2 是否已知等几种情况。

1. 大样本的检验

在大样本情况下，样本均值的概率分布近似为正态分布，其标准差为 $\sigma/\sqrt{n}$。将样本均值 $\bar{x}$ 标准化后即可得到检验的统计量。由于样本均值经标准化后服从标准正态分布，因而采用正态分布的检验统计量。设假设的总体均值为 μ_0，当总体方差 σ^2 已知时，总体均值检验的统计量为：

$$z=\frac{\bar{x}-\mu_0}{\sigma/\sqrt{n}} \tag{6.2}$$

当总体方差 σ^2 未知时，可以用样本方差 s^2 来代替，此时总体均值检验的统计量为：

$$z=\frac{\bar{x}-\mu_0}{s/\sqrt{n}} \tag{6.3}$$

例 6-3

一种罐装饮料采用自动生产线生产，每罐标识的净含量是 330mL。为检验每罐容量是否符合要求，质检人员从某天生产的饮料中随机抽取 50 罐进行检验，测得平均每罐的容量为 330.5mL，标准差为 2mL。取显著性水平 $\alpha=0.05$，检验该天生产的饮料容量是否符合标准要求。

解：这里关心的是饮料容量是否符合要求，也就是 μ 是否为 330mL，大于或小于 330mL 都不符合要求，因而属于双侧检验问题。提出的原假设和备择假设为：

$$H_0:\mu=330;\ H_1:\mu\neq330$$

检验统计量为：

$$z=\frac{330.5-330}{2/\sqrt{50}}=1.77$$

由 SPSS 函数【2 * (1-CDF. NORMAL(1.77, 0, 1))】得 $P=0.076\,727$。由于 $P=0.076\,727>\alpha=0.05$，不拒绝原假设，表明样本提供的证据还不足以推翻原假设，因此没有证据表明该天生产的饮料不符合标准要求。

例 6-4

为监测空气质量，某城市环保部门每隔几周对空气中的 PM2.5（可吸入颗粒物）

进行一次随机测试。已知该城市过去空气中 PM2.5 的平均值是 82 $\mu g/m^3$。在最近一段时间的 32 次检测中，空气中 PM2.5 的数值如表 6－1 所示。

表 6－1　　空气中 PM2.5 的数值　　单位：$\mu g/m^3$

81.6	86.6	80.0	85.8	78.6	58.3	68.7	73.2
96.6	74.9	83.0	66.6	68.6	70.9	71.7	71.6
77.3	76.1	92.2	72.4	61.7	75.6	85.5	72.5
74.0	82.5	87.0	73.2	88.5	86.9	94.9	83.0

根据最近的测量数据，当显著性水平 $\alpha=0.05$ 时，能否认为该城市空气中 PM2.5 的平均值显著低于过去的平均值？

解：这里关心的是空气中 PM2.5 的平均值是否显著低于过去的平均值，也就是 μ 是否小于 82 $\mu g/m^3$，属于左侧检验。提出的假设为：

$$H_0:\mu\geqslant 82；\ H_1:\mu<82$$

根据样本数据计算得 $\bar{x}=78.125$，$s=9.1838$。

检验统计量为：

$$z=\frac{78.125-82}{9.1838/\sqrt{32}}=-2.38685$$

由 SPSS 函数【CDF. NORMAL(－2.38685，0，1)】得 $P=0.0085$，由于 $P<\alpha$，因此拒绝 H_0，认为该城市空气中 PM2.5 的平均值显著低于过去的平均值。

上面的决策过程可用图 6－4 来表示。

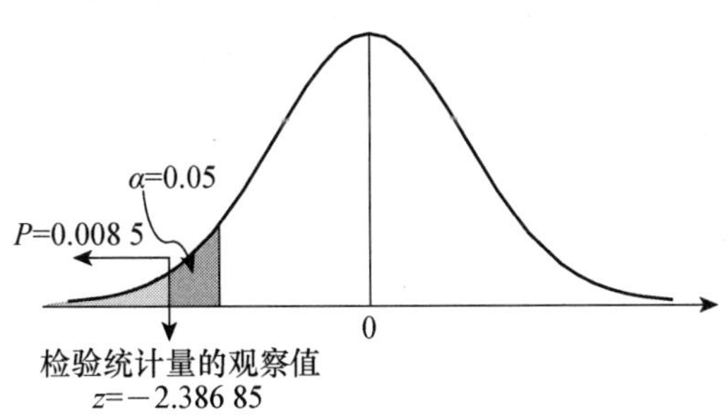

图 6－4　例 6－4 中的拒绝域和 P 值

2. 小样本的检验

在小样本（$n<30$）情形下，检验时首先假定总体服从正态分布。检验统计量的选择与总体方差是否已知有关。

当总体方差 σ^2 已知时，即使是在小样本情况下，样本均值经标准化后也服从标准正态分布，此时可按式（6.2）对总体均值进行检验。

当总体方差 σ^2 未知时，需要用样本方差 s^2 代替 σ^2，此时式（6.2）给出的检验统计量不再服从标准正态分布，而是服从自由度为（$n-1$）的 t 分布。因此需要采用 t

分布进行检验，通常称为“t 检验”。检验的统计量为：

$$t=\frac{\bar{x}-\mu_0}{s/\sqrt{n}} \tag{6.4}$$

例 6－5

一种建筑用建材的长度要求为 15cm，高于或低于该标准均被认为是不合格的。建筑企业在采购建材时通常会招标，然后对中标的建材供货商提供的样品进行检验，以决定是否采购。现对一个建材供货商提供的 10 个样本进行检验，结果如下（单位：cm）：

15.2　13.8　15.0　14.8　14.9　15.4　14.3　15.2　15.0　15.3

假定该供货商提供的建材长度服从正态分布，在 0.05 的显著性水平下，检验该供货商提供的建材是否符合要求。

解：依题意建立的原假设和备择假设为：

$H_0: \mu=15$；$H_1: \mu\neq 15$

根据样本数据计算得 $\bar{x}=14.89$，$s=0.4932$。

根据式（6.4）计算检验统计量为：

$$t=\frac{14.89-15}{0.4932/\sqrt{10}}=-0.7053$$

由 SPSS 函数【2 * CDF. T(－0.7053，9)】得 $P=0.49847$。由于 $P=0.49847>\alpha$，因此不拒绝 H_0，认为没有证据表明该供货商提供的建材不符合要求。

上述计算只是为了演示检验的过程。实际应用时，可以由 SPSS 直接给出小样本的检验结果。下面的文本框中给出了操作步骤。

一个总体均值的检验（小样本）

第 1 步：选择【分析】→【比较均值—单样本 T 检验】，进入主对话框。

第 2 步：将检验变量（本例为建材长度）选入【检验变量】；在【检验值】框内输入假设值（本例为 15）。

第 3 步：点击【选项】，选择所需的置信水平（隐含值为 95%）。点击【继续】回到主对话框。点击【确定】。

由 SPSS 输出的结果如表 6－2 所示。

表 6-2 例 6-5 的检验结果

单个样本检验

	检验值 = 15					
					差分的 95% 置信区间	
	t	df	Sig.(双侧)	均值差值	下限	上限
建材长度	-.705	9	.498	-.1100	-.463	.243

图 6-5 给出了一个总体均值检验的基本流程，作为对不同情形下检验统计量选择的总结。

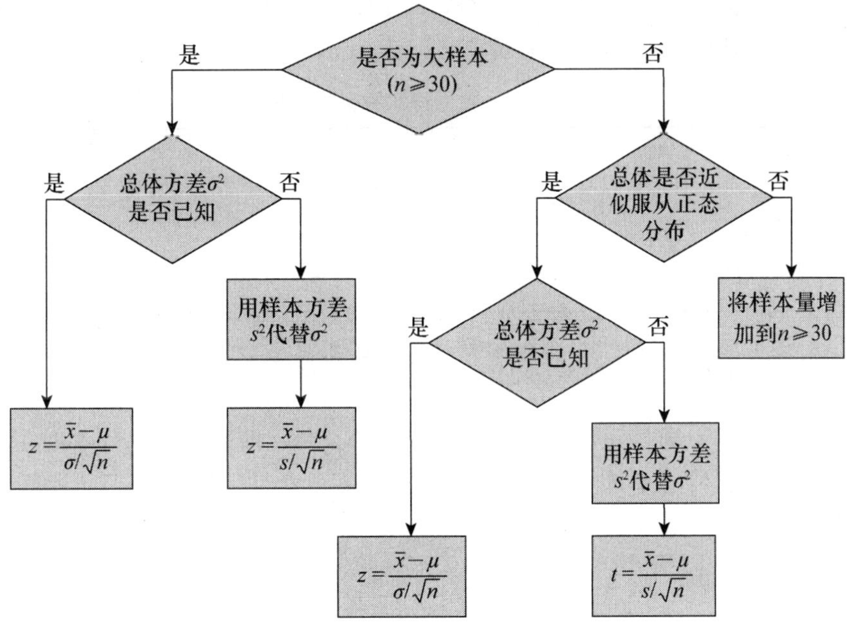

图 6-5 一个总体均值检验的基本流程

6.2.2 两个总体均值之差的检验

根据获得样本的方式不同，两个总体均值的检验分为独立样本和配对样本两种情形，而且也有大样本与小样本之分。检验的统计量是以两个样本均值之差（$\bar{x}_1-\bar{x}_2$）的抽样分布为基础构造出来的。对于大样本和小样本两种情形，由于两个样本均值之差经标准化后的分布不同，检验的统计量也有差异。

1. 独立大样本的检验

在大样本情形下，两个样本均值之差（$\bar{x}_1-\bar{x}_2$）的抽样分布近似为正态分布，而（$\bar{x}_1-\bar{x}_2$）经过标准化后服从标准正态分布。如果两个总体的方差 σ_1^2，σ_2^2 已知，则采用下面的检验统计量：

$$z=\frac{(\bar{x}_1-\bar{x}_2)-(\mu_1-\mu_2)}{\sqrt{\frac{\sigma_1^2}{n_1}+\frac{\sigma_2^2}{n_2}}} \tag{6.5}$$

如果两个总体方差 σ_1^2，σ_2^2 未知，可分别用样本方差 s_1^2，s_2^2 代替，此时检验统计量为：

$$z=\frac{(\bar{x}_1-\bar{x}_2)-(\mu_1-\mu_2)}{\sqrt{\frac{s_1^2}{n_1}+\frac{s_2^2}{n_2}}} \tag{6.6}$$

 例 6 - 6

为分析男女职员工资收入是否有差异，对男女职员的平均小时工资进行了调查，独立抽取了具有同类工作经验的男女职员的两个随机样本，并记录下两个样本的均值、方差等数据，如表 6 - 3 所示。

表 6 - 3　　两个独立样本的有关计算结果

男性职员	女性职员
$n_1=44$	$n_2=32$
$\bar{x}_1=75$ 元	$\bar{x}_2=70$ 元
$s_1^2=64$	$s_2^2=42.25$

在显著性水平为 0.05 的条件下，能否认为男性职员的平均小时工资显著高于女性职员？

解：设 μ_1＝男性职员的平均小时工资；μ_2＝女性职员的平均小时工资。由于关心的是男性职员的平均小时工资是否显著高于女性，因此提出的原假设和备择假设为：

$$H_0:\mu_1-\mu_2\leqslant 0;\ H_1:\mu_1-\mu_2>0$$

由于两个总体的方差未知，因此采用式（6.6）给出的统计量，计算结果为：

$$z=\frac{75-70}{\sqrt{64/44+42.25/32}}=3.002$$

由 SPSS 函数【1－CDF. NORMAL(3.002，0，1)】得 $P=0.001\,341$，由于 $P<\alpha$，因此拒绝 H_0，表明男性职员的平均小时工资显著高于女性职员。

2. 独立小样本的检验

当两个样本都为独立小样本时，需要假定两个总体都服从正态分布。检验时有以下三种情况。

（1）两个正态总体方差 σ_1^2 和 σ_2^2 已知，无论样本量大小①，两个样本均值之差的抽样分布都为正态分布，这时可用式（6.5）作为检验的统计量。

（2）两个正态总体的方差未知但相等，即 $\sigma_1^2=\sigma_2^2$，需要用两个样本的方差 s_1^2 和 s_2^2 进行估计，这时需要将两个样本的数据组合在一起，以给出总体方差的合并估计量，

① 如果两个正态总体均服从正态分布且方差已知，则两个总体均值之差的假设检验是无须区分样本量大小的。

用 s_p^2 表示，计算公式为：

$$s_p^2=\frac{(n_1-1)s_1^2+(n_2-1)s_2^2}{n_1+n_2-2} \tag{6.7}$$

这时，两个样本均值之差经标准化后服从自由度为（n_1+n_2-2）的 t 分布，因而采用的检验统计量为：

$$t=\frac{(\bar{x}_1-\bar{x}_2)-(\mu_1-\mu_2)}{s_p\sqrt{\dfrac{1}{n_1}+\dfrac{1}{n_2}}} \tag{6.8}$$

（3）两个正态总体的方差未知且不相等，即 $\sigma_1^2\neq\sigma_2^2$，两个样本均值之差经标准化后不再服从自由度为（n_1+n_2-2）的 t 分布，而是近似服从自由度为 v 的 t 分布。这时检验的统计量为：

$$t=\frac{(\bar{x}_1-\bar{x}_2)-(\mu_1-\mu_2)}{\sqrt{\dfrac{s_1^2}{n_1}+\dfrac{s_2^2}{n_2}}} \tag{6.9}$$

该统计量的自由度为 v，其计算公式为：

$$v=\frac{(s_1^2/n_1+s_2^2/n_2)^2}{\dfrac{(s_1^2/n_1)^2}{n_1-1}+\dfrac{(s_2^2/n_2)^2}{n_2-1}} \tag{6.10}$$

式（6.9）计算的自由度一般为非整数，需四舍五入取整数。

例 6-7

甲、乙两台机床同时加工某种同类型的零件，已知两台机床加工的零件直径都服从正态分布。为比较两台机床的加工精度有无显著差异，分别从甲、乙两台机床生产的零件中各独立抽取了 10 个，通过测量得到的数据如表 6-4 所示。

表 6-4　　两台机床加工零件的样本数据　　单位：毫米

机床甲	机床乙
20.5	20.7
19.8	19.8
19.7	19.5
20.4	20.8
20.1	20.4
20.0	19.6
19.0	20.2
19.9	20.0
20.1	19.8
20.0	20.2

在 $\alpha=0.05$ 的显著性水平下，检验两台机床加工的零件直径是否有显著差异。

解：依题意提出的原假设和备择假设为：

$$H_0:\mu_1-\mu_2=0;\ H_1:\mu_1-\mu_2\neq 0$$

由 SPSS 可直接输出有关结果。下面的文本框中给出了操作步骤。

两个总体均值之差的检验

首先将两个样本的观测值作为一个变量输入，再设计另一个变量用于标记每个观测值所属的样本，然后按下列步骤操作。

第 1 步：选择【分析】→【比较均值—独立样本 T 检验】，进入主对话框。

第 2 步：将检验变量选入【检验变量】，将分组变量选入【分组变量】，并点击【定义组】，在【组 1】后输入 1，在【组 2】后输入 2。点击【继续】，回到主对话框。

第 3 步：点击【选项】，选择所需的置信水平（隐含值为 95%）。点击【确定】。

（注：进行配对样本均值之差的检验，不需要定义分组变量。选择【分析】→【比较均值—配对样本 T 检验】，将两个样本分别选入【变量 1】和【变量 2】即可。）

由 SPSS 输出的结果如表 6-5 所示，其中给出了方差相等和方差不相等两种假设条件下的检验结果。

表 6-5　　例 6-7 的检验结果

独立样本检验

		方差方程的 Levene 检验		均值方程的 t 检验						
									差分的 95% 置信区间	
		F	Sig.	t	df	Sig.(双侧)	均值差值	标准误差值	下限	上限
零件尺寸	假设方差相等	.470	.502	-.783	18	.444	-.150	.1916	-.5526	.2526
	假设方差不相等			-.783	17.92	.444	-.150	.1916	-.5527	.2527

从表 6-5 的结果可知，F 检验表明两个总体的方差相等。检验的双尾 $P=0.444$（Sig.（双侧））大于 α，不拒绝 H_0，认为没有证据表明两台机床加工的零件直径有显著差异。

3. 配对样本的检验

配对样本的检验需要假定两个总体配对差值构成的总体服从正态分布，而且配对差是从差值总体中随机抽取的。对于小样本情形，配对差值经标准化后服从自由度为

$(n-1)$ 的 t 分布①，因此检验统计量为：

$$t=\frac{\bar{d}-(\mu_1-\mu_2)}{s_d/\sqrt{n}} \tag{6.11}$$

式中，$\bar{d}$ 为配对差值的均值；s_d 为配对差值的标准差。

例 6-8

某饮料公司开发了一种新饮料，为比较消费者对新旧饮料口感的满意程度，随机抽选一组消费者共 8 人，让每个消费者先品尝一种饮料，然后再品尝另一种饮料，两种饮料的品尝顺序是随机的，而后每个消费者要对两种饮料分别进行评分（0～10 分），评分结果如表 6-6 所示。

表 6-6　　一组消费者对两种饮料的评分等级数据

消费者编号	评分等级	
	旧款饮料	新款饮料
1	5	6
2	4	6
3	7	7
4	3	4
5	5	3
6	8	9
7	5	7
8	6	6

取显著性水平 $\alpha=0.05$，检验消费者对两种饮料的评分是否存在显著差异。

解：设 μ_1＝消费者对旧款饮料的平均评分，μ_2＝消费者对新款饮料的平均评分。依题意建立的原假设与备择假设为：

$$H_0:\mu_1-\mu_2=0；\ H_0:\mu_1-\mu_2\neq 0$$

由 SPSS 输出的检验结果如表 6-7 所示。

表 6-7　　例 6-8 的检验结果

成对样本检验

		成对差分							
					差分的 95% 置信区间				
		均值	标准差	均值的标准误	下限	上限	t	df	Sig.(双侧)
对 1	旧款饮料 - 新款饮料	-.625	1.302	.460	-1.714	.464	-1.357	7	.217

由于双尾检验的 $P=0.217>\alpha=0.05$，因此不拒绝原假设，认为没有证据表明消

① 对于大样本情形，该统计量服从标准正态分布，此时可按正态分布进行检验。

费者对新旧饮料的评分有显著差异。

6.3 总体比例的检验

6.3.1 一个总体比例的检验

总体比例的检验程序与总体均值的检验类似，本节只介绍大样本[①]情形下的总体比例检验方法。由于在大样本情形下统计量 p 近似服从正态分布，而样本比例标准化后近似服从标准正态分布，因此检验的统计量为：

$$z=\frac{p-\pi_0}{\sqrt{\frac{\pi_0(1-\pi_0)}{n}}} \tag{6.12}$$

例 6-9

一家电视台影视频道的策划者认为，某电视连续剧如果在黄金时段播出，收视率将会达到 25%以上。经过一周的试播后，该策划者随机抽取了由 2 000 人组成的一个样本，发现有 450 名观众观看了该电视剧。取显著性水平 $\alpha=0.05$，检验收视率是否达到策划者的预期。

解：策划者想支持的观点是收视率达到 25%以上，因此提出的原假设和备择假设为：

$H_0:\pi\leqslant 25\%$；$H_1:\pi>25\%$

根据抽样结果计算得 $p=\frac{450}{2\,000}=22.5\%$。

检验统计量为：

$$z=\frac{0.225-0.25}{\sqrt{\frac{0.25\times(1-0.25)}{2\,000}}}=-2.581\,99$$

由 SPSS 函数 1－【CDF. NORMAL(－2.58199，0，1)】得 $P=0.995\,088>\alpha$，不拒绝 H_0，没有理由认为收视率达到策划者的预期。

6.3.2 两个总体比例之差的检验

两个总体比例之差（$\pi_1-\pi_2$）的检验思路与一个总体比例的检验类似，要求两个样本都是大样本。当 n_1p_1，$n_1(1-p_1)$，n_2p_2，$n_2(1-p_2)$ 都大于或等于 10 时，就可

① 进行总体比例的检验时，确定样本量是否“足够大”的方法与总体比例的区间估计一样，参见第 5 章。

以认为是大样本。根据两个样本比例之差的概率分布，可以得到两个总体比例之差的检验统计量为：

$$z=\frac{(p_1-p_2)-(\pi_1-\pi_2)}{\sigma_{p_1-p_2}} \tag{6.13}$$

式中，$\sigma_{p_1-p_2}=\sqrt{\frac{\pi_1(1-\pi_1)}{n_1}+\frac{\pi_2(1-\pi_2)}{n_2}}$是两个样本比例之差概率分布的标准差。

由于两个总体的比例 π_1 和 π_2 是未知的，需要利用两个样本比例 p_1，p_2 来估计 $\sigma_{p_1-p_2}$，这时有以下两种情况。

第一种情况是检验两个总体比例之差是否相等，即 $H_0:\pi_1-\pi_2=0$ 或 $H_0:\pi_1=\pi_2$。此时 $\pi_1=\pi_2=\pi$ 的最佳估计量是将两个样本合并后得到的合并比例 p。设 x_1 表示样本 1 中成功的次数，x_2 表示样本 2 中成功的次数，则合并后的比例为：

$$p=\frac{x_1+x_2}{n_1+n_2}=\frac{p_1n_1+p_2n_2}{n_1+n_2} \tag{6.14}$$

这时 $\sigma_{p_1-p_2}$ 的最佳估计量为：

$$\sigma_{p_1-p_2}=\sqrt{\frac{p(1-p)}{n_1}+\frac{p(1-p)}{n_2}}=\sqrt{p(1-p)\left(\frac{1}{n_1}+\frac{1}{n_2}\right)} \tag{6.15}$$

将式 (6.15) 代入式 (6.13)，得到两个总体比例之差的检验统计量为：

$$z=\frac{p_1-p_2}{\sqrt{p(1-p)\left(\frac{1}{n_1}+\frac{1}{n_2}\right)}} \tag{6.16}$$

第二种情况是检验两个总体比例之差是否等于某个常数，即 $H_0:\pi_1-\pi_2=d_0$ $(d_0\neq0)$。这时可直接用两个样本的比例 p_1 和 p_2 作为相应两个总体比例 π_1 和 π_2 的估计量，从而得到两个样本比例之差的检验统计量为：

$$z=\frac{(p_1-p_2)-d_0}{\sqrt{\frac{p_1(1-p_1)}{n_1}+\frac{p_2(1-p_2)}{n_2}}} \tag{6.17}$$

例 6-10

一所大学准备采取一项针对学生在宿舍上网收费的措施，为了解男女生对这一措施的看法是否存在差异，分别抽取了 200 名男生和 200 名女生进行调查。当被问及“你是否赞成采取上网收费的措施？”男生表示赞成的比例为 27%，女生表示赞成的比例为 35%。调查者认为，男生中表示赞成的比例显著低于女生。取显著性水平 $\alpha=0.05$，样本提供的证据是否支持调查者的看法？

解：设 π_1＝男生中表示赞成的比例，π_2＝女生中表示赞成的比例。依题意提出的原假设与备择假设应为：

$$H_0: \pi_1 - \pi_2 \geqslant 0;\ H_1: \pi_1 - \pi_2 < 0$$

两个样本的比例分别为：$p_1 = 27\%$，$p_2 = 35\%$。

由于要检验男生中表示赞成的比例是否显著低于女生（不是检验二者的差值是多少），因此选择式（6.16）作为检验统计量。首先计算两个样本的合并比例 p：

$$p = \frac{n_1 p_1 + n_2 p_2}{n_1 + n_2} = \frac{200 \times 0.27 + 200 \times 0.35}{200 + 200} = 0.31$$

检验统计量为：

$$z = \frac{0.27 - 0.35}{\sqrt{0.31 \times (1 - 0.31) \times \left(\frac{1}{200} + \frac{1}{200}\right)}} = -1.72976$$

由 SPSS 函数【CDF. NORMAL(−1.72976，0，1)】得 $P = 0.0418366 < \alpha$，拒绝 H_0，认为样本提供的证据支持调查者的看法，即男生中表示赞成的比例显著低于女生。

例 6 - 11

有两种方法生产同一种产品，方法 1 的生产成本较高而次品率较低，方法 2 的生产成本较低而次品率较高。管理人员在选择生产方法时决定对两种方法的次品率进行比较，如果方法 1 比方法 2 的次品率低 8%以上，则采用方法 1，否则就采用方法 2。管理人员从方法 1 生产的产品中随机抽取 300 个，发现有 33 个次品；从方法 2 生产的产品中也随机抽取 300 个，发现有 84 个次品。用显著性水平 $\alpha = 0.01$ 进行检验，说明管理人员应采用哪种方法进行生产。

解：设 π_1 = 方法 1 的次品率，π_2 = 方法 2 的次品率。依题意提出的原假设与备择假设为：

$$H_0: \pi_1 - \pi_2 \geqslant 8\%;\ H_1: \pi_1 - \pi_2 < 8\%$$

两个样本的比例分别为：$p_1 = 11\%$，$p_2 = 28\%$。

因为要检验方法 1 的次品率是否比方法 2 低 8%（不是检验二者的差值是否等于 0），所以选择式（6.17）作为检验统计量。计算结果为：

$$z = \frac{(0.11 - 0.28) - 0.08}{\sqrt{\frac{0.11 \times (1 - 0.11)}{300} + \frac{0.28 \times (1 - 0.28)}{300}}} = -7.91229$$

由 SPSS 函数【CDF. NORMAL(−7.91229，0，1)】得 $P = 1.3\text{E}-15 < \alpha$，拒绝 H_0，表明方法 1 的次品率比方法 2 的次品率显著地低 8%以上，所以应采用方法 1 进行生产。

6.4　总体方差的检验

研究一个总体时，总体方差 σ^2 的检验采用 χ^2 统计量。研究两个总体时，两个总体的方差比（σ_1^2/σ_2^2）的检验采用 F 统计量。

6.4.1　一个总体方差的检验

在生产和生活的许多领域，仅仅保证所观测到的样本均值维持在特定水平范围之内并不意味着整个过程正常，方差的大小是否适度是需要考虑的另一个重要因素。一个产品方差大自然意味着其质量或性能不稳定。相同均值的产品，方差小的自然要好些。与总体方差的区间估计类似，一个总体方差的检验也使用 χ^2 分布。此外，总体方差的检验，不论样本量 n 是大还是小，都要求总体服从正态分布。检验的统计量为：

$$\chi^2=\frac{(n-1)s^2}{\sigma_0^2} \tag{6.18}$$

对于给定的显著性水平 α，双侧检验的拒绝域如图 6－6 所示。对于单侧检验，拒绝域在分布一侧的尾部。

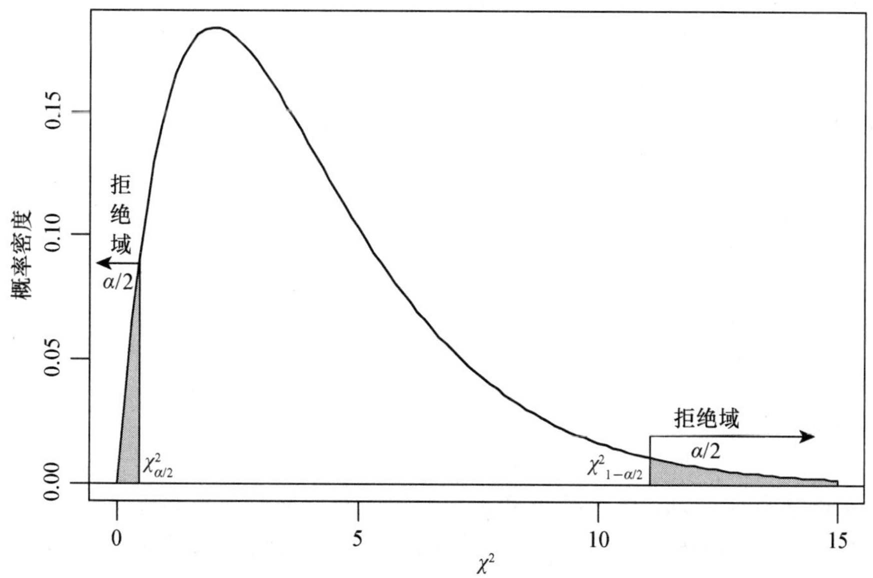

图 6－6　显著性水平为 α 时双侧检验的临界值和拒绝域

例 6－12

啤酒生产企业采用自动生产线灌装啤酒，每瓶的装填量为 640mL，但由于受某些不可控因素的影响，每瓶的装填量会有差异。此时，不仅每瓶的平均装填量很重要，装填量的方差 σ^2 同样重要。如果 σ^2 很大，会出现装填量太多或太少的情况，导致要么生产企业不划算，要么消费者不满意。假定生产标准规定每瓶装填量的标准差不应超过 4mL。企业质检部门抽取了 10 瓶啤酒进行检验，得到的样本标准差为 $s=3.8$mL。试以 0.05 的显著性水平检验装填量的标准差是否符合要求。

解：依题意提出如下假设：

$$H_0:\sigma^2\leqslant 4^2；H_1:\sigma^2>4^2$$

检验统计量为：

$$\chi^2=\frac{(10-1)\times 3.8^2}{4^2}=8.122\ 5$$

由于本题为右侧检验，需要计算出 χ^2 分布的右尾概率，由 SPSS 函数【1－CDF. CHISQ(8.1225，9)】或函数【SIG. CHISQ(8.1225，9)】得 $P=0.521\ 85>0.05$。不拒绝原假设，样本提供的证据还不足以推翻原假设，没有证据表明啤酒装填量的标准差不符合要求。

6.4.2 两个总体方差比的检验

在对两个总体的方差进行比较时，通常将原假设与备择假设的基本形式表示为两个总体方差比值与数值 1 之间的比较关系。由于两个样本方差比（s_1^2/s_2^2）是两个总体方差比（σ_1^2/σ_2^2）的理想估计量，当样本量为 n_1 和 n_2 的两个样本分别独立地抽自两个正态总体时，检验统计量为：

$$F=\frac{s_1^2}{s_2^2} \tag{6.19}$$

或 $$F=\frac{s_2^2}{s_1^2}$$

例 6－13

一家房地产开发公司准备购进一批灯泡，公司打算从两个供货商中选择一家，两家供货商生产的灯泡平均使用寿命差别不大，价格也很相近，考虑的主要因素就是灯泡使用寿命的方差大小。如果方差相同，就选择距离较近的一家供货商进货。为此，公司管理人员对两家供货商提供的各 20 个样品进行了检测，得到的数据如表 6－8 所示。

表 6-8　两家供货商灯泡使用寿命的样本数据　单位：小时

供货商 1	供货商 2
6 802	5 884
5 730	5 871
5 823	5 797
5 915	5 957
5 774	5 803
5 880	5 862
5 870	5 814
5 773	5 885
5 830	5 856
5 841	5 940
5 763	5 945
5 851	5 803
5 789	5 864
5 796	5 851
5 818	5 714
5 685	5 943
5 602	5 830
5 841	5 858
5 723	5 922
5 757	5 866

检验两家供货商生产的灯泡使用寿命的方差是否有显著差异（$\alpha=0.05$）。

解：将供货商 1 作为样本 1，供货商 2 作为样本 2。现在感兴趣的是两个总体方差是否存在显著差异，因而为双侧检验问题。建立的原假设与备择假设为：

$$H_0:\frac{\sigma_1^2}{\sigma_2^2}=1;H_1:\frac{\sigma_1^2}{\sigma_2^2}\neq 1$$

由样本数据得 $s_1^2=56\ 159.19$，$s_2^2=3\ 675.46$。

检验统计量为：

$$F=\frac{s_1^2}{s_2^2}=\frac{56\ 159.19}{3\ 675.461}=15.279\ 5$$

由 SPSS 函数【2 * (1 − CDF. F (15. 2795, 19, 19))】或函数【2 * SIG. F (15. 2795, 19, 19)】得 $P=1.8\text{E}-7<0.05$。拒绝原假设，认为两家供货商生产的灯泡使用寿命的方差有显著差异。

□ 本章图解：假设检验使用的分布

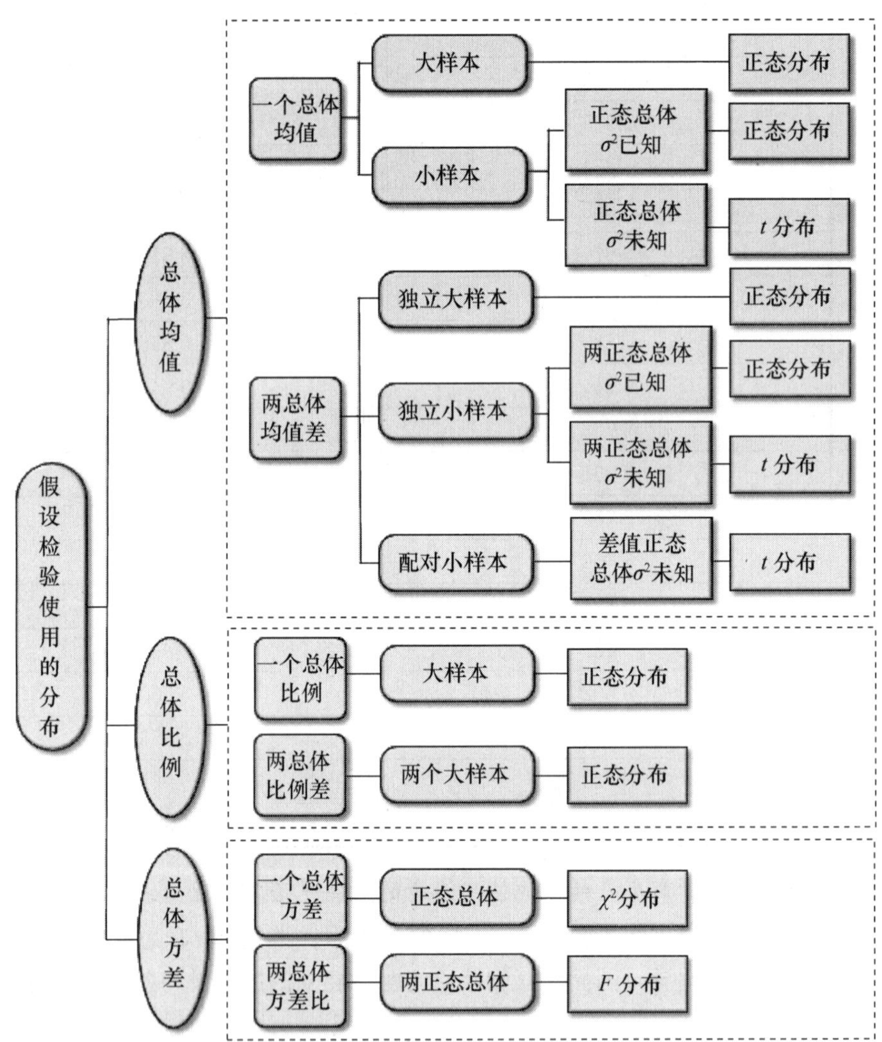

□ 主要术语

● **假设**（hypothesis）：对总体的某种看法。在参数检验中，假设是对总体参数的具体数值所作的陈述。

● **假设检验**（hypothesis test）：利用样本提供的信息判断假设是否成立的统计方法。

● **原假设**（null hypothesis）：也称零假设，是研究者想收集证据予以推翻的假设，用 H_0 表示，它所表达的是参数没有变化或变量之间没有关系。

- **备择假设**（alternative hypothesis）：研究者想收集证据予以支持的假设，用 H_1 或 H_a 表示，它所表达的是总体参数发生了变化或变量之间存在某种关系。
- **第Ⅰ类错误**（type Ⅰ error）：原假设正确时拒绝原假设所犯的错误。犯第Ⅰ类错误的概率记为 α。
- **第Ⅱ类错误**（type Ⅱ error）：原假设错误时没有拒绝原假设所犯的错误。犯第Ⅱ类错误的概率记为 β。
- **显著性水平**（level of significance）：犯第Ⅰ类错误的概率，记为 α。
- **检验统计量**（test statistic）：根据样本观测结果计算的对原假设做出决策的某个统计量。
- **拒绝域**（rejection region）：由显著性水平和相应的临界值围成的拒绝原假设的区域。
- ***P* 值**（*P*-value）：犯第Ⅰ类错误的真实概率，也称为**观察到的显著性水平**（observed significance level）。它是指若原假设 H_0 是正确的，则所得到的样本结果会像实际观测结果那么极端或更极端的概率。

□ 思考与练习

一、思考题

6.1　解释原假设和备择假设的含义。

6.2　什么是标准化检验统计量？为什么要对统计量进行标准化？

6.3　怎样理解显著性水平？

6.4　第Ⅰ类错误和第Ⅱ类错误分别指什么？它们发生的概率存在怎样的关系？

6.5　什么是 P 值？利用 P 值进行检验和利用统计量进行检验有什么不同？

6.6　在假设检验中，为什么采用“不拒绝原假设”而非“接受原假设”的表述方式？

6.7　为什么说假设检验不能证明原假设正确？

6.8　怎样理解“统计上的显著性”？

6.9　怎样理解统计显著性与实际显著性？

二、练习题

6.1　一项包括了 200 个家庭的调查显示，每个家庭每天看电视的平均时间为 7.25 小时，标准差为 2.5 小时。据报道，10 年前每个家庭每天看电视的平均时间是 6.70 小时。取显著性水平 $\alpha=0.01$，这项调查能否证明如今每个家庭每天收看电视的平均时间增加了？

6.2　一种机床加工的零件尺寸的绝对平均误差为 1.35 毫米。生产厂家准备采用一种新的机床进行加工以期进一步降低误差。为检验新机床加工的零件的平均误差与旧机床相比是否有显著降低，从新机床生产的零件中随机抽取50个进行检验。50个零件尺寸的绝对误差数据（单位：毫米）如下。

1.26	1.19	1.31	0.97	1.81
1.13	0.96	1.06	1.00	0.94
0.98	1.10	1.12	1.03	1.16
1.12	1.12	0.95	1.02	1.13
1.23	0.74	1.50	0.50	0.59
0.99	1.45	1.24	1.01	2.03
1.98	1.97	0.91	1.22	1.06
1.11	1.54	1.08	1.10	1.64
1.70	2.37	1.38	1.60	1.26
1.17	1.12	1.23	0.82	0.86

检验新机床加工的零件尺寸的平均误差与旧机床相比是否有显著降低($\alpha=0.01$)。

6.3 安装在一种联合收割机上的金属板的平均重量为25千克。对某企业生产的20块金属板进行测量，得到的重量数据（单位：千克）如下。

22.6	26.6	23.1	23.5
27.0	25.3	28.6	24.5
26.2	30.4	27.4	24.9
25.8	23.2	26.9	26.1
22.2	28.1	24.2	23.6

假设金属板的重量服从正态分布，在$\alpha=0.05$的显著性水平下，检验该企业生产的金属板是否符合要求。

6.4 对消费者的一项调查表明，17%的人早餐饮用牛奶。某城市的牛奶生产商认为，该城市的人早餐饮用牛奶的比例更高。为验证这一说法，生产商随机抽取包括550人的一个随机样本，其中115人早餐饮用牛奶。在$\alpha=0.05$的显著性水平下，检验该生产商的说法是否属实。

6.5 某生产线是按照两种操作平均装配时间之差为5分钟设计的，两种装配操作的独立样本产生如下结果。

操作A	操作B
$n_1=100$	$n_2=50$
$\bar{x}_1=14.8$	$\bar{x}_2=10.4$
$s_1=0.8$	$s_2=0.6$

在$\alpha=0.02$的显著性水平下，检验平均装配时间之差是否等于5分钟。

6.6 某市场研究机构用一组被调查者样本来给某特定商品的潜在购买力打分。样本中每个人都分别在看过该产品的新的电视广告之前与之后打分。潜在购买力的分值为 0～10 分，分值越高表示潜在购买力越强。原假设认为“看后”平均得分小于或等于“看前”平均得分，拒绝该假设就表明广告提高了平均潜在购买力得分。

个体	购买力得分		个体	购买力得分	
	看后	看前		看后	看前
1	6	5	5	3	5
2	6	4	6	9	8
3	7	7	7	7	5
4	4	3	8	6	6

在 $\alpha=0.05$ 的显著性水平下，用以上数据检验该假设，并对该广告给予评价。

6.7　某企业为比较用两种方法对员工进行培训的效果，采用方法 1 对 15 名员工进行培训，采用方法 2 对 12 名员工进行培训。培训后的测试分数如下。

方法 1			方法 2		
56	51	45	59	57	53
47	52	43	52	56	65
42	53	52	53	55	53
50	42	48	54	64	57
47	44	44			

在 $\alpha=0.05$ 的显著性水平下，检验两种方法的培训效果是否有显著差异。

6.8　为研究小企业经理是否认为自己获得了成功，随机抽取小企业经理进行调查。在随机抽取的 100 个小企业的女性经理中，认为自己成功的人数为 24 人；在对 95 个男性经理的调查中，认为自己成功的人数为 39 人。在 $\alpha=0.05$ 的显著性水平下，检验男性与女性经理认为自己成功的人数比例是否有显著差异。

6.9　为比较新旧两种肥料对产量的影响以便决定是否施用新肥料，研究者选择了面积相等、土壤等条件相同的 40 个地块，施用新、旧肥料各 20 个地块，得到的产量数据如下。

旧肥料					新肥料				
109	101	97	98	100	105	109	110	118	109
98	98	94	99	104	113	111	111	99	112
103	88	108	102	106	106	117	99	107	119
97	105	102	104	101	110	111	103	110	119

取显著性水平 $\alpha=0.05$，检验：

(1) 施用新肥料获得的平均产量是否显著高于旧肥料。

(2) 施用两种肥料产量的方差是否有显著差异。

6.10　生产工序中的方差是工序质量的一个重要测度，通常较大的方差意味着要通过寻找减小工序方差的途径来改进工序。某杂志上刊载了关于两台机器生产的袋装茶重量的数据（单位：克）如下。

机器 1	2.95	3.45	3.50	3.75	3.48	3.26	3.33	3.20
	3.16	3.20	3.22	3.38	3.90	3.36	3.25	3.28
	3.20	3.22	2.98	3.45	3.70	3.34	3.18	3.35
	3.12							
机器 2	3.22	3.30	3.34	3.28	3.29	3.25	3.30	3.27
	3.38	3.34	3.35	3.19	3.35	3.05	3.36	3.28
	3.30	3.28	3.30	3.20	3.16	3.33		

检验这两台机器生产的袋装茶重量的方差是否存在显著差异（$\alpha=0.05$）。

第 7 章 类别变量分析

Chapter 7

问题与思考：网购满意度与地区有关系吗？

网络购物因其便捷和价格便宜等优势被越来越多的人使用。为提高竞争力以争取更多的客户，购物网站需要在网购的各个环节做好工作，包括商品的价格与质量、配送速度与商品的完好程度、营销模式与促销方式，等等。为此，一家购物网站对在本网站购物的客户做了一项调查。调查的客户来自东部、中部、西部三个地区，共 500 人，调查内容涵盖网购的各个环节以及对本购物网站满意度的整体评价等。下面是对本购物网站整体满意度的评价结果。

满意度	地区			
	东部	中部	西部	合计
满意	126	158	35	319
不满意	34	82	65	181
合计	160	240	100	500

这里涉及两个类别变量，一个是满意度，另一个是地区。根据上面的数据，你认为满意度与地区有关系吗？如何检验两个类别变量之间是否存在关系呢？如果有关系，关系强度有多大？学完本章内容就很容易解决这些问题了。

在分析实际问题时，常常遇到类别变量，如性别、产品的品牌、消费者的偏好，等等。类别变量的取值是各个类别，对这些类别观测频数的描述性分析主要是计算比例、比率等统计量，推断性分析则是根据各类别的频数利用 χ^2 分布进行检验，因此也称为 χ^2 检验，内容包括 χ^2 拟合优度检验和 χ^2 独立性检验等。

7.1 一个类别变量的拟合优度检验

当只研究一个类别变量时，可以利用 χ^2 检验来判断各类别的观察频数与某一期望频数或理论频数是否一致。比如，各月份的产品销售额是否符合均匀分布，不同地区的离婚率是否有显著差异，等等，这就是 χ^2 **拟合优度检验**（goodness of fit test）。该检验利用 χ^2 统计量来判断某个类别变量各类别的观察频数分布与某一期望频数或理论频数是否一致，它也可用于判断各类别的观察频数分布是否符合某一理论分布，如泊松分布或正态分布等。

7.1.1 期望频数相等

为更好地理解拟合优度检验，下面引入一个例子。

 例 7-1

为研究消费者对不同类型的饮料是否有明显偏好，一家调查公司随机调查了2 000名消费者对 4 种饮料的偏好情况，得到对不同类型饮料的偏好数据，如表 7-1 所示。

表 7-1　　2 000 名消费者对不同类型饮料的偏好数据

饮料类型	人数
碳酸饮料	525
矿泉水	550
果汁	470
其他	455
合计	2 000

表 7-1 中的饮料类型就是类别变量，共有 4 个类别，每个类别的偏好人数称为**观察频数**（observed），即类别变量各取值的实际频数。如果消费者对各类饮料没有明显偏好，则各类别观察频数应该是相等或近似相等的，也就是不同类型饮料的消费者人数都是 500 人（2 000/4），这就是各类别的**期望频数**（expected frequency）或理论频数。如果调查者想分析消费者对不同类型饮料的偏好是否有显著差异，实际上就是检验观察频数与期望频数是否一致，因此，拟合优度检验也称为**一致性检验**（test of homogeneity）。该检验使用的是 χ^2 统计量，它是由英国统计学家卡尔·皮尔逊于 1900 年提出的，因此，拟合优度检验所使用的统计量也称为 Pearson χ^2。其计算公式为：

$$\chi^2=\sum\frac{(f_o-f_e)^2}{f_e} \tag{7.1}$$

式中，f_o 为观察频数；f_e 为期望频数。该统计量服从自由度为（$k-1$）的 χ^2 分布，k 为类别个数。如果统计量 χ^2 等于 0，表明观察频数与期望频数完全一致；如果显著不同于 0，则表明观察频数与期望频数之间存在显著差异，χ^2 值越大，差异就越显著。

下面我们来检验消费者对饮料类型的偏好是否有显著差异（$\alpha=0.05$）。

解：具体步骤如下：

第 1 步：提出假设。

H_0:观察频数与期望频数无显著差异(无显著偏好)

H_1:观察频数与期望频数有显著差异(有显著偏好)

第 2 步：计算检验统计量 χ^2。如果消费者对不同类型饮料的偏好无显著差异，则意味着各期望频数相等，即不同类型饮料的期望频数均为 500。统计量 χ^2 的计算过程如表 7－2 所示。

表 7－2　　例 7－1 的 χ^2 统计量计算

饮料类型	观察频数 f_o	期望频数 f_e	$(f_o-f_e)^2/f_e$
碳酸饮料	525	500	1.25
矿泉水	550	500	5.00
果汁	470	500	1.80
其他	455	500	4.05
合计	2 000	2 000	12.10

第 3 步：做出决策。$\chi^2=12.10$，自由度为 $4-1=3$，由 SPSS 函数【1－CDF. CHISQ(12.1，3)】或函数【SIG. CHISQ(12.1，3)】得 P 值（右尾概率）为 0.007，由于 $P<\alpha$，因此拒绝原假设，表明消费者对不同类型饮料的偏好有显著差异。

上述检验结果可直接由 SPSS 输出。下面的文本框中给出了操作步骤。

期望频数相等时的 χ^2 拟合优度检验

首先，指定“频数”变量：点击【数据】→【加权个案】，点击【加权个案】，将“频数”选入【频数变量】，点击【确定】。然后按下列步骤操作。

第 1 步：选择【分析】→【非参数检验】→【卡方】，进入主对话框。

第 2 步：将频数变量选入【检验变量列表】。点击【确定】。

由 SPSS 输出的检验结果如表 7－3 和表 7－4 所示。

表 7－3　　消费者饮料偏好的频数分布

人数

	观察数	期望数	残差
其他	455	500.0	-45.0
果汁	470	500.0	-30.0
碳酸饮料	525	500.0	25.0
矿泉水	550	500.0	50.0
总数	2000		

表 7-4　　消费者饮料偏好的拟合优度检验

检验统计量

	人数
卡方	12.100[a]
df	3
渐近显著性	.007

a. 0 个单元 (.0%) 具有小于 5 的期望频率。单元最小期望频率为 500.0。

表 7-3 给出了按从小到大排序的各类饮料的观察频数、相应的期望频数以及观察频数与期望频数的残差值（观察频数－期望频数）。表 7-4 给出了 χ^2 统计量的值、自由度（df）和渐近显著性水平（P 值）。由于 $P=0.007<\alpha=0.05$，因此拒绝原假设，表明消费者对饮料类型的偏好有显著差异。

7.1.2　期望频数不等

在例 7-1 中，各类别的期望频数是相等的。当各类别的期望频数不相等时，也可以进行拟合优度检验，这需要先计算出各类别的期望频数。

例 7-2

一项社会学研究认为，离婚率的高低与受教育程度有关，而且由于社会经济发展程度及生活方式等因素的影响，不同地区也有一定的差异。针对全国离婚家庭样本的研究发现，在离婚家庭中，受教育程度为小学及以下的家庭所占的比例为 20%，初中家庭为 35%，高中家庭为 25%，大学家庭为 12%，研究生家庭为 8%。在对东部地区 260 个离婚家庭的调查中，不同受教育程度的离婚家庭的分布如表 7-5 所示。

表 7-5　　东部地区不同受教育程度的离婚家庭分布　　单位：个

受教育程度	离婚家庭数
小学及以下	30
初中	110
高中	80
大学	25
研究生	15
合计	260

检验东部地区不同受教育程度的离婚家庭数与期望频数是否一致（$\alpha=0.05$）。

解：第 1 步：提出假设。这里将全国的调查比例作为期望比例。所关心的问题是东部地区不同受教育程度的离婚家庭数与它的期望频数是否一致。因此提出的假设为：

H_0：不同受教育程度的离婚家庭数与期望频数无显著差异

H_1：不同受教育程度的离婚家庭数与期望频数有显著差异

第 2 步：计算期望频数和检验统计量。

虽然期望比例是已知的，但期望频数需要计算。如果东部地区不同受教育程度的离婚家庭数与期望的一样，那么，在 260 个离婚家庭中，不同受教育程度的离婚家庭所占的比例应该与全国的期望比例一致。因此，用期望比例乘以总的观察频数（样本量）即得期望频数。计算结果如表 7-6 所示。

表 7-6　　东部地区不同受教育程度离婚家庭的频数分布

受教育程度	观察频数	期望比例（%）	期望频数＝期望比例×样本量
小学及以下	30	20	0.20×260＝52.0
初中	110	35	0.35×260＝91.0
高中	80	25	0.25×260＝65.0
大学	25	12	0.12×260＝31.2
研究生	15	8	0.08×260＝20.8
合计	260	100	260

有了期望频数就可以计算检验的 χ^2 统计量了，结果如表 7-7 所示。

表 7-7　　东部地区不同受教育程度离婚家庭的拟合优度检验

受教育程度	观察频数 f_o	期望频数 f_e	$(f_o-f_e)^2/f_e$
小学及以下	30	52.0	9.307 7
初中	110	91.0	3.967 0
高中	80	65.0	3.461 5
大学	25	31.2	1.232 1
研究生	15	20.8	1.617 3
合计	260	260	19.585 6

第 3 步：做出决策。$\chi^2=19.585\ 6$，自由度为 $5-1=4$，根据 SPSS 函数【1－CDF.CHISQ(19.5856，4)】或函数【SIG.CHISQ(19.5856，4)】得 P 值（右尾概率）为 0.000 6。由于 P 值小于 0.05，因此拒绝原假设，表明东部地区不同受教育程度的离婚家庭数与期望频数有显著差异。

上述检验结果可直接由 SPSS 输出。下面的文本框中给出了操作步骤。

期望频数不相等时的 χ^2 拟合优度检验

首先，要将各类别的观察频数按从小到大的顺序排列，然后指定"频数"变量，再按下列步骤操作。

第 1 步：选择【分析】→【非参数检验】→【卡方】，进入主对话框。

第 2 步：将频数变量选入【检验变量列表】。

第 3 步：在【期望值】下点击【值】，并将相应的期望比例依次输入框内并点击【增加】（每次只能输入 1 个，然后点击【增加】，再输入另一个，再点击【增加】，依此类推）。点击【确定】。

SPSS输出的检验结果如表7-8和表7-9所示。

表7-8　东部地区不同受教育程度离婚家庭的频数分布

观察频数

	观察数	期望数	残差
研究生	15	20.8	-5.8
大学	25	31.2	-6.2
小学及以下	30	52.0	-22.0
高中	80	65.0	15.0
初中	110	91.0	19.0
总数	260		

表7-9　东部地区不同受教育程度离婚家庭的拟合优度检验

检验统计量

	观察频数
卡方	19.586[a]
df	4
渐近显著性	.001

a. 0个单元(.0%)具有小于5的期望频率。单元最小期望频率为20.8。

表7-9给出的检验统计量及其显著性水平与前面手工计算的结果一致。

7.2　两个类别变量的独立性检验

对于两个类别变量的推断性分析，主要是检验两个变量是否独立，这就是 **χ^2 独立性检验**（test of independence）。

7.2.1　列联表与 χ^2 独立性检验

如果研究的是两个类别变量，每个变量有多个类别，则通常将两个变量多个类别的频数用交叉表的形式表示出来。其中一个变量放在**行**（row）的位置，称为行变量，其类别数（行数）用 r 表示；另一个变量放在**列**（column）的位置，称为列变量，其类别数（列数）用 c 表示。这种由两个或两个以上类别变量交叉分类的频数分布表就是列联表。一个由 r 行和 c 列组成的列联表也称为 $r\times c$ 列联表。例如，本章开头的案例中，行变量“满意度”有2个类别，列变量“地区”有3个类别，这就是一个 2×3 列联表。

对列联表中的两个类别变量进行分析，通常是判断两个变量是否独立。该检验的原假设是两个变量独立（无关），如果原假设被拒绝，则表明两个变量不独立或者说两个变量相关。χ^2 独立性检验的统计量为：

$$\chi^2=\sum\sum\frac{(f_o-f_e)^2}{f_e} \tag{7.2}$$

式中，f_o 为观察频数；f_e 为期望频数，期望频数的计算公式见式（7.4）。该统计量服从自由度为（$r-1$）($c-1$）的 χ^2 分布（r 为行数，c 为列数）。

下面通过一个例子来说明 χ^2 独立性检验的具体过程。

例 7-3

利用本章开头关于网购客户满意度的调查数据，检验客户满意度与地区是否独立（$\alpha=0.05$）。

解：第 1 步：提出假设。

H_0:满意度与地区独立

H_1:满意度与地区不独立

第 2 步：计算期望频数和检验统计量。

要计算检验统计量，关键是计算出期望频数。如果两个变量独立，则两个变量各类别交叉项的概率可根据独立事件的概率乘法公式求得。

设给定单元格所在行的合计频数为 RT，所在列的合计频数为 CT，任意给定单元格（比如第 i 行第 j 列的单元格 r_ic_j）的概率为：

$$P(r_ic_j)=P(r_i)\times P(c_j)=\left(\frac{RT}{n}\right)\times\left(\frac{CT}{n}\right) \tag{7.3}$$

用式（7.3）乘以总观察频数（样本量 n），可以得到任意单元格的期望频数为：

$$f_e=\left(\frac{RT}{n}\right)\times\left(\frac{CT}{n}\right)\times n \tag{7.4}$$

比如，第 1 个单元格的期望频数为：

$$f_1=\left(\frac{319}{500}\right)\times\left(\frac{160}{500}\right)\times 500=102.08$$

按上述步骤计算的各单元格的期望频数如表 7-10 所示。

表 7-10　　满意度与地区的单元格期望频数计算表

满意度	地区			
	东部	中部	西部	合计
满意	126 (102.08)	158 (153.12)	35 (63.80)	319
不满意	34 (57.92)	82 (86.88)	65 (36.20)	181
合计	160	240	100	500

说明：表中括号内给出的是期望频数。

将每个单元格的$(f_o-f_e)^2/f_e$加起来，即可得到按式（7.2）计算的χ^2统计量：

$$\chi^2=\frac{(126-102.08)^2}{102.08}+\frac{(158-153.12)^2}{153.12}+\frac{(35-63.80)^2}{63.80}$$
$$+\frac{(34-57.92)^2}{57.92}+\frac{(82-86.88)^2}{86.88}+\frac{(65-36.20)^2}{36.20}$$
$$=51.8266$$

第 3 步：做出决策。$\chi^2=51.8266$，自由度为$(2-1)\times(3-1)=2$，由 SPSS 函数【1－CDF. CHISQ(51.8266，2)】或函数【SIG. CHISQ(51.8266，2)】得$P=5.572\text{E}-12$（右尾概率）。由于$P<\alpha$，因此拒绝原假设，认为满意度与地区不独立，或者说满意度与地区有关。

上述检验结果可直接由 SPSS 输出。下面的文本框中给出了操作步骤。

χ^2独立性检验

使用 SPSS 进行检验时，需要将列联表数据转换为原始数据形式，然后按下列步骤操作。

第 1 步：选择【分析】→【描述统计—交叉表】，进入主对话框。

第 2 步：将行变量选入【行】，将列变量选入【列】（行和列可以互换）。

第 3 步：点击【统计量】并选中【卡方】，点击【继续】返回主对话框；点击【单元格】，在【计数】下选中【期望值】，点击【继续】返回主对话框。点击【确定】。

（注：在使用 SPSS 进行χ^2独立性检验时，点击【统计量】，并在【名义】下选中【相依系数】和【Phi 和 Cramer's 变量】，可以得到相关性测量的统计量。）

由 SPSS 输出的检验结果如表 7－11 和表 7－12 所示。

表 7－11　满意度与地区的频数分布

满意度* 地区 交叉制表

			地区			合计
			东部	西部	中部	
满意度	不满意	计数	34	65	82	181
		期望的计数	57.9	36.2	86.9	181.0
	满意	计数	126	35	158	319
		期望的计数	102.1	63.8	153.1	319.0
合计		计数	160	100	240	500
		期望的计数	160.0	100.0	240.0	500.0

表 7－12 满意度与地区的 χ^2 独立性检验

卡方检验

	值	df	渐近 Sig.(双侧)
Pearson 卡方	51.827[a]	2	.000
似然比	51.326	2	.000
有效案例中的 N	500		

a. 0 单元格(.0%) 的期望计数少于 5。最小期望计数为 36.20。

表 7－12 中给出的 Pearson 卡方统计量及渐近显著性与手工计算的结果相同。

7.2.2 应用 χ^2 检验的注意事项

在应用 χ^2 检验时，要求样本量应足够大，特别是每个单元格的期望频数不能太小，否则应用 χ^2 检验可能会得出错误的结论。从 χ^2 统计量的公式可以看出，期望频数 f_e 在公式的分母上，如果某个单元格的期望频数过小，则 χ^2 统计量的值就会很大，从而导致拒绝原假设。因此，应用 χ^2 检验时对单元格的期望频数有以下要求：

第一，如果仅有两个单元格，单元格的最小期望频数不应小于 5，否则不能进行 χ^2 检验。

第二，如果有两个以上的单元格，期望频数小于 5 的单元格不能超过单元格总数的 20%，否则不能进行 χ^2 检验。如果出现期望频数小于 5 的单元格超过 20%，可以采取合并类别的办法来解决这一问题。

在前面的例子中，每个单元格的期望频数均大于 5，因此可以进行 χ^2 检验。SPSS 输出的结果中会标注期望频数的情况。比如，在表 7－12 所示的输出结果中，标注了没有单元格的期望频数小于 5，最小期望频数为 36.20。

7.3 两个类别变量的相关性度量

如果 χ^2 独立性检验拒绝了原假设，则表明两个变量不独立，这意味着它们之间存在一定的相关性。这时，可以进一步测度它们之间的关联程度，使用的统计量主要有 **φ 系数**（φ coefficient）、**Cramer's V 系数**（Cramer's V coefficient）、**列联系数**（contingency coefficient）等，这些系数的计算均以 χ^2 统计量的值为基础。

7.3.1 φ 系数和 Cramer's V 系数

1. *φ 系数*

φ 系数主要用于 2×2 列联表的相关性度量。计算公式为：

$$\varphi=\sqrt{\frac{\chi^2}{n}} \tag{7.5}$$

式中，χ^2 是按式（7.2）计算出的 χ^2 值；n 为列联表的总频数，即样本量。

对于 2×2 列联表，φ 系数的取值范围在 0～1 之间。φ 越接近 1，表明两个变量之间的关系越强；越接近 0，表明关系越弱。但是，当列联表的行数或列数大于 2 时，φ 系数会随着行数或列数的增加而变大，而且没有上限。这时，φ 系数的含义不容易解释。

例如，根据例 7－3 的计算结果得到的满意度与地区两个变量之间的 φ 系数为：

$$\varphi=\sqrt{\frac{\chi^2}{n}}=\sqrt{\frac{51.826\,6}{500}}=0.321\,952$$

满意度与地区之间的相关系数为 0.321 952，而且检验结果是显著的（表 7－13 给出的检验 P 值接近 0），说明二者之间有显著的关系，这与例 7－3 χ^2 独立性检验的结论是一致的。

2. Cramer's V 系数

Cramer's V 系数是由克拉默（Cramer）提出的。计算公式为：

$$V=\sqrt{\frac{\chi^2}{n\times\min[(r-1),(c-1)]}} \tag{7.6}$$

式中，χ^2 是按式（7.2）计算出的 χ^2 值；n 为列联表的总频数，即样本量；r 为行数，c 为列数，$\min[(r-1),(c-1)]$ 表示（$r-1$）和（$c-1$）中较小的一个。

Cramer's V 系数的取值范围总是在 0～1 之间。当两个变量独立时，$V=0$；当两个变量完全相关时，$V=1$。如果列联表的行数或列数为 2，Cramer's V 系数就等于 φ 系数。例如，根据例 7－3 的计算结果得到的满意度与地区两个变量之间的 Cramer's V 系数为：

$$V=\sqrt{\frac{\chi^2}{n\times(2-1)}}=\sqrt{\frac{51.826\,6}{500\times1}}=0.321\,952$$

结果与 φ 系数一致。

7.3.2 列联系数

列联系数主要用于维数大于 2×2 列联表的相关性度量，用 C 表示。计算公式为：

$$C=\sqrt{\frac{\chi^2}{\chi^2+n}} \tag{7.7}$$

从式（7.7）可以看出，列联系数不可能大于或等于 1。当两个变量独立时，$C=0$，但即使两个变量完全相关，列联系数也不可能等于 1。因此，对列联系数的含义不容易解释。例如，根据例 7－3 的计算结果得到的满意度与地区两个变量之间的列联系数为：

$$C=\sqrt{\frac{51.8266}{51.8266+500}}=0.306461$$

上述 3 个相关性度量的统计量均可以由 SPSS 直接输出，并给出对它们的检验的显著性水平，结果如表 7－13 所示。

表 7－13　　满意度与地区的相关性测量

对称度量

		值	近似值 Sig.
按标量标定	φ	.322	.000
	Cramer的 V	.322	.000
	相依系数	.306	.000
有效案例中的 N		500	

相关性度量的 3 个系数的显著性检验结果均显著，这表明满意度与地区两个变量不独立，即它们之间存在显著的相关性。

□ 本章图解：类别变量分析方法

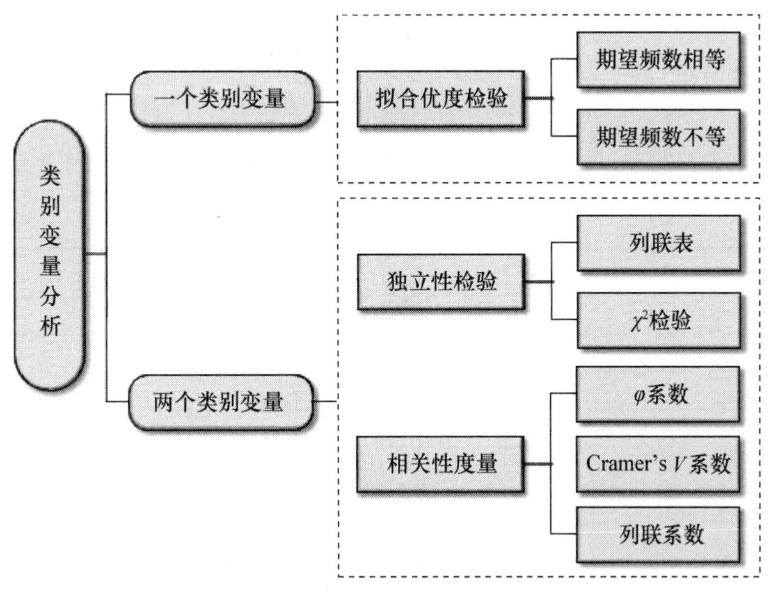

主要术语

● **χ^2 拟合优度检验**（goodness of fit test）：利用 χ^2 统计量来判断某个类别变量各类别的观察频数分布与某一期望频数或理论频数是否一致的检验方法。

● **χ^2 独立性检验**（test of independence）：利用 χ^2 统计量来判断两个类别变量是否独立的检验方法。

● **φ 系数**（φ coefficient）：测度两个类别变量之间相关程度的统计量，主要用于 2×2 列联表。

● **Cramer's V 系数**（Cramer's V coefficient）：测度两个类别变量之间相关程度的统计量，可用于 $r\times c$ 的列联表。

● **列联系数**（contingency coefficient）：测度两个类别变量之间相关程度的统计量，主要用于维数大于 2×2 的列联表。

思考与练习

一、思考题

7.1 说明 χ^2 拟合优度检验和独立性检验的用途。

7.2 举出几个可以用列联表表示的类别变量的例子。

7.3 应用 χ^2 检验应注意哪些问题？

7.4 测度两个类别变量相关性的统计量有哪些？它们有什么不同？

二、练习题

7.1 一家食品生产企业想了解过去一年中各月份的销售量是否服从均匀分布，以便更好地安排生产。企业市场销售部门调查了过去一年中每个月的销售量（单位：箱），得到如下数据。

月份	销售量
1	1 660
2	1 600
3	1 560
4	1 490
5	1 380
6	1 620
7	1 580
8	1 680
9	1 550
10	1 370

续前表

月份	销售量
11	1 410
12	1 610

检验各月份的销售量是否服从均匀分布（$\alpha=0.05$）。

7.2 一家电视台为了解观众对某档娱乐节目的喜欢程度，对不同年龄段的男女观众进行了调查，得到的喜欢该档娱乐节目的观众比例（%）如下。

年龄段	男性	女性
20 岁以下	6	8
20～30 岁	25	32
30～40 岁	16	15
40～50 岁	12	12
50 岁以上	5	6

能否认为男性观众喜欢该档娱乐节目的比例和女性一致（$\alpha=0.05$）？

7.3 为研究大学生的逃课情况，一个研究小组做了一次调查，得到的男女生逃课情况的汇总表如下。

是否逃过课	男生	女生	合计
逃过	34	38	72
未逃过	28	50	78
合计	62	88	150

检验逃课与学生性别是否独立（$\alpha=0.05$）。

7.4 为研究上市公司对其股价波动的关注程度，一家研究机构对在主板、中小板和创业板上市的 190 家公司进行了调查，得到如下信息。

上市公司的类型	关注	不关注
主板企业	50	70
中小板企业	30	15
创业板企业	20	5

检验上市公司的类型与对股价波动的关注程度是否独立（$\alpha=0.05$）。

7.5 一家汽车企业的销售部门对东部地区、中部地区和西部地区的 400 名消费者购买汽车的价格作了抽样调查，得到如下结果。

汽车价格	东部地区	中部地区	西部地区
10 万元以下	20	40	40
10 万～20 万元	50	60	50
20 万～30 万元	30	20	20
30 万元以上	40	20	10

检验地区与所购买汽车的价格是否独立（$\alpha=0.05$）。

7.6 计算 7.4 题中上市公司的类型与对股价波动的关注程度两个变量之间的 φ 系数、Cramer's V 系数和列联系数，并分析其相关程度。

7.7 计算 7.5 题中地区与所购买汽车的价格两个变量之间的 φ 系数、Cramer's V 系数和列联系数，并分析其相关程度。

第 8 章 方差分析

Chapter 8

问题与思考：超市位置和竞争者数量对销售额有影响吗？

超市销售额的多少会受多种因素的影响，比如，所处的位置、附近竞争者的多少、商品的价格和质量、周边居民的数量，等等。为研究超市所处的位置和同业竞争者的数量对销售额的影响，一家研究机构将超市位置按居民区、商业区和写字楼分成 3 类，并在不同位置分别随机抽取 3 家超市，同时将竞争者数量按 0 个、1 个、2 个和 3 个及以上分成 4 类，获得的销售额数据（单位：万元）如下。

		竞争者数量			
		0 个	1 个	2 个	3 个及以上
超市位置	居民区	271	298	449	433
		316	256	485	431
		227	308	505	536
	商业区	416	281	592	473
		311	318	484	418
		456	400	514	393
	写字楼	188	230	294	249
		300	178	287	278
		338	264	264	325

怎样分析超市位置和竞争者数量对销售额的影响呢？超市位置不同或者竞争者数量不同，销售额有差异吗？这里涉及两类变量：一是超市位置和竞争者数量，这是两个类别变量；二是销售额，这是一个数值变量。分析类别变量对数值变量的影响，需要用到本章将要介绍的方差分析方法。

方差分析是 20 世纪 20 年代发展起来的一种统计方法，它的基本原理是由英国统计学家费希尔在进行实验设计时为解释实验数据而率先引入的。目前，方差分析方法广泛应用于分析心理学、生物学、工程和医药等的实验数据。本章首先介绍方差分析的基本原理，然后介绍单因子方差分析和双因子方差分析方法。

8.1 方差分析的基本原理

8.1.1 什么是方差分析

方差分析（analysis of variance，ANOVA）是分析各类别自变量对数值因变量影响的一种统计方法。自变量对因变量的影响也称为自变量**效应**（effect）。由于影响效应的大小体现为因变量的误差里有多少是由自变量造成的，因此，方差分析通过对数据误差的分析来检验这种效应是否显著。为便于理解有关概念，先看一个简单的例子。

例 8－1

为分析小麦品种对产量的影响，一家研究机构挑选了 3 个小麦品种：品种 1、品种 2、品种 3，然后选择条件和面积相同的 30 个地块，每个品种在 10 个地块上试种，实验获得的产量数据如表 8－1 所示。

表 8－1　　3 个小麦品种的产量实验数据　　单位：kg

品种 1	品种 2	品种 3
81	71	76
82	72	79
79	72	77
81	66	76
78	72	78
89	77	89
92	81	87
87	77	84
85	73	87
86	79	87

在表 8－1 中，“小麦品种”是类别变量，称为实验的**因子**（factor），品种 1、品种 2、品种 3 是因子的 3 个不同取值，称为**处理**（treatment）或**水平**（level）。这里的“地块”就是接受处理的对象或实体，称为**实验单元**（experiment unit）。产量则是因变量，每个地块上获得的产量就是样本观测值。分析小麦品种对产量影响的统计方法就是方差分析。

8.1.2　误差分解

怎样分析小麦品种对产量是否有显著影响呢？由于品种对产量的影响效应体现在产量取值的误差里，因此，分析时首先应从对数据误差的分析入手。方差分析的基本原理就是通过对数据误差的分析来判断类别自变量（小麦品种）对数值因变量（产量）的影响效应是否显著。

怎样分析数据的误差呢？从表 8－1 可以看出，每个品种（每种处理）各有 10 个实验数据，这些数据实际上是从每个品种的产量总体中抽出来的一个随机样本，即每个品种各抽取一个样本量为 10 的随机样本，共获得 3 个样本的 30 个实验数据。可以看出，这 30 个产量数据是不同的，我们把反映全部观测数据的误差称为**总误差**（total error）。本例中，总误差反映了全部 30 个观测数据误差的大小。

总误差可能是由不同处理（小麦的不同品种）造成的，也可能是由其他随机因素（如抽样的随机性）造成的。由不同处理造成的误差称为**处理误差**（treatment error）或**处理效应**（treatment effect）。本例中，处理误差反映了不同小麦品种对产量的影响。由于处理误差来自不同的处理，因此有时也称为**组间误差**（between-group error）。由其他随机因素对观测数据造成的误差称为**随机误差**（random error），简称为**误差**（error）。本例中，随机误差反映了除品种以外其他随机因素对产量的影响。由于随机误差主要存在于每种处理的内部（当然也可能存在于不同处理之间），因此，有时也称为**组内误差**（within-group error）。

在统计中，数据的误差通常用**平方和**（sum of squares）来表示，记为 SS。反映全部数据总误差大小的平方和称为**总平方和**（sum of squares for total），记为 SST。例如，所抽取的全部 30 个地块的产量之间的误差平方和就是总平方和，它反映了全部产量的总离散程度。反映处理误差大小的平方和称为**处理平方和**（treatment sum of squares），也称为**组间平方和**（between-group sum of squares），记为 SSA（注：这里把因子记为 A）。例如，不同品种之间产量的误差平方和就是处理平方和。反映随机误差大小的平方和称为**误差平方和**（sum of squares of error），也称为**组内平方和**（within-group sum of squares），记为 SSE。这样，全部数据的总误差平方和被分解成两部分：一部分是处理平方和 SSA，另一部分是误差平方和 SSE。很显然，这 3 个误差平方和的关系为：$SST=SSA+SSE$。

数据误差的来源及其分解过程可用图 8－1 来表示。

方差分析就是要分析数据的总误差中有没有处理误差。如果处理（小麦品种）对观测数据（产量）没有显著影响，则意味着没有处理误差。这时，每种处理所对应的总体均值（μ_i）应该相等。如果存在处理误差，则每种处理所对应的总体均值（μ_i）至少有一对不相等。因此，就例 8－1 而言，设 3 个品种产量的均值分别为 μ_1，μ_2，μ_3，分析品种对产量的影响也就是要检验下面的假设：

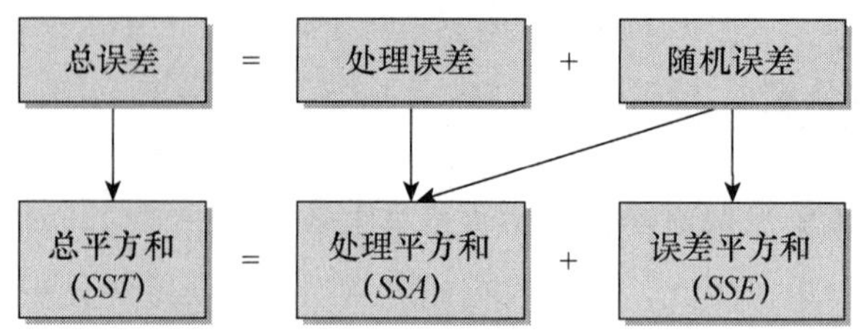

图 8-1　误差的来源及其分解

$H_0: \mu_1=\mu_2=\mu_3$（品种对产量没有显著影响）

$H_1: \mu_1, \mu_2, \mu_3$ 不全相等（品种对产量有显著影响）

8.2　单因子方差分析

只考虑一个因子对观测数据影响的方差分析称为**单因子方差分析**（one-way analysis of variance）。比如，在例 8-1 中，只考虑小麦品种对产量的影响就属于单因子方差分析。

8.2.1　数学模型

设因子 A 有 I 种处理（比如小麦品种有“品种 1”“品种 2”“品种 3” 3 种处理），单因子方差分析可用下面的线性模型来表示：

$$y_{ij}=\mu_i+\varepsilon_{ij} \tag{8.1}$$

式中，y_{ij} 表示第 i（$i=1, 2, \cdots, I$）个处理中的第 j 个观测值；μ_i 表示第 i 个处理的平均观测值；ε_{ij} 表示第 i 个处理中的第 j 个观测值的随机误差。例如，表 8-1 中，品种 1（第 1 个处理）的第 1 个观测值 81（y_{11}），可表示为品种 1 的平均产量（μ_1）加上随机误差（ε_{11}）；品种 2（第 2 个处理）的第 1 个观测值 71，可表示为品种 2 的平均产量（μ_2）加上随机误差（ε_{21}）；等等。

对于模型（8.1），通常假定 ε_{ij} 是期望值为 0、方差相等的正态随机变量，即 $\varepsilon\sim N(0, \sigma^2)$，这意味着无论 i 取多少，ε_{ij} 均服从期望值为 0、方差为某个假定值的正态分布，ε_{ij} 所对应的就是随机误差。同时，为了能够对观测值（产量）进行预测，假定 $E(y)=\mu_i$，即第 i 个处理的各观测值都等于该处理的平均值。比如，品种 1 的各产量的预测值就是品种 1 的产量的平均值。

设全部观测数据的总均值为 μ，第 i 个处理效应用第 i 个处理均值 μ_i 与总均值的差（$\mu_i-\mu$）表示，记为 α_i，即 $\alpha_i=\mu_i-\mu$。这样，第 i 个处理均值被分解成 $\mu_i=\mu+\alpha_i$，模型（8.1）可以用下面的形式表示：

$$y_{ij}=\mu+\alpha_i+\varepsilon_{ij} \tag{8.2}$$

式中，μ 表示不考虑因子（小麦品种）的影响时观测值（产量）的总平均值，它是模型的常数项（截距）；α_i 表示处理为 i（$i=1$，2，…，I）时对观测值的附加效应，比如，小麦品种为 1 时对平均产量的影响值。α_i 所对应的就是处理误差。比如，假定 $\alpha_1=10$，它表示第 1 个品种的平均产量比总的平均产量高出 10kg。如果 3 个品种的平均产量无显著差异，则表明品种对产量没有附加效应，应当有 $\alpha_1=\alpha_2=\alpha_3=0$；如果 3 个品种的平均产量有显著差异，则表明品种对产量有附加效应，此时 α_1，α_2，α_3 中至少有一个不等于 0。因此，要检验小麦品种对产量是否有显著影响，也就是检验假设：

$H_0:\alpha_1=\alpha_2=\alpha_3=0$（小麦品种对产量的影响不显著）

$H_1:\alpha_1,\alpha_2,\alpha_3$ 至少有一个不等于 0（小麦品种对产量的影响显著）

在单因子方差分析中，上述检验也可等价地表示为：

$H_0:\mu_1=\mu_2=\mu_3$

$H_1:\mu_1,\mu_2,\mu_3$ 不全相等

8.2.2　效应检验

一般地，设因子 A 有 I 个处理，单因子方差分析要检验的假设①为：

$H_0:\alpha_i=0(i=1,2,\cdots,I)$（处理效应不显著）

$H_1:\alpha_i$ 至少有一个不等于 0（处理效应显著）

为构造上述检验的统计量，首先需要计算处理平方和 SSA、误差平方和 SSE，然后将各平方和除以相应的自由度 df，以消除观测数据多少对平方和大小的影响，其结果称为**均方**（mean square），也称为**方差**（variancc）。最后，将处理均方（MSA）除以误差均方（MSE），即得到用于检验处理效应的统计量 F。这一计算过程可以用方差分析表的形式来表示。表 8－2 给出了单因子方差分析表的一般形式。

表 8－2　　**单因子方差分析表**

误差来源（source）	平方和（SS）	自由度（df）	均方（MS）	检验统计量（F）
处理效应	$SSA=\sum_{i=1}^{I}n_i(\bar{y}_i-\bar{y})^2$	$I-1$	$MSA=\frac{SSA}{I-1}$	$\frac{MSA}{MSE}$
误差	$SSE=\sum_{i=1}^{I}\sum_{j=1}^{n_i}(y_{ij}-\bar{y}_i)^2$	$n-I$	$MSE=\frac{SSE}{n-I}$	
总效应	$SST=\sum_{i=1}^{I}\sum_{j=1}^{n_i}(y_{ij}-\bar{y})^2$	$n-1$		

① 等价地表示为：$H_0:\mu_1=\mu_2=\cdots=\mu_I$；$H_1:\mu_1$，$\mu_2$，…，$\mu_I$ 不全相等。

表中的 n 为因变量观测值的个数，本例中 $n=30$。n_i 是第 i 个处理的样本量，本例 3 个处理的样本量相等，均为 10。$\bar{y}_i=\frac{1}{n_i}\sum_{j=1}^{n_i}y_{ij}$（$i=1, 2, \cdots, I$）是对应于第 i 个处理的样本均值，$\bar{y}=\frac{1}{n}\sum_{i=1}^{I}\sum_{j=1}^{n_i}y_{ij}$ 是所有样本数据的总均值。

根据统计量 F 的 P 值（显著性水平 Sig.）做出决策：若 $P<\alpha$，则拒绝原假设，认为 α_i（$i=1, 2, \cdots, I$）不全为 0，表明处理效应显著（因子对观测值有显著影响）。

例 8－2

沿用例 8－1。检验小麦品种对产量的影响是否显著（$\alpha=0.05$）。

解：由于只有小麦品种一个因子，因此采用式（8.2）给出的单因子方差分析模型。

设小麦品种对产量的影响效应分别为 α_1（品种 1），α_2（品种 2），α_3（品种 3）。提出的检验假设为：

$H_0: \alpha_1=\alpha_2=\alpha_3=0$（小麦品种对产量的影响不显著）

$H_1: \alpha_1, \alpha_2, \alpha_3$ 至少有一个不等于 0（小麦品种对产量的影响显著）

下面的文本框中给出了用 SPSS 进行方差分析的操作步骤。

将表 8－1 的数据转化为长格式，并另存为【例 8－2】

第 1 步：选择【数据】→【重组】→【将选定变量重组为个案】。点击【下一步】。

第 2 步：在弹出的对话框【您希望重组多少个变量组?】中选择【一个】。点击【下一步】。

第 3 步：在弹出的对话框中，将各品种选入【目标变量】，并将目标变量名称改为“产量”，在【使用个案号】下选择【无】。点击【下一步】。

第 4 步：在弹出的对话框【您希望创建多少个索引变量?】中选择【一个】。点击【下一步】。

第 5 步：在弹出的对话框【索引值是什么类型?】下选择【变量名】，将【名称】下的“索引 1”改为“品种”。点击【完成】。

用【一般线性模型】做单因子方差分析

第 1 步：选择【分析】→【一般线性模型—单变量】，进入主对话框。

第 2 步：将因变量（本例为“产量”）选入【因变量】，将自变量（本例为“小麦品种”）选入【固定因子】。点击【确定】。

（注：若需要均值图，点击【绘制】，将“因子”选入【水平轴】，在【图】下点击【增加】；若需要进行多重比较，点击【两两比较】，将“因子”选入【两两比较检验】，在【假定方差齐性】下选择一种方法，如 LSD；若需要描述统计量，点击【选项】，在【输出】下选中【描述统计】；若需要进行方差齐性检验，在【输出】下选中【方差齐性检验】；若需要对模型的参数进行估计，在【输出】下选中【参数估计】；若需要分析模型的拟合效果，在【输出】下选中【残差图】；若需要预测值，点击【保存】，并在【预测值】下选中【未标准化】和【残差】等。）

由 SPSS 输出的部分结果如表 8－3 至表 8－6 所示。

表 8－3 中给出了不同品种小麦的平均产量、标准差和样本量。

表 8－3　　例 8－2 的描述统计量

因变量:产量

品种	均值	标准 偏差	N
品种1	84.00	4.546	10
品种2	74.00	4.447	10
品种3	82.00	5.270	10
总计	80.00	6.363	30

表 8－4 给出了方差齐性检验，该检验的原假设为方差齐性。表中给出了 Levene 检验的 F 统计量值及其显著性水平。由于显著性水平 Sig. 为 0.375，大于 $\alpha=0.05$，因此不拒绝原假设，表明该数据满足方差齐性。

表 8－4　　例 8－2 方差齐性的 Levene 检验

因变量:产量

F	df1	df2	Sig.
1.018	2	27	.375

检验零假设，即在所有组中因变量的误差方差均相等。

a. 设计：截距＋品种

表 8－5 给出了因子效应检验的方差分析表。

表 8－5　　例 8－2 因子效应检验的方差分析表

因变量:产量

源	III 型平方和	df	均方	F	Sig.
校正模型	560.000[a]	2	280.000	12.313	.000
截距	192000.000	1	192000.000	8442.997	.000
品种	560.000	2	280.000	12.313	.000
误差	614.000	27	22.741		
总计	193174.000	30			
校正的总计	1174.000	29			

a. R 方＝.477（调整 R 方＝.438）

表 8-5 中的第一行校正模型（Corrected Model）是对整个方差分析模型的检验。其原假设是模型中的因子（小麦品种）对因变量（产量）无显著影响。由于本例只有小麦品种一个因子，因此等价于对品种因子的检验，即 $\alpha_i=0$ $(i=1, 2, 3)$。由于显著性水平 Sig. 接近 0（实际值为 1.58E-4），表明该模型是显著的。

第二行截距（Intercept）是模型的常数项。其检验的原假设是 $\mu=0$，即不考虑品种因子的影响时，产量的平均值为 0，检验的结果拒绝了原假设。由于截距在方差分析中的意义不大，因此这项检验可以忽略不看。

第三行以下是对模型中因子效应的检验。分别给出了品种效应和随机误差效应的平方和、自由度（df）、均方（Mean Square）、检验统计量（F）、显著性水平（Sig.）。

最下面一行校正的总计（Corrected Total）是校正后的总平方和，它等于处理平方和加上误差平方和。

从表 8-5 可以看出，检验品种因子的显著性水平接近 0（实际值为 1.58E-4），因此拒绝原假设，表明 α_i $(i=1, 2, 3)$ 至少有一个不等于 0，这意味着品种对产量有显著影响，或者说品种对产量的影响效应显著。

在表的下方还给出了模型的判定系数 R^2（R Squared）和调整后的 $R^2$①（Adjusted R Squared）。R^2 是处理平方和与总平方和之比，反映在因变量取值的总误差中由于处理造成的误差所占的比例。R^2 的平方根 R 可以用来测量两个变量之间的关系强度。R^2 的计算公式为：

$$R^2=\frac{处理平方和}{总平方和}=\frac{SSA}{SST} \tag{8.3}$$

本例中，$R^2=\frac{560}{1\,174}=0.477$，表示在小麦产量的总误差中，由于品种不同造成的误差占 47.7%。相应的 $R=0.690\,7$，表明小麦品种与产量之间的相关系数为 0.690 7，基本上达到了中等相关的程度。

表 8-6 给出了方差分析模型的参数估计结果。

表 8-6　　例 8-2 方差分析模型的参数估计

因变量:产量

参数	B	标准 误差	t	Sig.	95% 置信区间	
					下限	上限
截距	82.000	1.508	54.377	.000	78.906	85.094
[品种=品种1]	2.000	2.133	.938	.357	-2.376	6.376
[品种=品种2]	-8.000	2.133	-3.751	.001	-12.376	-3.624
[品种=品种3]	0[a]	.	.	.	.	.

a. 此参数为冗余参数，将被设为零。

① 在单因子方差分析中不必考虑调整后的 R^2，因为只有一个因子（自变量）。

表 8-6 中的截距是模型 $y_{ij}=\mu+\alpha_i+\varepsilon_{ij}$ 中的常数项 μ，它表示不考虑“小麦品种”这一因子的影响时产量总的平均值为 82kg，这实际上就是品种 3 的平均产量。由于 3 个品种一共有 3 个参数，因此在估计模型的参数时，需要将因子的最后一个处理（本例为品种 3）作为参照水平，这相当于强迫 $\alpha_3=0$，而另外两个参数（品种 1 和品种 2）的估计值实际上是与参照水平相比较的结果。比如，品种 1 的参数 $\alpha_1=2=84-82$（参见表 8-3 的结果），表示品种 1 对产量的附加效应比平均产量（参照标准为品种 3 的平均产量）高出 2kg；品种 2 的参数 $\alpha_2=-8=74-82$，表示品种 2 对产量的附加效应比平均产量（参照标准为品种 3 的平均产量）低 8kg。

图 8-2 给出了产量估计的**边际均值**①（marginal means）图。从该图可以观察各品种平均产量的差异情况。

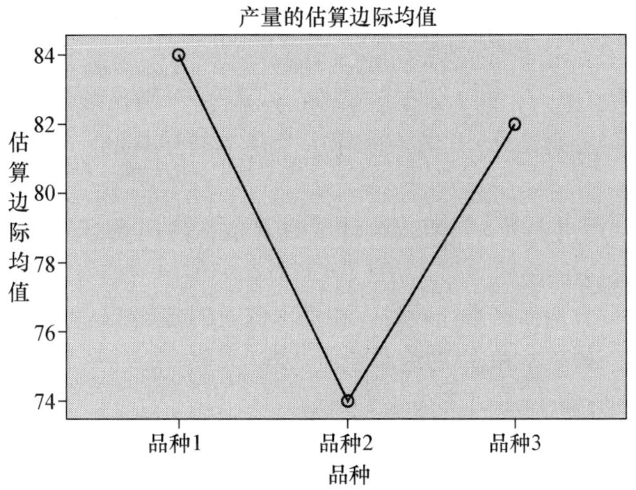

图 8-2　产量的边际均值图

8.2.3　多重比较

例 8-2 的检验结果表明，品种对产量有显著影响。但这一检验并未告诉我们究竟哪些品种之间的产量差异显著。为进一步分析这种差异到底出现在哪些品种之间，设品种 1 产量的平均数为 μ_1，品种 2 产量的平均数为 μ_2，品种 3 产量的平均数为 μ_3，进而找出 μ_1 与 μ_2，μ_1 与 μ_3，μ_2 与 μ_3 中究竟是哪两个平均数不相等，这种对平均数之间的配对检验就是方差分析中的**多重比较**（multiple comparison）。

多重比较的方法有许多种，每种方法的适用场合不完全一样。这里只介绍常用的两种方法。

① 在单因子方差分析中，边际均值就是指各样本的均值。

1. LSD 方法

LSD 是**最小显著差异**（least significant difference）的缩写。LSD 检验方法由统计学家费希尔提出，因此也称为费希尔的最小显著差异方法。该方法的适用场合是：研究者事先已经计划好要对某对或某几对平均数进行比较，不管方差分析的结果如何（拒绝或不拒绝 H_0），都要进行比较。比如，在例 8-1 中，假定在分析之前就计划好要对品种 1 和品种 3 进行比较，看看这两个品种的产量之间是否有显著差异，这种情形下就适合采用 LSD 方法。

LSD 方法的具体步骤如下：

第 1 步：提出假设：H_0：$\mu_i=\mu_j$；H_1：$\mu_i\neq\mu_j$。

第 2 步：计算检验统计量。如果 H_0 成立，统计量

$$t_{ij}=\frac{\bar{y}_i-\bar{y}_j}{\sqrt{MSE\left(\frac{1}{n_i}+\frac{1}{n_j}\right)}} \tag{8.4}$$

服从自由度为（$n-I$）的 t 分布。式中，$\bar{y}_i$ 和 $\bar{y}_j$ 分别是第 i 个样本和第 j 个样本的平均数；n_i 和 n_j 分别是第 i 个样本和第 j 个样本的样本量；MSE 是方差分析得到的误差均方。

第 3 步：做出决策。计算出统计量的 P 值（使用 SPSS 做检验时，可直接给出 P 值），若 $P<\alpha$，拒绝 H_0。

使用 LSD 方法做多重比较时，在提出假设的基础上，也可以按下面的步骤进行：

第 1 步：计算 $\bar{y}_i$ 和 $\bar{y}_j$ 的绝对差值，即 $|\bar{y}_i-\bar{y}_j|$。

第 2 步：计算 LSD，其公式为：

$$LSD=t_{\alpha/2}(n-I)\sqrt{MSE\left(\frac{1}{n_i}+\frac{1}{n_j}\right)} \tag{8.5}$$

式中，$t_{\alpha/2}$ 是自由度为（$n-I$）时 t 分布的临界值。

第 3 步：做出决策。如果 $|\bar{y}_i-\bar{y}_j|>LSD$，表示第 i 个处理和第 j 个处理的平均数之间差异显著。

LSD 方法不仅可以检验 $\mu_i-\mu_j=0$ 的原假设，还可以计算 $\mu_i\neq\mu_j$ 的置信区间。给定显著性水平 α，$\mu_i\neq\mu_j$ 在 $1-\alpha$ 置信水平下的置信区间为 $(\bar{y}_i-\bar{y}_j)\pm LSD$，即

$$(\bar{y}_i-\bar{y}_j)\pm t_{\alpha/2}(n-I)\sqrt{MSE\left(\frac{1}{n_i}+\frac{1}{n_j}\right)} \tag{8.6}$$

而对于第 i 个处理，其总体平均数 μ_i 在 $1-\alpha$ 置信水平下的置信区间为：

$$\bar{y}_i\pm t_{\alpha/2}(n-I)\sqrt{\frac{MSE}{n_i}} \tag{8.7}$$

 **例 8-3**

沿用例 8-2。假定在试验之前就已经计划好要对品种 1 和品种 3 进行比较，用

LSD 方法比较这两个品种的产量之间是否有显著差异（$\alpha=0.05$），并计算品种 1 和品种 3 产量差值的 95％的置信空间。

解：第 1 步：提出如下假设：H_0：$\mu_1=\mu_3$；H_1：$\mu_1\neq\mu_3$。

第 2 步：计算 $\bar{y}_1$ 和 $\bar{y}_3$ 的绝对差值：$|\bar{y}_1-\bar{y}_3|=|84-82|=2$。

第 3 步：计算 LSD。由 SPSS 函数得 $t_{\alpha/2}(30-3)=2.051\,831$，则有

$$LSD=2.051\,831\times\sqrt{22.741\times\left(\frac{1}{10}+\frac{1}{10}\right)}=4.375\,8$$

第 4 步：做出决策。由于 $|\bar{y}_1-\bar{y}_3|=2<4.375\,8$，不拒绝 H_0，表明品种 1 与品种 3 的产量之间差异不显著。

品种 1 和品种 3 产量平均数差值的 95％的置信区间为：

$$(84-82)\pm\sqrt{\frac{22.741}{2}\times\left(\frac{1}{10}+\frac{1}{10}\right)}=2\pm4.375\,8$$

即（$-2.375\,8$，$6.375\,8$）。

SPSS 给出的多重比较结果如表 8－7 所示。

表 8－7　　例 8－2 的多重比较（LSD 方法）

多个比较

产量
LSD

(I) 品种	(J) 品种	均值差值 (I-J)	标准 误差	Sig.	95% 置信区间	
					下限	上限
品种1	品种2	10.00*	2.133	.000	5.62	14.38
	品种3	2.00	2.133	.357	-2.38	6.38
品种2	品种1	-10.00*	2.133	.000	-14.38	-5.62
	品种3	-8.00*	2.133	.001	-12.38	-3.62
品种3	品种1	-2.00	2.133	.357	-6.38	2.38
	品种2	8.00*	2.133	.001	3.62	12.38

基于观测到的均值。
误差项为均值方 (错误) = 22.741。

*. 均值差值在 0.05 级别上较显著。

表 8－7 给出了第 i 个样本和第 j 个样本的**均值差值**（mean difference）、均值差的标准误差、检验的显著性水平（Sig.）以及均值差值的 95％的置信区间。从显著性水平可以看出，品种 1 和品种 2 的产量之间差异显著，品种 1 和品种 3 的产量之间差异不显著，品种 2 和品种 3 的产量之间差异显著。

2. HSD 方法

HSD 是**真实显著差异**（honestly significant difference）的缩写。HSD 检验方法由图基（Jone W. Tukey）于 1953 年提出，因此也称为图基的 HSD 方法。由于 HSD 方法要求各处理的样本量相同，当各处理的样本量不相同时，该方法就不再适用。20 世纪 50 年代中期，克雷默（C. Y. Kramer）对图基的 HSD 方法做了一些修正，使其适用于样本量不同的情形。修正后的 HSD 检验称为 Tukey-Kramer 方

法。该方法的适用场合是：研究者事先并未计划进行多重比较，只是在进行方差分析拒绝原假设后，才需要对任意两个处理的平均数进行比较。

HSD 方法依据的不是 t 分布，而是**学生化全距分布**（studentized range distribution）。该分布有两个参数，分别是 I 和（$N-I$）。HSD 方法用自由度为 I 和($N-I$)的学生化全距分布的（$N-\alpha$）分位数作为临界值，记为 q_α 和（I，$N-I$）。

HSD 方法考虑三个数值，即处理个数、均方误差（MSE）和样本量。利用这三个值和一个临界值 q 确定出一个临界差异，该临界差异是判断两个处理的平均数存在显著差异所必须达到的条件。因此，只要计算出 HSD，就可以将两个处理的平均数之差的绝对值与 HSD 进行比较，从而确定两个处理的平均数是否存在显著差异。HSD 的计算公式为：

$$HSD=q_\alpha(I,N-I)\sqrt{\frac{MSE}{2}(\frac{1}{n_i}+\frac{1}{n_j})} \tag{8.8}$$

式中，I 是处理的个数（也就是样本平均数的个数）；N 是所有样本观察值的个数；n_i 和 n_j 分别是第 i 个样本和第 j 个样本的样本量；α 是给定的显著性水平，（$N-I$）是 MSE 的自由度；$q_\alpha(I, N-I)$ 是学生化全距的临界值（使用 R 软件的【qtukey(1－α，$N-I$)】函数可获得该临界值）。

当各处理的样本量相同时，即 $n_i=n_j=n$，则 $\sqrt{\frac{MSE}{2}(\frac{1}{n_i}+\frac{1}{n_j})}=\sqrt{\frac{MSE}{n}}$，式(8.8) 可简化为：

$$HSD=q_\alpha(I,N-I)\sqrt{\frac{MSE}{n}} \tag{8.9}$$

采用 HSD 方法也可以得到 $\mu_i-\mu_j$ 的置信区间。设定显著性水平 α，$\mu_i-\mu_j$ 在 $1-\alpha$ 置信水平下的置信区间为 $(\bar{y}_i-\bar{y}_j)\pm HSD$，即

$$(\bar{y}_i-\bar{y}_j)\pm q_\alpha(I,N-I)\sqrt{\frac{MSE}{2}(\frac{1}{n_i}+\frac{1}{n_j})} \tag{8.10}$$

例 8－4

沿用例 8－2。假定在试验之前并未计划要对任何品种之间的差异进行比较，若方差分析结果拒绝原假设，用 HSD 方法对不同品种的产量平均数做多重比较（$\alpha=0.05$）。

解：首先提出假设：H_0：$\mu_i=\mu_j$；H_1：$\mu_i\neq\mu_j$。

然后计算出 HSD。由 R 软件得到的临界值为 3.506 426，计算得

$$HSD=3.506\,426\times\sqrt{\frac{22.741}{2}\times(\frac{1}{10}+\frac{1}{10})}=5.287\,702$$

再计算出各处理的样本平均数差的绝对差值 $|\bar{y}_i-\bar{y}_j|$，并与 HSD 进行比较做出决策，若 $|\bar{y}_i-\bar{y}_j|>HSD$，拒绝 H_0。

$|\bar{y}_1-\bar{y}_2|=|84-74|=10>5.287\,702$，拒绝 H_0，品种 1 和品种 2 的产量之间差异显著。

$|\bar{y}_1-\bar{y}_3|=|84-82|=2<5.287\,702$，不拒绝 H_0，品种 1 和品种 3 的产量之间差异不显著。

$|\bar{y}_2-\bar{y}_3|=|74-82|=8>5.287\,702$，拒绝 H_0，品种 2 和品种 3 的产量之间差异显著。

由 SPSS 给出的 *HSD* 多重比较结果及 $\mu_i-\mu_j$ 的置信区间如表 8－8 所示。

表 8－8　　例 8－2 的多重比较（HSD 方法）

多个比较

因变量:产量

	(I) 品种	(J) 品种	均值差值 (I-J)	标准 误差	Sig.	95% 置信区间 下限	95% 置信区间 上限
Tukey HSD	品种1	品种2	10.00*	2.133	.000	4.71	15.29
		品种3	2.00	2.133	.622	-3.29	7.29
	品种2	品种1	-10.00*	2.133	.000	-15.29	-4.71
		品种3	-8.00*	2.133	.002	-13.29	-2.71
	品种3	品种1	-2.00	2.133	.622	-7.29	3.29
		品种2	8.00*	2.133	.002	2.71	13.29

基于观测到的均值。
误差项为均值方 (错误) = 22.741。

*. 均值差值在 0.05 级别上较显著。

表 8－8 给出了第 i 个样本和第 j 个样本的均值差值、均值差的标准误差、检验的显著性水平（Sig.）以及均值差值的 95%的置信区间。从显著性水平可以看出，品种 1 和品种 2 的产量之间差异显著，品种 1 和品种 3 的产量之间差异不显著，品种 2 和品种 3 的产量之间差异显著。

8.3　双因子方差分析

考虑两个类别自变量对数值因变量影响的方差分析称为**双因子方差分析**（two-way analysis of variance）。分析时有两种情况：一是只考虑两个因子对因变量的单独影响，即**主效应**（main effect），这时的方差分析称为只考虑主效应的双因子方差分析，或称为**无重复双因子分析**（two-factor without replication）；二是除了两个因子的主效应之外，还考虑两个因子的搭配对因变量产生的**交互效应**（interaction），这时的方差分析称为考虑交互效应的双因子方差分析，或称为**可重复双因子分析**（two-factor with replication）。

8.3.1　数学模型

设因子 A 有 I 个处理，因子 B 有 J 个处理。两个因子共有 IJ 种不同的处理组合。如果每种处理组合只测得一个观测值，则有 IJ 个观测值，这样的测量属于无重复测量（无重复实验）。如果每种处理组合测得多个观测值，这样的测量就是重复测量（重复实验）。如果每种处理组合重复测量的次数相同，我们将重复次数记为 K，这时两个因子的 IJ 种不同处理组合共有 IJK 个观测值。

如果只考虑主效应，不考虑交互效应，则两个因子的每种组合可以只测得一个观测值，即 $K=1$。但若要考虑交互作用，每种组合就必须重复测量多个观测值，一般要求每种处理的重复次数 K 不小于 2。

为便于表述，我们引入下列记号：

$\bar{\mu}_{i.}$：因子 A 的第 i 个处理的均值（$i=1, 2, \cdots, I$）。

$\bar{\mu}_{.j}$：因子 B 的第 j 个处理的均值（$j=1, 2, \cdots, J$）。

μ：总均值，它是所有处理均值 μ_{ij} 的平均。

α_i：因子 A 的效应。它衡量的是因子 A 的第 i 个处理均值与总均值的差异程度，即 $\alpha_i=\bar{\mu}_{i.}-\mu$。

β_j：因子 B 的效应。它衡量的是因子 B 的第 j 个处理均值与总均值的差异程度，即 $\beta_j=\bar{\mu}_{.j}-\mu$。

γ_{ij}：因子 A 的第 i 个处理和因子 B 的第 j 个处理搭配产生的交互效应。它衡量的是因子 A 的第 i 个处理和因子 B 的第 j 个处理搭配（共有 IJ 个）对因变量产生的效应。

ε_{ijk}：误差。随机因子对因变量的影响。

这样，对于任何一个观测值 y_{ijk}，都可以表达成下面的线性组合，即

$$y_{ijk}=\mu+\alpha_i+\beta_j+\gamma_{ij}+\varepsilon_{ijk}, \quad k=1,2,\cdots,K \tag{8.11}$$

式中，y_{ijk} 表示因子 A 的第 i 个处理和因子 B 的第 j 个处理组合的第 k 个观测值；μ 表示不考虑因子 A 和因子 B 的影响时观测值总的平均值，它是模型的常数项（截距）；α_i 表示因子 A 的处理为 i 时对观测数据的附加效应，它所对应的就是因子 A 的处理误差；β_j 表示因子 B 的处理为 j 时对观测数据的附加效应，它所对应的就是因子 B 的处理误差；γ_{ij} 表示因子 A 的第 i 个处理和因子 B 的第 j 个处理搭配产生的交互效应；ε_{ijk} 表示因子 A 的第 i 个处理和因子 B 的第 j 个处理组合中的第 k 个观测值的随机误差，同时假定其服从均值为 0、方差为常数的正态分布。

式（8.11）就是考虑交互效应时双因子方差分析的数学模型。

当交互效应 γ_{ij} 为 0 时，式（8.11）可表达为：

$$y_{ijk}=\mu+\alpha_i+\beta_j+\varepsilon_{ijk} \tag{8.12}$$

式（8.12）就是只考虑主效应时双因子方差分析的数学模型，显然它是考虑交互效应的方差分析模型的一个特例。

8.3.2 主效应分析

对于因子 A 的 I 个处理和因子 B 的 J 个处理，要检验因子 A 和因子 B 对因变量

的影响效应，也就是检验下面的假设：

检验因子 A 的假设：

$H_0:\alpha_i=0(i=1,2,\cdots,I)$（因子 A 的处理效应不显著）

$H_1:\alpha_i$ 至少有一个不等于 0（因子 A 的处理效应显著）

检验因子 B 的假设：

$H_0:\beta_j=0(j=1,2,\cdots,J)$（因子 B 的处理效应不显著）

$H_1:\beta_j$ 至少有一个不等于 0（因子 B 的处理效应显著）

各因子的效应用误差来表示。检验上述假设时，与式（8.12）对应的误差分解过程如图 8－3 所示。

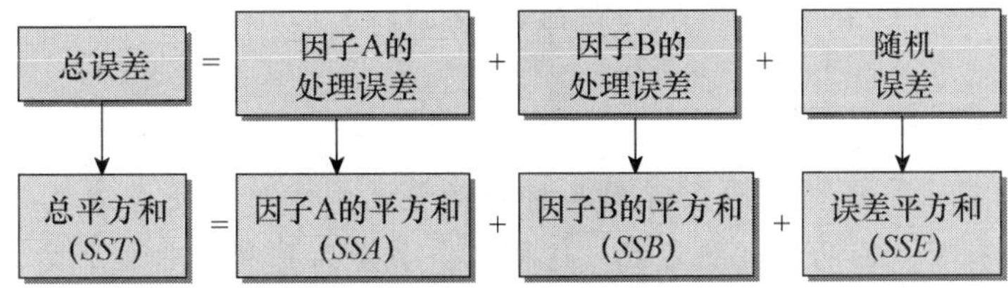

图 8－3　只考虑主效应的误差分解

根据上述误差分解原理，可以构建用于检验因子 A 和因子 B 主效应的统计量 F_A 和 F_B。

设 y_{ijk} 表示因子 A 的第 i 个处理和因子 B 的第 j 个处理组合的第 k 个观测值，$\bar{y}_{i.}$ 为因子 A 的第 i 个处理的样本均值，$\bar{y}_{.j}$ 为因子 B 的第 j 个处理的样本均值，$\bar{y}_{ij}$ 为对应于因子 A 的第 i 个处理和因子 B 的第 j 个处理组合的样本均值，$\bar{y}$为全部 IJK 个观测值的总均值。

各平方和的计算公式如下：

总平方和：$SST=\sum_{i=1}^{I}\sum_{j=1}^{J}\sum_{k=1}^{K}(y_{ijk}-\bar{y})^2$

因子 A 的平方和：$SSA=JK\sum_{i=1}^{I}(\bar{y}_{i.}-\bar{y})^2$

因子 B 的平方和：$SSB=IK\sum_{j=1}^{J}(\bar{y}_{.j}-\bar{y})^2$

交互效应平方和：$SSAB=K\sum_{i=1}^{I}\sum_{j=1}^{J}(\bar{y}_{ij}-\bar{y}_{i.}-\bar{y}_{.j}+\bar{y})^2$

误差平方和：$SSE=SST-SSA-SSB-SSAB$

将各平方和（SS）除以相应的自由度 df，得到各均方（MS），再将各处理均方（MSA 和 MSB）分别除以误差均方（MSE），即得到用于检验因子 A 和因子 B 主效应的统计量 F_A 和 F_B。

只考虑主效应的双因子方差分析表如表 8－9 所示。

表 8-9　只考虑主效应的双因子方差分析表

误差来源（source）	平方和（SS）	自由度（df）	均方（MS）	检验统计量（F）
因子 A 的处理效应	SSA	$I-1$	$MSA=\dfrac{SSA}{I-1}$	$F_A=\dfrac{MSA}{MSE}$
因子 B 的处理效应	SSB	$J-1$	$MSB=\dfrac{SSB}{J-1}$	$F_B=\dfrac{MSB}{MSE}$
误差	SSE	$IJK-I-J+1$	$MSE=\dfrac{SSE}{IJK-I-J+1}$	
总效应	SST	$IJK-1$		

说明：如果两个因子的每种处理组合只测得一个观测值，即 $K=1$，则误差平方和 MSE 的自由度为：$df=IJ-I-J+1=(I-1)(J-1)$。总平方和 SST 的自由度为 $IJ-1$。

例 8-5

假定在例 8-1 中，除了考虑品种对产量的影响外，还考虑施肥方式对产量的影响。假定有甲、乙两种施肥方式，这样 3 个小麦品种和 2 种施肥方式的搭配共有 $3\times 2=6$ 种组合。如果选择 30 个地块进行实验，则每一种搭配可以做 5 次实验，也就是每个品种（处理）的样本量为 5，即相当于每个品种（处理）重复做了 5 次实验。实验取得的数据如表 8-10 所示。

表 8-10　小麦品种和施肥方式的实验数据

施肥方式	品种 1	品种 2	品种 3
甲	81	71	76
	82	72	79
	79	72	77
	81	66	76
	78	72	78
乙	89	77	89
	92	81	87
	87	77	84
	85	73	87
	86	79	87

检验小麦品种和施肥方式对产量的影响是否显著（$\alpha=0.05$）。

解：设小麦品种为因子 A，施肥方式为因子 B。由于不考虑交互效应，因此采用式（8.12）：

$$y_{ijk}=\mu+\alpha_i+\beta_j+\varepsilon_{ijk},\quad i=1,2,3;j=1,2;k=1,2,3,4,5$$

式中，y_{ijk} 表示第 i 个品种和第 j 个施肥方式组合的第 k 个观测值，比如，$y_{123}=87$ 是品种 1 和施肥方式乙组合的第 3 个观测值；μ 表示不考虑“品种”和“施肥方式”

两个因子影响时产量总的平均值，它是模型的常数项（截距）；α_i 表示品种为 i（$i=1$，2，3）时对产量的附加效应，即品种为 i 时对平均产量的影响值，α_i 对应的就是品种的处理误差；β_j 表示施肥方式为 j（$j=1$，2）时对产量的附加效应，即施肥方式为 j 时对平均产量的影响值，β_j 对应的就是施肥方式的处理误差；ε_{ijk} 表示第 i 个品种和第 j 个施肥方式组合中的第 k（$k=1$，2，3，4，5）个观测值的随机误差。

设品种对产量的附加效应分别为 α_1（品种 1），α_2（品种 2）和 α_3（品种 3）；施肥方式对产量的附加效应分别为 β_1（施肥方式甲），β_2（施肥方式乙）。检验小麦品种效应的假设为：

$H_0:\alpha_1=\alpha_2=\alpha_3=0$（品种对产量的影响不显著）

$H_1:\alpha_1,\alpha_2,\alpha_3$ 至少有一个不等于 0（品种对产量的影响显著）

检验施肥方式效应的假设为：

$H_0:\beta_1=\beta_2=0$（施肥方式对产量的影响不显著）

$H_1:\beta_1,\beta_2$ 中至少一个不等于 0（施肥方式对产量的影响显著）

下面的文本框中给出了利用 SPSS 进行方差分析的操作步骤。

将表 8-10 的数据转化为长格式，并另存为【例 8-5】

第 1 步：选择【数据】→【重组】→【将选定变量重组为个案】。点击【下一步】。

第 2 步：在弹出的对话框【您希望重组多少个变量组?】中选择【一个】。点击【下一步】。

第 3 步：在弹出的对话框中，将各品种选入【目标变量】，并将目标变量名称改为“产量”，在【使用个案号】下选择【无】。点击【下一步】。

第 4 步：在弹出的对话框【您希望创建多少个索引变量?】中选择【一个】。点击【下一步】。

第 5 步：在弹出的对话框【索引值是什么类型?】下选择【变量名】，将【名称】下的“索引 1”改为“品种”。点击【完成】（结果如表 8-11 所示）。

只考虑主效应的双因子方差分析

第 1 步：选择【分析】→【一般线性模型—单变量】，进入主对话框。

第 2 步：将因变量（本例为“产量”）选入【因变量】，将自变量（本例为“品种”和“施肥方式”）选入【固定因子】。

第 3 步：点击【模型】，并点击【设定】；将因子 A 和因子 B 分别选入【模型】；在【建模项】下选择【主效应】。点击【继续】回到主对话框。单击【确定】。

（注：如需要均值图，点击【绘制】，将“因子 A”选入【水平轴】，将“因子 B”

选入【单图】，在【图】下点击【增加】；若需要进行多重比较，点击【两两比较】，将“因子 A”和“因子 B”分别选入【两两比较检验】，在【假定方差齐性】下选择一种方法，如 LSD；若需要相关统计量、对方差齐性进行检验、对模型的参数进行估计，点击【选项】，将“因子 A”和“因子 B”分别选入【显示均值】；在【输出】下选中【描述统计】、【方差齐性检验】、【参数估计】、【残差图】等；若需要预测值，点击【保存】，并在【预测值】下选中【未标准化】。）

考虑交互主效应的双因子方差分析

分析交互效应时，只需对上述第 3 步略加修改即可。点击【模型】，并点击【设定】；先将“因子 A”和“因子 B”分别选入【模型】，再将二者同时选入，此时在【模型】下出现“因子 A * 因子 B”；在【建模项】下选择【交互】。

为了用 SPSS 进行方差分析，需要将表 8-10 中的数据组织成表 8-11 的形式。

表 8-11　小麦品种和施肥方式的实验数据

	施肥方式	品种	产量
1	甲	品种1	81
2	甲	品种2	71
3	甲	品种3	76
4	甲	品种1	82
5	甲	品种2	72
6	甲	品种3	79
7	甲	品种1	79
8	甲	品种2	72
9	甲	品种3	77
10	甲	品种1	81
11	甲	品种2	66
12	甲	品种3	76
13	甲	品种1	78
14	甲	品种2	72
15	甲	品种3	78
16	乙	品种1	89
17	乙	品种2	77
18	乙	品种3	89
19	乙	品种1	92
20	乙	品种2	81
21	乙	品种3	87
22	乙	品种1	87
23	乙	品种2	77
24	乙	品种3	84
25	乙	品种1	85
26	乙	品种2	73
27	乙	品种3	87
28	乙	品种1	86
29	乙	品种2	79
30	乙	品种3	87

由 SPSS 输出的分析结果如表 8－12 至表 8－16 所示。

表 8－12 中给出了品种和施肥方式组合的描述统计量，包括平均产量、标准差和样本量。

表 8－12　　例 8－5 的描述统计量

因变量:产量

品种	施肥方式	均值	标准 偏差	N
品种1	甲	80.20	1.643	5
	乙	87.80	2.775	5
	总计	84.00	4.546	10
品种2	甲	70.60	2.608	5
	乙	77.40	2.966	5
	总计	74.00	4.447	10
品种3	甲	77.20	1.304	5
	乙	86.80	1.789	5
	总计	82.00	5.270	10
总计	甲	76.00	4.520	15
	乙	84.00	5.398	15
	总计	80.00	6.363	30

表 8－13 是方差齐性检验表。由于显著性水平 Sig. 为 0.567，小于 $\alpha=0.05$，表明该数据满足方差齐性。

表 8－13　　例 8－5 的方差齐性检验

因变量:产量

F	df1	df2	Sig.
.790	5	24	.567

检验零假设，即在所有组中因变量的误差方差均相等。

a. 设计：截距 + 品种 + 施肥方式

表 8－14 给出了品种和施肥方式效应检验的详细结果。

表 8－14　　例 8－5 的各效应检验

因变量:产量

源	III 型平方和	df	均方	F	Sig.
校正模型	1040.000[a]	3	346.667	67.264	.000
截距	192000.000	1	192000.000	37253.731	.000
品种	560.000	2	280.000	54.328	.000
施肥方式	480.000	1	480.000	93.134	.000
误差	134.000	26	5.154		
总计	193174.000	30			
校正的总计	1174.000	29			

a. R 方 = .886（调整 R 方 = .873）

表 8－14 中的第一行校正模型是对所使用的方差分析模型的检验。其原假设是：模型中的所有因子（品种和施肥方式）对因变量（产量）无显著影响，即 $\alpha_i=0$（$i=1, 2, 3$）和 $\beta_j=0$（$j=1, 2$）。由于显著性水平 Sig. 接近 0，表明该模型是显著的。

第二行截距是模型的常数项。其检验的原假设是 $\mu=0$，即不考虑品种和施肥方式的影响时，产量的平均值为 0。虽然检验结果拒绝了原假设，但由于截距在实际分析中没有意义，因此可忽略不计。

第三行和第四行是对品种和施肥方式因子效应的检验。由于两个因子检验的显著性水平均接近 0，因此拒绝原假设，表明品种和施肥方式对产量均有显著影响。在表的下方还给出了模型的多重判定系数 R^2 和调整后的 R_a^2，它度量了两个因子（自变量）对因变量的联合效应①，其平方根 R 则反映了这两个因子合起来与因变量之间的关系强度。R^2 的计算公式为：

$$R^2=\frac{\text{因子 A 效应}+\text{因子 B 效应}}{\text{总效应}}=\frac{SSA+SSB}{SST} \tag{8.13}$$

本例中，$R^2=\frac{SSA+SSB}{SST}=\frac{560+480}{1\,174}=0.886=88.6\%$，表明品种和施肥方式两个因子合起来总共解释了产量误差的 88.6%，其他因子只解释了产量误差的 11.4%。而 $R=0.941\,2$，表明品种和施肥方式两个因子合起来与产量之间有较强的关系。

表 8－15 给出了所用的方差分析模型的参数估计结果。

表 8－15　例 8－5 方差分析模型的参数估计

因变量:产量

参数	B	标准 误差	t	Sig.	95% 置信区间 下限	95% 置信区间 上限
截距	86.000	.829	103.744	.000	84.296	87.704
[品种=品种1]	2.000	1.015	1.970	.060	-.087	4.087
[品种=品种2]	-8.000	1.015	-7.880	.000	-10.087	-5.913
[品种=品种3]	0[a]	.	.	.	.	.
[施肥方式=甲]	-8.000	.829	-9.651	.000	-9.704	-6.296
[施肥方式=乙]	0[a]	.	.	.	.	.

a. 此参数为冗余参数，将被设为零。

表 8－15 中的截距是模型 $y_{ijk}=\mu+\alpha_i+\beta_j+\varepsilon_{ijk}$ 中的截距 μ，它表示不考虑“品种”和“施肥方式”的影响时产量的平均值为 86kg。下面分别是对品种的影响效应 α_i 和施肥方式的影响效应 β_j 的估计（有条件的估计）。由于 3 个品种共有 3 个参数，在估计模型的参数时，将最后一个水平（本例为品种 3）作为参照水平，这相当于强迫 $\alpha_3=0$，而另外两个参数（品种 1 和品种 2）的估计值实际上是与参照水平相比较的结果。比如，品种 1 的参数 $\alpha_1=2$，表示品种 1 对产量的附加效应；施肥方式的参数 $\beta_1=-8$，表示施肥方式甲对产量的附加效应；等等。由于检验的显著性水平（Sig.）均接近 0，表明因子的各个处理对产量均有显著影响。

① 类似于多元回归中的多重判定系数。

表 8－16 是对小麦品种各因子水平的多重比较结果（由于施肥方式只有甲、乙两种处理，因此无须多重比较）。

表 8－16　　例 8－5 的多重比较（品种因子）

产量
LSD

(I) 品种	(J) 品种	均值差值 (I-J)	标准 误差	Sig.	95% 置信区间	
					下限	上限
品种1	品种2	10.00*	1.015	.000	7.91	12.09
	品种3	2.00	1.015	.060	-.09	4.09
品种2	品种1	-10.00*	1.015	.000	-12.09	-7.91
	品种3	-8.00*	1.015	.000	-10.09	-5.91
品种3	品种1	-2.00	1.015	.060	-4.09	.09
	品种2	8.00*	1.015	.000	5.91	10.09

基于观测到的均值。
误差项为均值方 (错误) = 5.154。

*. 均值差值在 .05 级别上较显著。

从表 8－16 中的显著性水平可以看出，品种 1 与品种 2 之间、品种 2 与品种 3 之间均有显著差异，而品种 1 与品种 3 之间无显著差异。

图 8－4（a）和图 8－4（b）分别给出了“品种”和“施肥方式”的边际均值图。

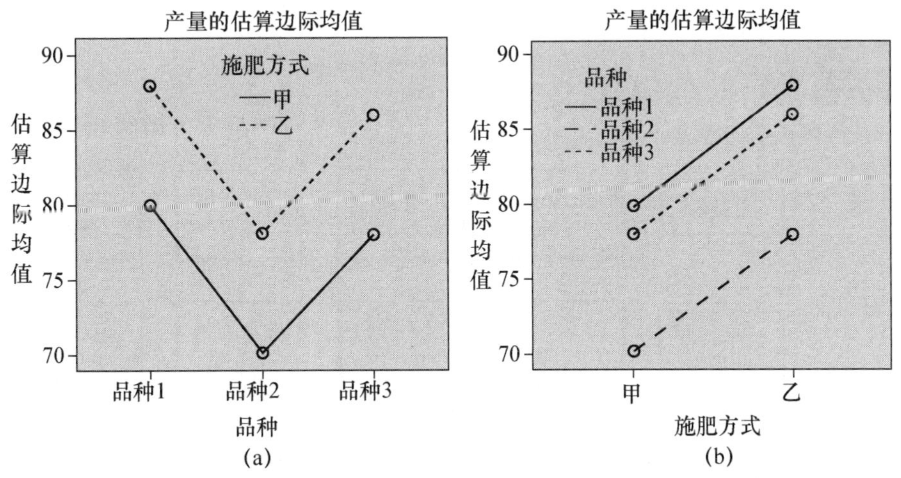

图 8－4　品种和施肥方式的产量边际均值图（只考虑主效应）

图 8－4（a）的横坐标是小麦品种的 3 个处理，纵坐标是产量的估算边际均值（实际上就是样本均值）。两条线分别表示不同施肥方式的产量情况。图 8－4（b）的横坐标是施肥方式的两个处理，纵坐标是产量的估算边际均值。3 条线分别表示不同品种的处理情况。

由于本例使用的是只考虑主效应的方差分析模型，因此图中的各条折线是平行的。因为当两个因子间无交互效应时，一个因子各处理间均值的差异不会随另一个因子处理的变化而变化；如果各条线明显不平行或之间有交叉，则意味着两个因子的各处理间可能存在交互效应。

8.3.3 交互效应分析

如果除了考虑小麦品种和施肥方式两个因子的主效应之外，还考虑两个因子搭配对产量产生的交互作用①，则方差分析的模型为式（8.11）。

对于因子 A 的 I 种处理和因子 B 的 J 种处理，要检验因子 A 的效应、因子 B 的效应、两个因子的交互效应，也就是检验下面的假设：

检验因子 A 的假设：

H_0：$\alpha_i=0(i=1,2,\cdots,I)$（因子 A 的处理效应不显著）
H_1：α_i 至少有一个不等于 0（因子 A 的处理效应显著）

检验因子 B 的假设：

H_0：$\beta_j=0(j=1,2,\cdots,J)$（因子 B 的处理效应不显著）
H_1：β_j 至少有一个不等于 0（因子 B 的处理效应显著）

检验交互效应的假设：

H_0：$\gamma_{ij}=0$（交互效应不显著）
H_1：γ_{ij} 至少有一个不等于 0（交互效应显著）

检验上述假设时，与式（8.11）对应的总误差分解过程可用图 8－5 来表示。

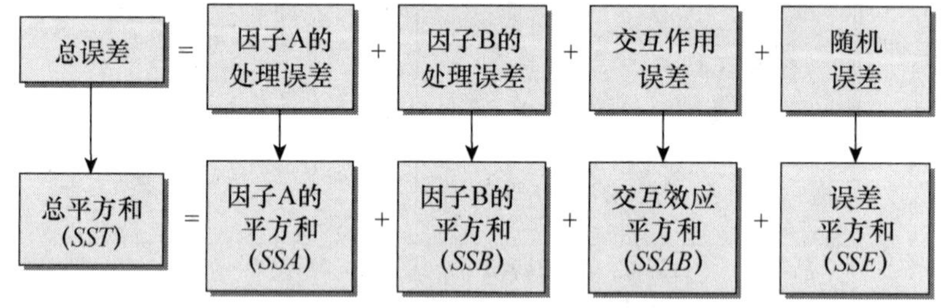

图 8－5 考虑交互效应的误差分解

根据上述误差分解原理，可以构建用于检验的统计量 F_A，F_B，F_{AB}。其原理与只考虑主效应的双因子方差分析类似，其分析过程可用表 8－17 给出的方差分析表来表示。

① 如果每种因子的组合只有一个观测值，则无法分析交互作用（例 8－5 的数据中，品种与施肥方式的每个组合有 5 个观测值）。

表 8-17 考虑主效应及交互效应的双因子方差分析表

误差来源 (source)	平方和 (SS)	自由度 (df)	均方 (MS)	检验统计量 (F)
因子 A 的处理效应	SSA	$I-1$	$MSA=\frac{SSA}{I-1}$	$F_A=\frac{MSA}{MSE}$
因子 B 的处理效应	SSB	$J-1$	$MSB=\frac{SSB}{J-1}$	$F_B=\frac{MSB}{MSE}$
A，B 的交互效应	$SSAB$	$(I-1)(J-1)$	$MSAB=\frac{SSAB}{(I-1)(J-1)}$	$F_{AB}=\frac{MSAB}{MSE}$
误差	SSE	$IJ(K-1)$	$MSE=\frac{SSE}{IJ(K-1)}$	
总效应	SST	$IJK-1$		

例 8-6

沿用例 8-5。检验小麦品种、施肥方式及其交互效应对产量的影响是否显著 ($\alpha=0.05$)。

解：由于考虑交互作用，因此采用式 (8.11)：

$$y_{ijk}=\mu+\alpha_i+\beta_j+\gamma_{ij}+\varepsilon_{ijk}, \quad i=1,2,3;j=1,2;k=1,2,3,4,5$$

式中，y_{ijk} 表示第 i 个品种和第 j 个施肥方式组合的第 k 个观测值；μ 表示不考虑“品种”、“施肥方式”和“交互效应”影响时产量总的平均值，它是模型的常数项（截距）；α_i 表示品种为 i（$i=1, 2, 3$）时对产量的附加效应，即品种为 i 时对平均产量的影响值；β_j 表示施肥方式为 j（$j=1, 2$）时对产量的附加效应，即施肥方式为 j 时对平均产量的影响值；γ_{ij} 表示小麦品种为 i 和施肥方式为 j 时对产量的交互效应；ε_{ijk} 表示第 i 个小麦品种和第 j 个施肥方式组合中的第 k（$k=1, 2, 3, 4, 5$）个观测值的随机误差。

设品种对产量的附加效应分别为 α_1（品种 1），α_2（品种 2）和 α_3（品种 3）；施肥方式对产量的附加效应分别为 β_1（施肥方式甲），β_2（施肥方式乙）；交互效应为 γ_{ij}。

检验品种效应的假设为：

$H_0:\alpha_1=\alpha_2=\alpha_3=0$（品种对产量的影响不显著）

$H_1:\alpha_1,\alpha_2,\alpha_3$ 至少有一个不等于 0（品种对产量的影响显著）

检验施肥方式效应的假设为：

$H_0:\beta_1=\beta_2=0$（施肥方式对产量的影响不显著）

$H_1:\beta_1,\beta_2$ 至少有一个不等于 0（施肥方式对产量的影响显著）

检验交互效应的假设：

$H_0:\gamma_{ij}=0(i=1,2,3;j=1,2)$（交互效应不显著）

$H_1:\gamma_{ij}$ 至少有一个不等于 0（交互效应显著）

使用 SPSS 输出的部分结果如表 8-18 和表 8-19 所示。

表 8-18　　品种与施肥方式搭配的产量均值

因变量:产量

品种	施肥方式	均值	标准 误差	95% 置信区间	
				下限	上限
品种1	甲	80.200	1.015	78.105	82.295
	乙	87.800	1.015	85.705	89.895
品种2	甲	70.600	1.015	68.505	72.695
	乙	77.400	1.015	75.305	79.495
品种3	甲	77.200	1.015	75.105	79.295
	乙	86.800	1.015	84.705	88.895

表 8-19　　例 8-6 的各效应检验

因变量:产量

源	III 型平方和	df	均方	F	Sig.
校正模型	1050.400[a]	5	210.080	40.792	.000
截距	192000.000	1	192000.000	37281.553	.000
品种	560.000	2	280.000	54.369	.000
施肥方式	480.000	1	480.000	93.204	.000
品种 * 施肥方式	10.400	2	5.200	1.010	.379
误差	123.600	24	5.150		
总计	193174.000	30			
校正的总计	1174.000	29			

a. R 方 = .895（调整 R 方 = .873）

从表 8-19 可以看出，品种和施肥方式检验的显著性水平均小于 0.05，表明两个因子对产量的影响均显著，而二者搭配的交互效应的显著性水平为 0.379，大于 0.05，表明交互效应对产量的影响不显著。

图 8-6（a）和图 8-6（b）分别给出了以小麦品种为横轴、以施肥方式为横轴时产量的均值图。从图中可以清楚地看出，各条线之间虽然不平行，但也没有明显的交叉，同样表明交互效应不显著。

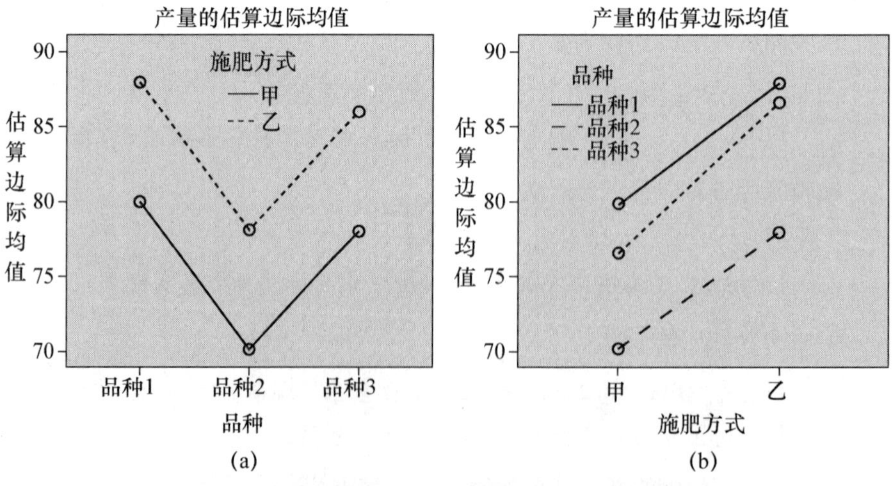

图 8-6　品种和施肥方式的产量均值图（考虑交互效应）

需要注意的是，有两个实验因子时，考虑交互效应的方差分析与分别对两个因子做单因子方差分析是不同的。两个单因子方差分析实际上是假定两个因子间不存在交互效应，当两个因子间存在交互效应时可能会得出错误结论。因此，当有两个因子时，应首先考虑使用有交互效应的方差分析模型，当交互效应不显著时，再考虑使用只考虑主效应的方差分析模型，或者考虑使用两个因子的单因子方差分析模型。

8.4　方差分析的假定及其检验

在方差分析模型中，我们假定误差项 ε 是期望值为 0、方差相等的正态独立随机变量，即要求具有正态性、方差齐性和独立性，这些假定实际上也是对因变量 y 的假定。在做方差分析之前，应首先对这些假定进行检验，考察数据是否适合做方差分析。

8.4.1　正态性检验

正态性（normality）假定要求每个处理所对应的总体都应服从正态分布，即对于任意一个处理，其观测值是来自正态分布总体的简单随机样本。例如，在例 8－1 中，要求每个品种的产量必须服从正态分布。检验正态性的方法有图示法和检验法。

1. 图示法

检验正态性的方法之一是绘制因变量的正态概率图。当每个处理的样本量足够大时，可以对每个样本绘制正态概率图来检查每个处理对应的总体是否服从正态分布。但是，当每个处理的样本量比较小时，正态概率图中的点很少，提供的正态性信息很有限。这时，可以将每个处理的样本数据合并后绘制正态概率图来检验正态性。图 8－7 就是根据例 8－1 的数据绘制的每个品种的正态概率图，图 8－8 则是将三个品种的产量数据合并后绘制的正态概率图。

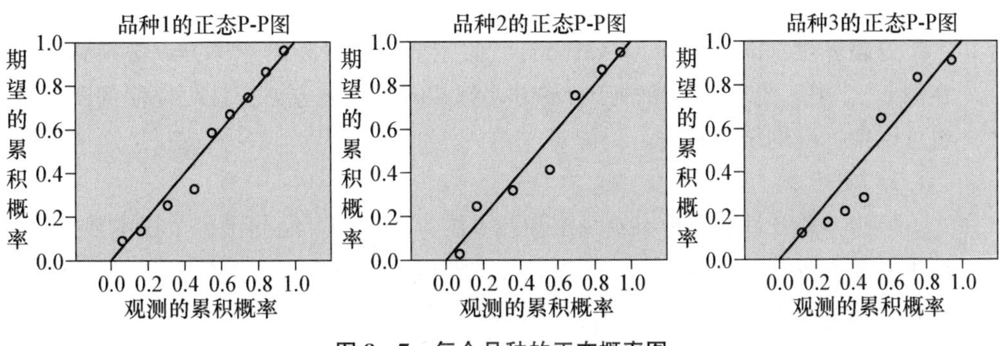

图 8－7　每个品种的正态概率图

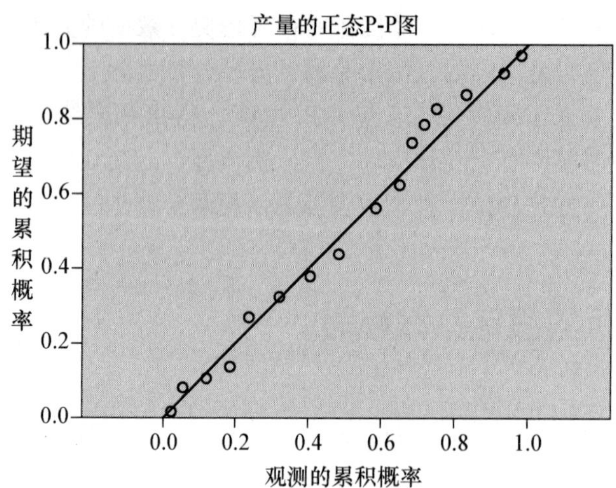

图 8－8 3 个品种数据合并后的正态概率图

由于图 8－7 对每个品种绘制的正态概率图只有 10 个数据点，很难提供正态性的证据。而从三个品种的产量数据合并后绘制的概率图（见图 8－8）可以看出，小麦产量基本上服从正态分布。

2. 检验法

当样本量较小时，正态概率图的应用就会受到很大限制，这时可以使用标准的统计检验。如 Shapiro-Wilk 检验、Kolmogorov-Smirnov（K-S）检验等，均可以做正态性检验。这些检验的原假设是因变量服从正态分布。如果检验获得的 P 值小于指定的显著性水平，则拒绝原假设，表明总体不服从正态分布；如果 P 值较大不能拒绝原假设，可以认为总体满足正态分布。由于这些检验对正态性的轻微偏离是敏感的，检验往往会导致拒绝原假设。方差分析对正态性的要求相对比较宽松，当正态性略微不满足时，对分析结果的影响不是很大，但实际中仍应谨慎使用。这些检验超出了本书的范围，有兴趣的读者可以参阅专业的统计书籍。

8.4.2 方差齐性检验

方差齐性（homogeneity variance）假定要求各处理的总体方差必须相等。例如，在例 8－1 中，要求各个品种产量的方差都相同。检验方差齐性可以使用图示的方法，也可以使标准的统计检验。

1. 图示法

检验方差齐性的图形有箱线图和残差图等。比如，绘制出每个样本数据的箱线图观察各样本数据的离散程度，如果各样本箱线图的离散程度大体上相等，那么等方差的假定就可能满足。图 8－9 是例 8－1 中 3 个品种产量的箱线图。

从图 8－9 以看出，3 个品种的产量均没有离群点，离散程度也没有很大的差异。这表明 3 个品种的产量可能满足等方差的要求。

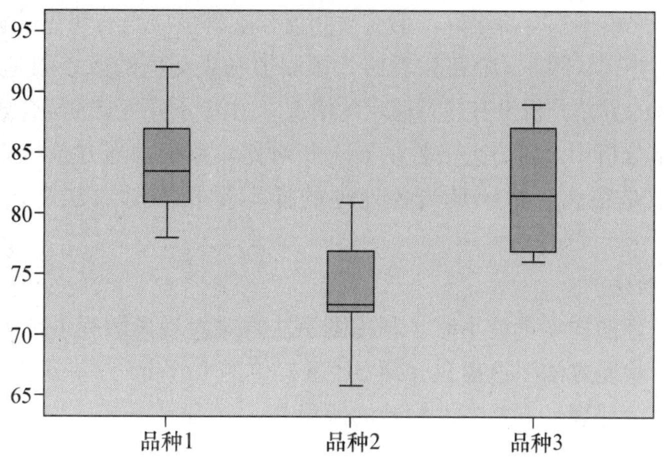

图 8-9　3 个品种产量的箱线图

检验方差齐性的另一种图示方法是绘制残差图。残差是实际观测值与预测值的差值，残差除以残差的标准差称为标准化残差。残差图的横坐标是预测值，即每个样本的均值，纵坐标是残差或标准化残差。图 8-10 是例 8-2 方差分析的残差图。

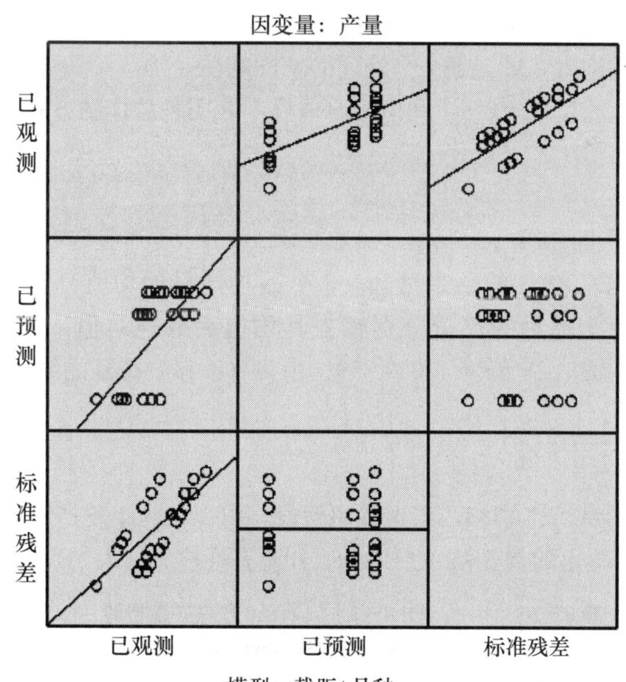

图 8-10　例 8-2 方差分析的残差图

从图 8-10 可以看出，预测值与标准化残差的残差图中，3 个品种的残差都没有离群点，预测值和标准化残差的散点图随机分布在一个水平带之内，而且其离散程度也基本上一样，这表明满足方差齐性的假定。此外，该图也可以用于评价方差分析模型的拟合效果。如果模型拟合得很好，那么预测值和观测值应当有明显的相关关系，呈现出较强的线性趋势。从图 8－10 可以看出，预测值和观测值的散点图具有明显的线性关系，这表明本例的方差分析没有违背假定的情况，方差分析模型的拟合效果很好。

在方差分析中，对方差齐性的要求相对比较宽松，当方差略有不齐时，对分析结果的影响不是很大。特别是当各处理的样本量相同时，方差分析对不等方差是稳健的。

2. 检验法

当各处理的样本量较小时，利用图示法很难发现离散程度的差异，这时可以使用标准的统计检验方法。这里只介绍 SPSS 提供的 Levene 方差齐性检验方法。

对于 I 个处理，方差齐性检验的假设是：

$H_0: \sigma_1^2=\sigma_2^2=\cdots=\sigma_I^2$

H_1：至少两个方差不同

Levene 方差齐性检验简称 **Levene 检验**（Levene's test）。该检验的统计量为：

$$F=\frac{MSA}{MSE}\sim F(I-1, n-I) \tag{8.14}$$

式中，MSA 和 MSE 是对因变量实施 $y'_i=|y_i-\bar{y}_i|$ 的变换后进行方差分析得到的处理均方和残差均方，$\bar{y}_i$ 是第 i 个处理的 y 的均值。

如果 $F>F_\alpha$，或 $P<\alpha$，则拒绝原假设，表明各总体的方差不相等。

 **例 8－7**

沿用例 8－2。用 Levene 方差齐性检验方法检验小麦产量是否满足方差齐性（$\alpha=0.05$）。

解： 根据表 8－3 的结果可知，3 个品种产量的均值分别为：$\bar{y}_1=84$，$\bar{y}_2=74$，$\bar{y}_3=82$。对每个品种的产量分别减去其均值后取绝对值，再进行方差分析，得到 $MSA=4.133\,333$，$MSE=4.059\,259$。由式（8.14）得到的统计量为：

$$F=\frac{4.133\,333}{4.059\,259}=1.018\,248$$

相应的 $P=0.374\,683$，不拒绝原假设，可以认为小麦产量满足方差齐性。

由 SPSS 输出的例 8－2 的 Levene 方差齐性检验结果如表 8－20 所示。

表 8－20　　例 8－2 的 Levene 方差齐性检验

误差方差等同性的 Levene 检验[a]

因变量:产量

F	df1	df2	Sig.
1.018	2	27	.375

检验零假设，即在所有组中因变量的误差方差均相等。

a. 设计 : 截距 + 品种

由于 P=0.375，不拒绝原假设，可以认为各个品种的产量满足方差齐性。

除正态性和方差齐性的假定外，方差分析中还有一个重要的假定，即**独立性**（independence）。该假定要求每个样本数据来自不同处理的独立样本。比如，在例 8－1 中，3 个品种的产量数据来自不同品种的 3 个独立样本。方差分析对独立性的要求比较严格，若该假设得不到满足，方差分析的结果往往会受到较大影响。独立性可在实验设计之前予以确定，不需要检验。因为在获取数据之前，对于实验的安排是否独立，研究者是清楚的。

□ 本章图解：方差分析过程

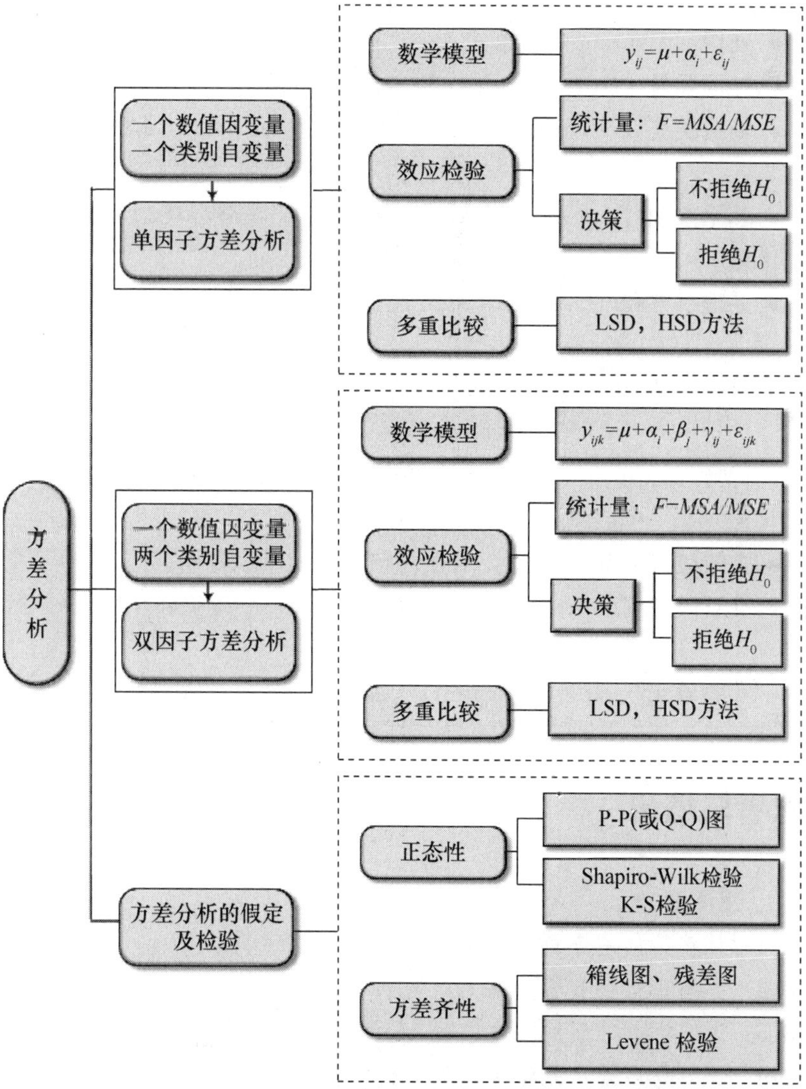

- 方差分析
  - 一个数值因变量 一个类别自变量 → 单因子方差分析
    - 数学模型：$y_{ij}=\mu+\alpha_i+\varepsilon_{ij}$
    - 效应检验
      - 统计量：$F=MSA/MSE$
      - 决策：不拒绝H_0；拒绝H_0
    - 多重比较：LSD，HSD方法
  - 一个数值因变量 两个类别自变量 → 双因子方差分析
    - 数学模型：$y_{ijk}=\mu+\alpha_i+\beta_j+\gamma_{ij}+\varepsilon_{ijk}$
    - 效应检验
      - 统计量：F-MSA/MSE
      - 决策：不拒绝H_0；拒绝H_0
    - 多重比较：LSD，HSD方法
  - 方差分析的假定及检验
    - 正态性：P-P(或Q-Q)图；Shapiro-Wilk检验 K-S检验
    - 方差齐性：箱线图、残差图；Levene 检验

□ 主要术语

- **方差分析**（analysis of variance，ANOVA）：分析类别自变量对数值因变量影响的一种统计方法。
- **单因子方差分析**（one-way analysis of variance）：研究一个类别自变量对数值因变量影响的方差分析。
- **双因子方差分析**（two-way analysis of variance）：研究两个类别自变量对数值因变量影响的方差分析。
- **因子**（factor）：实验的对象，类别自变量的另一种称谓。
- **处理**（treatment）：也称水平，因子的不同取值。
- **处理误差**（treatment error）：因子的不同处理造成的观测数据的误差。
- **随机误差**（random error）：简称为**误差**（error），由随机因素造成的观测数据的误差。
- **总平方和**（sum of squares for total）：反映全部观测数据总误差大小的平方和，记为 SST。
- **处理平方和**（treatment sum of squares）：反映处理误差大小的平方和，记为 SSA。
- **误差平方和**（sum of squares of error）：反映随机误差大小的平方和，记为 SSE。
- **均方**（mean square）：也称**方差**（variance），平方和除以相应的自由度的结果，记为 MS。
- **主效应**（main effect）：因子对因变量的单独影响。
- **交互效应**（interaction）：一个因子和另一个因子联合产生的对因变量的附加效应。
- **实验单元**（experiment unit）：接受处理的对象或实体。

□ 思考与练习

一、思考题

8.1　什么是方差分析？它研究的是什么？

8.2　方差分析中有哪些基本假定？

8.3　说明误差分解的基本原理。

8.4　解释总误差、处理误差和随机误差的含义。

8.5 多重比较的LSD方法和HSD方法有何不同?

8.6 解释主效应和交互效应。

8.7 对两个因子分别做单因子方差分析与做双因子方差分析有何区别?

二、练习题

8.1 一家牛奶公司有4台机器装填牛奶，每桶的容量为4升。下面是从4台机器中抽取的装填量样本数据:

机器1	机器2	机器3	机器4
4.05	3.99	3.97	4.00
4.01	4.02	3.98	4.02
4.02	4.01	3.97	3.99
4.04	3.99	3.95	4.01
	4.00	4.00	
	4.00		

(1) 取显著性水平$\alpha=0.01$，检验不同机器对装填量是否有显著影响。

(2) 分别采用LSD方法和HSD方法比较哪些机器的填装量之间存在差异。

(3) 对该方差分析的正态性和方差齐性进行评估。

8.2 一家管理咨询公司为不同的客户提供人力资源管理讲座。每次讲座的内容基本上一样，但听讲座的有时是高层管理者，有时是中层管理者，有时是基层管理者。该咨询公司认为，不同层次的管理者对讲座的满意度是不同的。随机抽取的听完讲座后不同层次管理者的满意度评分如下(评分标准为1～10，10代表非常满意):

高层管理者	中层管理者	基层管理者
7	8	5
7	9	6
8	8	5
7	10	7
9	9	4
	10	8
	8	

取显著性水平$\alpha=0.05$，检验管理者的水平不同是否会导致评分的显著差异。

8.3 某家电制造公司准备购进一批5#电池，现有A，B，C三个电池生产企业愿意供货，为比较它们生产的电池质量，从每个企业随机抽取5只电池，经实验得到其寿命数据(单位:小时)如下:

实验号	电池生产企业		
	A	B	C
1	50	32	45
2	50	28	42
3	43	30	38
4	40	34	48
5	39	26	40

分析三个企业生产的电池的平均寿命之间有无显著差异（α=0.05）。如果有差异，用 HSD 方法检验哪些企业之间有差异。

8.4　某企业准备用 3 种方法组装一种新的产品，为确定哪种方法每小时生产的产品数量最多，随机抽取了 30 名工人，并指定每名工人使用其中的一种方法。通过对每名工人生产的产品数进行方差分析得到下面的结果：

方差分析表

差异源	*SS*	*df*	*MS*	*F*	*P*-value
处理			210		0.245 946
误差	3 836			—	—
总计		29	—	—	—

（1）完成上面的方差分析表。

（2）若显著性水平 α=0.05，检验用 3 种方法组装的产品数量之间是否有显著差异。

8.5　有 5 种不同品种的种子和 4 种不同的施肥方案。在 20 块相同面积的土地上分别采用 5 种种子和 4 种施肥方案搭配进行实验，取得的收获量数据如下表所示。

品种	施肥方案			
	1	2	3	4
1	12.0	9.5	10.4	9.7
2	13.7	11.5	12.4	9.6
3	14.3	12.3	11.4	11.1
4	14.2	14.0	12.5	12.0
5	13.0	14.0	13.1	11.4

检验种子的不同品种和施肥方案对收获量的影响是否显著（α=0.05）。

8.6　城市道路交通管理部门为研究不同的路段和不同的时间段对行车时间的影响，让一名交通警察分别在 3 个路段和高峰期与非高峰期亲自驾车进行实验，共获得 30 个行车时间数据（单位：分钟），具体如下表所示。

		路段		
		路段 1	路段 2	路段 3
时段	高峰期	36.5	28.1	32.4
		34.1	29.9	33.0
		37.2	32.2	36.2
		35.6	31.5	35.5
		38.0	30.1	35.1
	非高峰期	30.6	27.6	31.8
		27.9	24.3	28.0
		32.4	22.0	26.7
		31.8	25.4	29.3
		27.3	21.7	25.6

试分析路段、时段以及路段和时段的交互作用对行车时间的影响（$\alpha=0.05$）。

8.7　为检验广告媒体和广告方案对产品销售量的影响，一家营销公司做了测试，考察三种广告方案和两种广告媒体，获得的销售量数据如下：

		广告媒体	
		报纸	电视
广告方案	A	8	12
		12	8
	B	22	26
		14	30
	C	10	18
		18	14

检验广告方案、广告媒体及其交互作用对销售量的影响是否显著（$\alpha=0.05$）。

第 9 章 一元线性回归

Chapter 9

问题与思考：GDP 与消费水平有关系吗?

国内生产总值（GDP）是按当年市场价格计算的一个国家或地区所有常住单位在一定时期内生产活动的最终成果。GDP 反映了一个国家或地区的经济活动总量，是衡量经济发展水平的一个重要指标。对于一个地区来说，生产总值也称为 GDFP 或地区 GDP。下面是我国 31 个地区 2011 年的 GDP 和居民消费水平数据（部分）。

地区	地区生产总值（亿元）	居民消费水平（元）
北京市	16 251.93	27 760
天津市	11 307.28	20 624
河北省	24 515.76	9 551
山西省	11 237.55	9 746
内蒙古自治区	14 359.88	13 264
辽宁省	22 226.70	15 635

续前表

地区	地区生产总值（亿元）	居民消费水平（元）
吉林省	10 568.83	10 811
黑龙江省	12 582.00	10 634
上海市	19 195.69	35 439
江苏省	49 110.27	17 167
浙江省	32 318.85	21 346
安徽省	15 300.65	10 055
……	……	……

你认为 GDP 与居民消费水平有关系吗？根据上面的数据，怎样判断 GDP 与居民消费水平之间是否有关系呢？如果有，又是什么样的关系？二者之间的关系强度如何？能否利用它们之间的关系建立一个模型，用 GDP 来预测居民消费水平？本章的内容将回答这些问题。

研究某些实际问题时往往涉及多个变量。在这些变量中，有一个变量是研究中特别关注的，称为因变量，其他变量则可看成是影响这一变量的因素，称为自变量。假定因变量与自变量之间有某种关系，如果能用适当的数学模型把这种关系表达出来，就可以利用这一模型根据给定的自变量来预测因变量，这就是回归要解决的问题。在回归分析中，只涉及一个自变量时称为一元回归，涉及多个自变量时则称为多元回归。如果因变量与自变量之间是线性关系，则称为**线性回归**（linear regression）；如果因变量与自变量之间是非线性关系，则称为**非线性回归**（nonlinear regression）。

9.1　变量间的关系

建立回归模型时，首先需要弄清楚变量之间的关系，然后依据变量间的关系建立适当的模型。分析变量之间的关系需要解决下面的问题：（1）变量之间是否存在关系？（2）如果存在，它们之间是什么样的关系？（3）变量之间的关系强度如何？（4）样本所反映的变量之间的关系能否代表总体变量之间的关系？

9.1.1　确定变量之间的关系

身高与体重有关系吗？一个人的收入水平同他的受教育程度有关系吗？产品的销售额与广告支出有关系吗？如果有，是什么样的关系？怎样度量它们之间关系的强度？

从统计角度看，变量之间的关系大体上可分为两种类型，即函数关系和相关关系。函数关系是人们比较熟悉的。设有两个变量 x 和 y，变量 y 随变量 x 变化，并完全依赖于 x，如果当 x 取某个值时，y 依确定的关系取相应的值，则称 y 是 x 的函数，记为 $y=f(x)$。

在实际中，有些变量间的关系并不像函数关系那么简单。例如，家庭收入与家庭支出这两个变量之间就不存在完全确定的关系。也就是说，收入水平相同的家庭，他们的支出往往不同，而支出相同的家庭，他们的收入水平也可能不同。这意味着家庭支出并不能完全由家庭收入一个因素确定，还受消费水平、银行利率等其他因素的影响。正是由于影响一个变量的因素有多个，才造成了它们之间关系的不确定性。变量之间这种不确定的关系称为**相关关系**（correlation）。

相关关系的特点是：一个变量的取值不能由另一个变量唯一确定，当变量 x 取某个值时，变量 y 的取值可能有多个，或者说，当 x 取某个固定的值时，y 的取值对应着一个分布。

比如，身高（x）与体重（y）的关系就属于相关关系。一般来说，身材较高的人，其体重也比较重。但实际情况并不完全是这样，因为体重并不完全由身高一个因素决定，还受饮食习惯等其他许多因素的影响。这意味着身高相同的人，体重的取值可能有多个，即身高取某个值时，体重的取值却对应着一个分布。

又比如，产品的销售收入（x）与广告支出（y）的关系也是相关关系。销售收入相同的企业，它们的广告支出可能不同，而广告支出相同的企业，它们的销售收入也可能不同。因为销售收入虽然与广告支出有关系，但它并不是由广告支出一个因素决定的，还受产品的产量、需求量、销售价格等诸多因素的影响。因此，当广告支出取某个值时，销售收入的取值却对应着一个分布。

9.1.2 相关关系的描述

描述相关关系的一个常用工具是**散点图**（scatter diagram）。对于两个变量 x 和 y，散点图是在二维坐标中画出它们的 n 对数据点（x_i，y_i），并通过 n 个点的分布、形状等判断两个变量之间有没有关系、有什么样的关系及大体的关系强度等。图 9－1 就是不同形态的散点图。

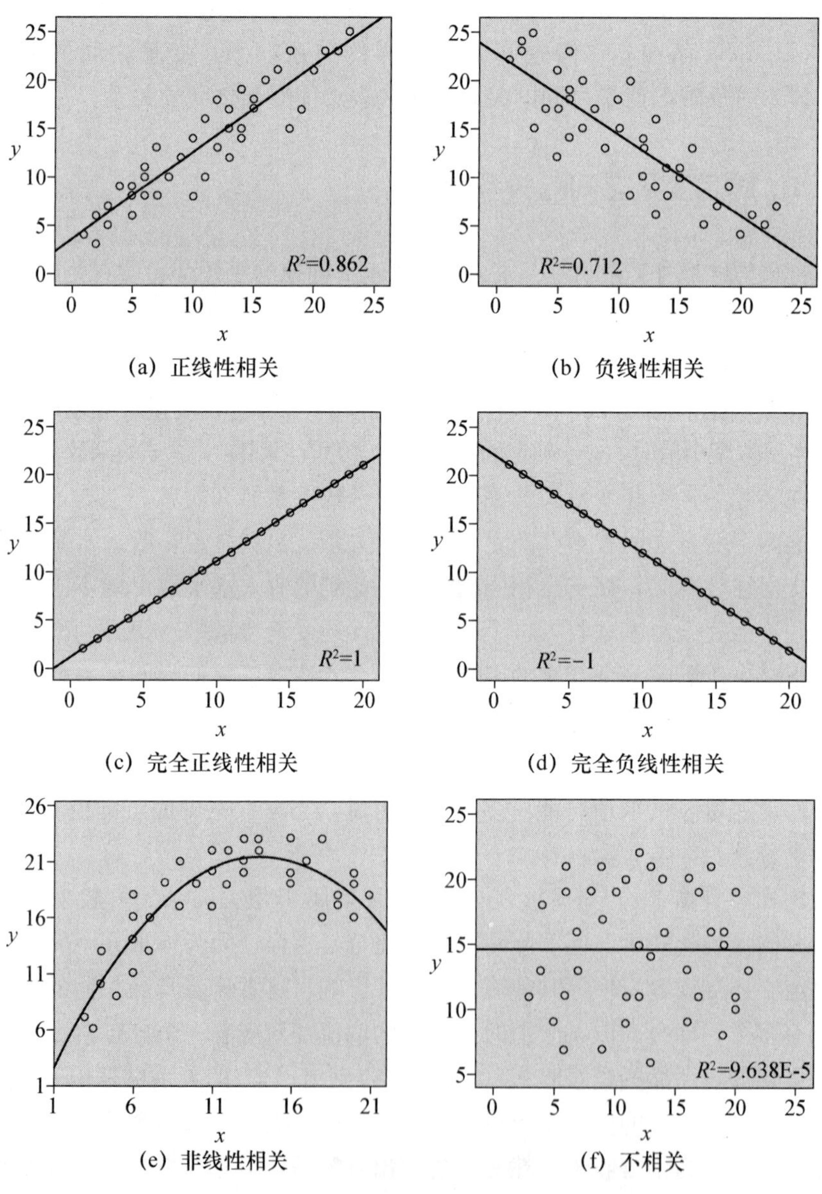

(a) 正线性相关　(b) 负线性相关
(c) 完全正线性相关　(d) 完全负线性相关
(e) 非线性相关　(f) 不相关

图 9－1　不同形态的散点图

从图 9－1 可以看出，图（a）和图（b）是典型的线性相关关系形态，两个变量的观测点分布在一条直线周围。图（a）表明一个变量的数值增加，另一个变量的数值也随之增加，因而称为正线性相关。图（b）表明一个变量的数值增加，另一个变量的数值却随之减少，因而称为负线性相关。图（c）和图（d）表明两个变量的观测点完全落在直线上，称为完全线性相关（这实际上就是函数关系），其中图（c）表示的称为完全正线性相关，图（d）表示的称为完全负线性相关。图（e）表明两个变量之间是非线性关系。图（f）中观测点很分散，无任何规律，表示变量之间没有相关关系。

例 9－1

为研究销售收入与广告支出之间的关系，随机抽取 20 家医药生产企业，得到它们的销售收入和广告支出的数据，如表 9－1 所示。

表 9－1　**20 家医药生产企业的销售收入和广告支出**　单位：万元

	企业编号	销售收入y	广告支出x
1	1	4597.5	338.6
2	2	6611.0	811.0
3	3	7349.3	723.5
4	4	5525.7	514.0
5	5	4675.9	426.4
6	6	4418.6	426.3
7	7	5845.4	679.0
8	8	7313.0	847.3
9	9	5035.4	470.9
10	10	4322.6	393.8
11	11	6389.5	701.0
12	12	4152.2	294.0
13	13	5544.8	442.6
14	14	6095.1	635.0
15	15	3626.2	260.5
16	16	3745.4	305.0
17	17	5121.8	624.7
18	18	5674.5	600.0
19	19	4256.6	299.6
20	20	5803.7	646.0

绘制散点图描述销售收入与广告支出之间的关系。

解：销售收入与广告支出的散点图如图 9－2 所示。

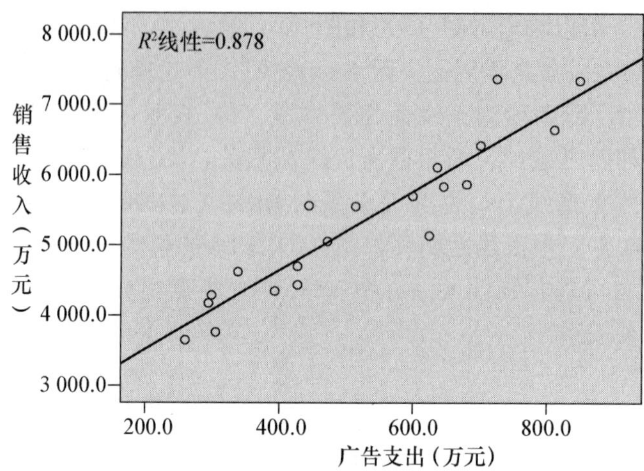

图 9－2　销售收入与广告支出的散点图

从散点图可以看出，随着广告支出的增加，销售收入也增加，二者的数据点分布在一条直线的周围，因此二者之间具有正的线性相关关系。

9.1.3　关系强度的度量

利用散点图可以判断两个变量之间有无相关关系，并对关系形态做出大致描述，但要准确度量变量间的关系强度，则需要计算相关系数。

1. 相关系数

相关系数（correlation coefficient）是度量两个变量之间线性关系强度的统计量。样本相关系数记为 r，计算公式为：

$$r=\frac{\sum(x-\bar{x})(y-\bar{y})}{\sqrt{\sum(x-\bar{x})^2\cdot\sum(y-\bar{y})^2}} \tag{9.1}$$

按式（9.1）计算的相关系数也称为 **Pearson 相关系数**[①]（Pearson's correlation coefficient）。

计算相关系数时，假定两个变量之间是线性关系，两个变量都是随机变量，且服从一个联合的双变量正态分布。[②] 此外，样本数据中不应有极端值，否则会对相关系数的值有较大影响。相关系数 r 具有如下性质。

（1）r 的取值范围在 -1 和 $+1$ 之间，即 $-1\leqslant r\leqslant 1$。$r>0$，表明 x 与 y 之间存在正线性相关关系；$r<0$，表明 x 与 y 之间存在负线性相关关系；$|r|=1$，表明 x 与 y

① 相关和回归的概念是 1877—1888 年由弗朗西斯·高尔顿（Francis Galton）提出的。但真正使其理论系统化的是卡尔·皮尔逊（Karl Pearson），为纪念他的贡献，将相关系数也称为 Pearson 相关系数。

② 注意：并不是简单地要求两个变量各自服从正态分布。

之间为完全相关关系（实际上就是函数关系），其中，$r=+1$ 表示 x 与 y 之间完全正线性相关，$r=-1$ 表示 x 与 y 之间完全负线性相关；$r=0$，表明 x 与 y 之间不存在线性相关关系。

（2）r 具有对称性。x 与 y 之间的相关系数 r_{xy} 和 y 与 x 之间的相关系数 r_{yx} 相等，即 $r_{xy}=r_{yx}$。

（3）r 数值的大小与 x 和 y 的原点及尺度无关。改变 x 和 y 的数据原点或计量尺度，并不改变 r 数值的大小。比如，将 x 加上 5，y 除以 2 后计算的 r 数值与根据 x 和 y 计算的 r 数值相同。

（4）r 仅仅是 x 与 y 之间线性关系的一个度量，它不能用于描述非线性关系。这意味着，$r=0$ 只表示两个变量之间不存在线性相关关系，并不表明变量之间没有任何关系，比如它们之间可能存在非线性关系。当变量之间的非线性相关程度较强时，就可能会导致 $r=0$。因此，当 $r=0$ 或很小时，不能轻易得出两个变量之间没有关系的结论，而应结合散点图做出合理的解释。

（5）r 虽然是两个变量之间线性关系的一个度量，但不意味着 x 与 y 一定有因果关系。

了解相关系数的性质有助于对其实际意义的解释。但根据实际数据计算出的 r，取值一般在 $-1\sim1$ 之间。$|r|\to1$ 说明两个变量之间的线性关系强；$|r|\to0$ 说明两个变量之间的线性关系弱。对于一个具体的 r 取值，根据经验可将相关程度分为以下几种情况：当 $|r|\geqslant0.8$ 时，可视为高度相关；当 $0.5\leqslant|r|<0.8$ 时，可视为中度相关；当 $0.3\leqslant|r|<0.5$ 时，可视为低度相关；当 $|r|<0.3$ 时，说明两个变量之间的相关程度极弱，可视为不相关。但这种解释必须建立在对相关系数的显著性进行检验的基础上。

2. 相关系数的检验

一般情况下，总体相关系数 ρ 是未知的，通常将样本相关系数 r 作为 ρ 的近似估计值。但由于 r 是根据样本数据计算出来的，它受到样本波动的影响，抽取的样本不同，r 的取值也就不同，因此 r 是一个随机变量。能否根据样本相关系数说明总体的相关程度呢？这需要考察样本相关系数的可靠性，也就是进行显著性检验。

相关系数的显著性检验通常采用费希尔提出的 t 检验，该检验可以用于小样本，也可以用于大样本。检验的具体步骤如下：

第 1 步：提出假设：

$$H_0:\rho=0\text{（总体两个变量的线性关系不显著）}$$
$$H_1:\rho\neq0\text{（总体两个变量的线性关系显著）}$$

第 2 步：计算检验的统计量：

$$t=\frac{r\sqrt{n-2}}{\sqrt{1-r^2}}\sim t(n-2) \tag{9.2}$$

第 3 步：进行决策。求出统计量的 P 值，如果 $P<\alpha$，拒绝 H_0，表明总体的两个变量之间存在显著的线性关系。

例 9－2

沿用例 9－1。计算销售收入与广告支出之间的相关系数，并检验相关系数的显著性（$\alpha=0.05$）。

解：下面的文本框中给出了利用 SPSS 进行相关分析的操作步骤。

计算相关系数并进行检验

第 1 步：选择【分析】→【相关—双变量】，进入主对话框。

第 2 步：将各变量选入【变量】。点击【确定】。

由 SPSS 给出的相关分析结果如表 9－2 所示。

表 9－2　　例 9－1 的相关系数及其检验

相关性

		销售收入	广告支出
销售收入	Pearson 相关性	1	.937**
	显著性（双侧）		.000
	N	20	20
广告支出	Pearson 相关性	.937**	1
	显著性（双侧）	.000	
	N	20	20

**. 在 .01 水平（双侧）上显著相关。

从表 9－2 可以看出，销售收入与广告支出的相关系数为 0.937，双尾检验的显著性（P 值）接近 0（实际值为 1.16E－9），r 在 0.01 的显著性水平下显著，表明销售收入与广告支出之间存在显著的线性关系。

9.2　一元线性回归模型的估计和检验

回归分析（regression analysis）重点考察一个特定的变量（因变量），而把其他变量（自变量）看作影响这一变量的因素，并通过适当的数学模型将变量间的关系表达出来，进而通过一个或几个自变量的取值来预测因变量的取值。回归建模的大体思路如下：

第 1 步：确定变量间的关系。

第 2 步：确定因变量和自变量，并建立变量间的关系模型。

第 3 步：对模型进行评估和检验。

第 4 步：利用回归方程进行预测。

第 5 步：利用预测的残差分析模型的假定。

9.2.1　一元线性回归模型

1. 回归模型

进行回归分析时，首先需要确定因变量和自变量。**因变量**（dependent variable）是被预测或被解释的变量，用 y 表示。**自变量**（independent variable）是用来预测或解释因变量的一个或多个变量，用 x 表示。例如，在分析广告支出对销售收入的影响时，目的是要预测一定广告支出条件下的销售收入是多少，因此，销售收入是被预测的变量，称为因变量，而用来预测销售收入的广告支出就是自变量。

当回归中只涉及一个自变量时称为一元回归，若 y 与 x 之间为线性关系则称为一元线性回归。对于具有线性关系的两个变量，可以用一个线性方程来表示它们之间的关系。描述因变量 y 如何依赖于自变量 x 和误差项 ε 的方程称为**回归模型**（regression model）。一元线性回归模型可表示为：

$$y=\beta_0+\beta_1 x+\varepsilon \tag{9.3}$$

式中，β_0 和 β_1 称为模型的参数。

由式（9.3）可以看出，在一元线性回归模型中，y 是 x 的线性函数（$\beta_0+\beta_1 x$ 部分）加上误差项 ε。$\beta_0+\beta_1 x$ 反映了由于 x 的变化而引起的 y 的线性变化；ε 是称为误差项的随机变量，它是除 x 以外的其他随机因素对 y 的影响，是不能由 x 和 y 之间的线性关系所解释的 y 的变异。

建立一元线性回归模型时，首先假定因变量 y 与自变量 x 之间存在线性关系，而且自变量 x 的取值是事先给定的（即假定 x 是非随机的），y 则是随机变量。这意味着，对于任何一个给定的 x 值，y 的取值都对应着一个分布，因此，$E(y)=\beta_0+\beta_1 x$ 代表一条直线。但由于单个数据点是从 y 的分布中抽出来的，可能不在这条直线上，因此，必须包含一个误差项 ε 来描述模型的数据点。对于误差项 ε，需要做出以下假定：

（1）正态性。ε 是一个服从正态分布的随机变量，且期望值为 0，即 $E(\varepsilon)=0$。这意味着在式（9.3）中，由于 β_0 和 β_1 都是常数，因而有 $E(\beta_0)=\beta_0$，$E(\beta_1)=\beta_1$。因此对于一个给定的 x 值，y 的期望值为 $E(y)=\beta_0+\beta_1 x$。这一假定实际上等于假定模型的形式为一条直线。

（2）方差齐性。对于所有的 x 值，ε 的方差 σ^2 都相同。这意味着对于一个特定的 x 值，y 的方差也都等于 σ^2。

（3）独立性。对于一个特定的 x 值，它所对应的 ε 与其他 x 值所对应的 ε 不相关。因此，对于一个特定的 x 值，它所对应的 y 值与其他 x 所对应的 y 值也不相关。

这表明，在 x 取某个给定值的情况下，y 的变化由误差项 ε 的方差 σ^2 来决定。当 σ^2 较小时，y 的观测值非常靠近直线；当 σ^2 较大时，y 的观测值将偏离直线。而且对于任何一个给定的 x 值，y 都服从期望值为 $E(y)=\beta_0+\beta_1 x$，方差为 σ^2 的正态分布，且对于不同的 x 具有相同的方差。

2. 估计的回归方程

回归模型中的参数 β_0 和 β_1 是未知的，需要利用样本数据去估计。当用样本统计量 $\hat{\beta}_0$ 和 $\hat{\beta}_1$ 去估计模型中的参数 β_0 和 β_1 时，就得到了**估计的回归方程**（estimated regression equation），它是根据样本数据求出的回归方程的估计。对于一元线性回归，估计的回归方程为：

$$\hat{y}=\hat{\beta}_0+\hat{\beta}_1 x \tag{9.4}$$

式中，$\hat{\beta}_0$ 是估计的回归直线在 y 轴上的截距；$\hat{\beta}_1$ 是直线的斜率，也称为**回归系数**（regression coefficient），它表示 x 每改变一个单位时 y 的平均改变量。

9.2.2 参数的最小二乘估计

对于 x 和 y 的 n 对观测值，用于描述其关系的直线有多条，究竟用哪条直线来代表两个变量之间的关系呢？我们自然会想到用距离各观测点最近的那条直线来代表 x 与 y 之间的关系，它与实际数据的误差比其他任何直线都小。德国科学家高斯提出用最小化图（见图 9－3）中垂直方向的离差平方和来估计参数 β_0 和 β_1，据此确定参数的方法称为**最小二乘法**或**最小平方法**（method of least squares），它基于使因变量的观测值 y_i 与估计值 $\hat{y}_i$ 之间的离差平均和达到最小的原理来估计 β_0 和 β_1，因此也称为参数的**最小二乘估计**（least squares estimation）。最小二乘法的思想可用图 9－3 表示。

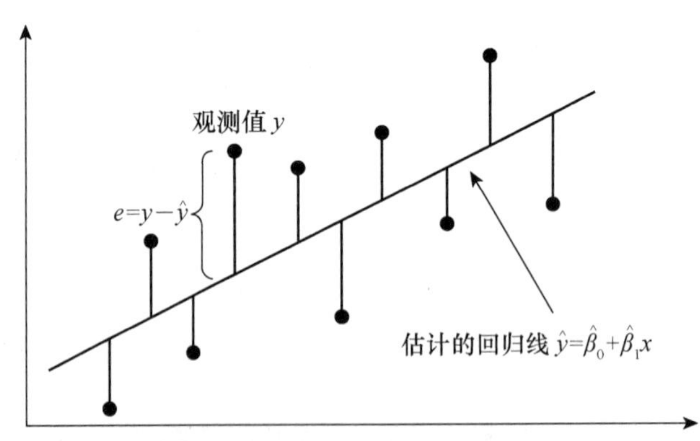

图 9－3 最小二乘法的示意图

用最小二乘法拟合的直线具有一些优良的性质。首先，根据最小二乘法得到的回归直线能使离差平方和达到最小，虽然这并不能保证它就是拟合数据的最佳直线①，但这毕竟是一条与数据拟合良好的直线应有的性质。其次，由最小二乘法得到的回归直线可知 β_0 和 β_1 的估计量的抽样分布，并且在一定条件下，β_0 和 β_1 的最小二乘估计量具有性质 $E(\hat{\beta}_0)=\beta_0$，$E(\hat{\beta}_1)=\beta_1$，而且同其他估计量相比，其抽样分布具有较小的标准差。正是基于上述性质，最小二乘法广泛应用于回归模型参数的估计。

根据最小二乘法，有

$$\sum(y_i-\hat{y}_i)^2=\sum(y_i-\hat{\beta}_0-\hat{\beta}_1x_i)^2=\min \tag{9.5}$$

令 $Q=\sum(y_i-\hat{y}_i)^2$，在给定样本数据后，Q 是 $\hat{\beta}_0$ 和 $\hat{\beta}_1$ 的函数，且最小值总存在。根据微积分的极值定理，对 Q 求相应于 $\hat{\beta}_0$ 和 $\hat{\beta}_1$ 的偏导数，并令其等于 0，便可求出 $\hat{\beta}_0$ 和 $\hat{\beta}_1$，即

$$\begin{cases}\dfrac{\partial Q}{\partial\beta_0}\Big|_{\beta_0=\hat{\beta}_0}=-2\sum\limits_{i=1}^{n}(y_i-\hat{\beta}_0-\hat{\beta}_1x_i)=0\\ \dfrac{\partial Q}{\partial\beta_1}\Big|_{\beta_1=\hat{\beta}_1}=-2\sum\limits_{i=1}^{n}x_i(y_i-\hat{\beta}_0-\hat{\beta}_1x_i)=0\end{cases} \tag{9.6}$$

解上述方程组得

$$\begin{cases}\hat{\beta}_1=\dfrac{\sum(x_i-\bar{x})(y_i-\bar{y})}{\sum(x_i-\bar{x})^2}\\ \hat{\beta}_0=\bar{y}-\hat{\beta}_1\bar{x}\end{cases} \tag{9.7}$$

由式（9.7）可知，当 $x=\bar{x}$ 时，$\hat{y}=\bar{y}$，回归直线 $\hat{y}_i=\hat{\beta}_0+\hat{\beta}_1x_i$ 通过点$(\bar{x},\bar{y})$。

例 9-3

沿用例 9-1。求销售收入与广告支出的估计回归方程。

解：下面的文本框中给出了利用 SPSS 进行回归分析的操作步骤。

一元线性回归分析

第 1 步：选择【分析】→【回归—线性】，进入主对话框。

第 2 步：将因变量选入【因变量】，将自变量选入【自变量】。点击【确定】。

① 许多别的拟合直线也具有这种性质。

（注：(1) 需要回归参数的置信区间时，点击【统计量】，在【回归系数】下选中【置信区间】，在【置信水平】中选择所要求的置信水平（隐含值为95%，一般不用改变）。

(2) 需要预测时，点击【保存】。在【预测值】下选中【未标准化】（输出点预测值）；在【预测区间】下选中【均值】和【单个】（输出置信区间和预测区间）；在【置信水平】中选择所要求的置信水平（隐含值为95%，一般不用改变）。注意：如果需要预测样本值以外新的自变量取值时的因变量数值，则需要在回归之前将新的自变量取值输入自变量样本值的最下面单元格，然后再进行回归。

(3) 需要分析残差时，在【残差】下选中【未标准化】和【标准化】（输出残差和标准化残差）。

(4) 需要输出标准化残差的直方图和正态概率图时，点击【绘制】，在【标准化残差图】下选中【直方图】和【正态概率图】。）

由SPSS输出的回归结果如表9－3至表9－5所示。本章内容所涉及的一些结果将在后面陆续介绍。

表9－3给出了评估回归模型的一些主要统计量，包括相关系数（R）、判定系数（R方）、调整的判定系数（调整R方）、估计标准误差等。

表9－3　　评估模型的主要统计量

模型汇总[b]

模型	R	R方	调整R方	标准 估计的误差
1	.937[a]	.878	.871	393.9563

a. 预测变量：(常量)，广告支出。
b. 因变量：销售收入

表9－4给出的是回归模型的方差分析表，包括回归平方和、残差平方和、总平方和，以及相应的自由度（df），回归均方、残差均方、检验统计量（F）、*F*检验的显著性水平（Sig.）。方差分析表部分主要用于对回归模型的线性关系进行显著性检验。

表9－4　　模型的方差分析表

Anova[b]

模型		平方和	df	均方	F	Sig.
1	回归	20139303.85	1	20139303.85	129.762	.000[a]
	残差	2793628.827	18	155201.601		
	总计	22932932.67	19			

a. 预测变量：(常量)，广告支出。
b. 因变量：销售收入

表9－5是模型中参数估计和检验的有关内容，包括回归方程的常数项、非标准化回归系数、常数项和回归系数检验的统计量（t）及相应的显著性水平（Sig.），以

及回归系数 95%的置信区间等。

表 9-5 模型参数的估计和检验

系数[a]

模型		非标准化系数		标准系数	t	Sig.	B 的 95.0% 置信区间	
		B	标准 误差	试用版			下限	上限
1	(常量)	2343.892	274.483		8.539	.000	1767.225	2920.558
	广告支出	5.673	.498	.937	11.391	.000	4.627	6.720

a. 因变量: 销售收入。

由表 9-5 可知，销售收入与广告支出的估计方程为 $\hat{y}=2\,343.892+5.673x$。回归系数 $\hat{\beta}_1=5.673$ 表示，广告支出每变动（增加或减少）1 万元，销售收入平均变动（增加或减少）5.673 万元。截距 $\hat{\beta}_0=2\,343.892$ 表示广告支出为 0 时销售收入的平均值。不过，在回归分析中，对截距 $\hat{\beta}_0$ 通常不作实际意义上的解释，除非 x 取 0 有实际意义。

将 x_i 的各个取值代入上述估计方程，可以得到销售收入的各个估计值 $\hat{y}_i$。图 9-4 给出了散点图与回归直线的关系。

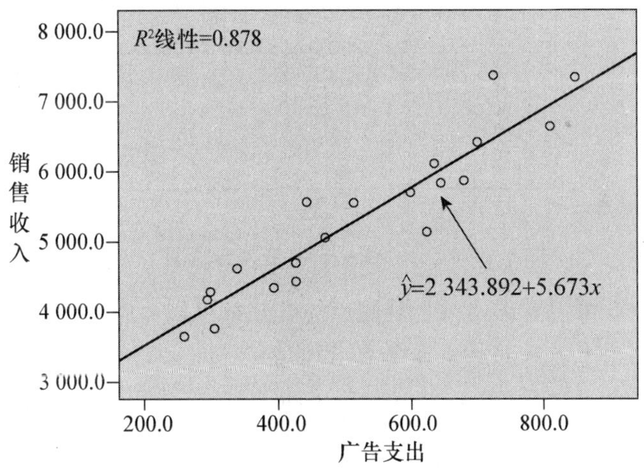

图 9-4 销售收入与广告支出的回归直线

9.2.3 模型的拟合优度

回归直线 $\hat{y}_i=\hat{\beta}_0+\hat{\beta}_1x_i$ 在一定程度上描述了变量 x 与 y 之间的关系，根据这一方程，可用自变量 x 的取值来预测因变量 y 的取值。但预测的精度将取决于回归直线对观测数据的拟合程度。可以想象，如果各观测数据的散点都落在这一直线上，那么这条直线就是对数据的完全拟合，直线充分代表了各个点，此时用 x 来估计 y 是没有误差的。各观测点越是紧密围绕直线，说明直线对观测数据的拟合程度越高，反之则越低。回归直线与各观测点的接近程度称为回归直线对数据的**拟合优度**（goodness of fit)。评价拟合优度的一个重要统计量就是**判定系数**（coefficient of determination），也称可决系数。

1. 判定系数

判定系数是对回归模型拟合优度的度量。为说明它的含义，需要考察因变量 y 取值的误差。

因变量 y 的取值是不同的，y 取值的这种波动称为变差。变差的产生源于两个方面：一是自变量 x 的取值不同；二是 x 以外的其他随机因素的影响。对一个具体的观测值来说，变差的大小可以用实际观测值 y 与其均值 $\bar{y}$ 之差（$y-\bar{y}$）来表示，如图 9-5 所示。而 n 次观测值的总变差可由这些离差的平方和来表示，称为**总平方和**（total sum of squares），记为 SST，即 $SST=\sum(y_i-\bar{y})^2$。

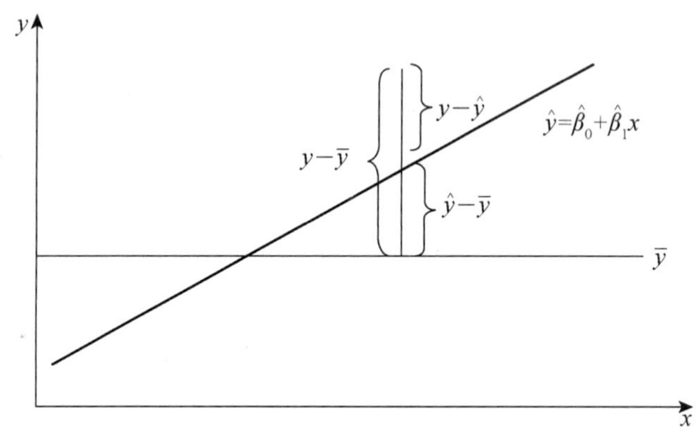

图 9-5 变差分解图

从图 9-5 可以看出，每个观测点的变差都可以分解为两部分：$y-\bar{y}=(y-\hat{y})+(\hat{y}-\bar{y})$，两边平方并对所有 n 个点求和，有

$$\sum(y_i-\bar{y})^2=\sum(y_i-\hat{y}_i)^2+\sum(\hat{y}_i-\bar{y})^2+2\sum(y_i-\hat{y}_i)(\hat{y}_i-\bar{y}) \tag{9.8}$$

可以证明，$\sum(y_i-\hat{y}_i)(\hat{y}_i-\bar{y})=0$，因此有

$$\sum(y_i-\bar{y})^2=\sum(y_i-\hat{y}_i)^2+\sum(\hat{y}_i-\bar{y})^2 \tag{9.9}$$

式（9.9）的左边称为总平方和（SST），它被分解为两部分。其中，$\sum(\hat{y}_i-\bar{y})^2$ 是回归值 $\hat{y}_i$ 与均值 $\bar{y}$ 的离差平方和，根据估计的回归方程，估计值 $\hat{y}_i=\hat{\beta}_0+\hat{\beta}_1x_i$，因此可以把（$\hat{y}_i-\bar{y}$）看作由于自变量 x 的变化引起的 y 的变化，其平方和 $\sum(\hat{y}_i-\bar{y}_i)^2$ 则反映了 y 的总变差中由于 x 的变动引起的 y 的变化部分，它是可以由回归直线来解释的 y_i 的变差部分，称为**回归平方和**（regression sum of squares），记为 SSR。另一部分 $\sum(y_i-\hat{y}_i)^2$ 是实际观测点与回归值的离差平方和，它是除了

x 对 y 的线性影响之外的其他随机因素对 y 的影响，是不能由回归直线来解释的 y_i 的变差部分，称为**残差平方和**（residual sum of squares），记为 SSE。三个平方和的关系为：

$$总平方和(SST) = 回归平方和(SSR) + 残差平方和(SSE) \tag{9.10}$$

从图 9-5 可以直观地看出，回归直线拟合得好坏取决于回归平方和占总平方和的比例即 SSR/SST 的大小。各观测点越靠近直线，SSR/SST 越大，直线拟合得越好。回归平方和占总平方和的比例称为判定系数或可决系数，记为 R^2，其计算公式为：

$$R^2 = \frac{SSR}{SST} = \frac{\sum(\hat{y}_i - \bar{y})^2}{\sum(y_i - \bar{y})^2} \tag{9.11}$$

判定系数 R^2 测度了回归直线对观测数据的拟合程度。若所有观测点都落在直线上，则残差平方和 $SSE=0$，$R^2=1$，拟合是完全的；如果 y 的变化与 x 无关，此时 $\hat{y}=\bar{y}$，则 $R^2=0$。可见 R^2 的取值范围是 $[0,1]$。R^2 越接近 1，回归直线的拟合程度就越高；R^2 越接近 0，回归直线的拟合程度就越低。

在一元线性回归中，相关系数 r 是判定系数的平方根。这一结论可以帮助人们进一步理解相关系数的含义。实际上，相关系数 r 也从另一个角度说明了回归直线的拟合优度。$|r|$ 越接近 1，表明回归直线对观测数据的拟合程度越高。但用 r 说明回归直线的拟合优度要慎重，因为 r 的值总是大于 R^2 的值（除非 $r=0$ 或 $|r|=1$）。比如，当 $r=0.5$ 时，表面上看似乎有一半的相关了，但 $R^2=0.25$，这表明自变量 x 只能解释因变量 y 总变差的 25%。$r=0.7$ 才能解释近一半的变差，$r<0.3$ 意味着只有很少一部分的变差可由回归直线来解释。

例如，表 9-3 给出的判定系数 $R^2=0.878=87.8\%$，其实际意义是：在销售收入取值的总变差中，有 87.8%可以由销售收入与广告支出之间的线性关系来解释，可见回归方程的拟合程度较高。

2. 估计标准误差

估计标准误差（standard error of estimate）是残差均方的平方根，即残差的标准差，用 s_e 来表示。其计算公式为：

$$s_e = \sqrt{\frac{\sum(y_i - \hat{y}_i)^2}{n-k-1}} = \sqrt{\frac{SSE}{n-k-1}} \tag{9.12}$$

式中，k 为自变量的个数，在一元线性回归中，$n-k-1=n-2$。

s_e 是度量各观测点在直线周围分散程度的一个统计量，它反映了实际观测值 y_i 与回归估计值 $\hat{y}_i$ 之间的差异程度。s_e 也是对误差项 ε 的标准差 σ 的估计，它可以看作在排除了 x 对 y 的线性影响后，y 随机波动大小的一个估计量。从实际意义看，s_e 反映了用估计的回归方程预测因变量 y 时产生的误差大小。各观测点越靠近直线，回归直线对各观测点的代表性就越强，s_e 就会越小，根据回归方程进行预测也就越准确；若各观测点全部落在直线上，则 $s_e=0$，此时用自变量来预测因变量是没有误差的。可见，s_e 从另一个角度说明了回归直线的拟合优度。

例如，表 9-3 给出的标准误差 $s_e=393.956\,3$。其实际意义是：用广告支出来预测销售收入时，平均的预测误差为 393.956 3 万元。

9.2.4 模型的显著性检验

在建立回归模型之前，已经假定 x 与 y 是线性关系，但这种假定是否成立，需要检验后才能确定。回归分析中的显著性检验主要包括线性关系检验和回归系数检验两个方面的内容。

1. 线性关系检验

线性关系检验简称为 F 检验，它用于检验自变量 x 和因变量 y 之间的线性关系是否显著，或者说，它们之间能否用一个线性模型 $y=\beta_0+\beta_1 x+\varepsilon$ 来表示。检验统计量的构造是以回归平方和（SSR）以及残差平方和（SSE）为基础的。将 SSR 除以其相应自由度（SSR 的自由度是自变量的个数 k，一元线性回归中自由度为 1）后的结果称为**回归均方**（mean square），记为 MSR；将 SSE 除以其相应自由度（SSE 的自由度为 $n-k-1$，一元线性回归中自由度为 $n-2$）后的结果称为残差均方，记为 MSE。如果原假设（H_0：$\beta_1=0$，两个变量之间的线性关系不显著）成立，则比值 MSR/MSE 的抽样分布服从分子自由度为 k、分母自由度为（$n-k-1$）的 F 分布，即

$$F=\frac{SSR/k}{SSE/(n-k-1)}=\frac{MSR}{MSE}\sim F(k,n-k-1) \tag{9.13}$$

当原假设 H_0：$\beta_1=0$ 成立时，MSR/MSE 的值应接近 1；当原假设不成立时，MSR/MSE 的值将变得无穷大。因此，较大的 MSR/MSE 值将导致拒绝 H_0，此时就可以断定 x 与 y 之间存在显著的线性关系。线性关系检验的具体步骤如下：

第 1 步：提出假设：

H_0:$\beta_1=0$（两个变量之间的线性关系不显著）

H_1:$\beta_1\neq 0$（两个变量之间的线性关系显著）

第 2 步：计算检验统计量 F。

第 3 步：做出决策。确定显著性水平 α，并根据分子自由度 $df_1=k$ 和分母自由度 $df_2=n-k-1$ 求出统计量的 P 值，若 $P<\alpha$，则拒绝 H_0，表明两个变量之间的线性关系显著。

例如，表 9-4 给出的检验统计量 $F=129.762$，显著性水平 Sig.（P 值）接近 0，因此拒绝 H_0，表明销售收入与广告支出之间的线性关系显著。

2. 回归系数的检验和推断

回归系数检验简称为 t 检验，它用于检验自变量对因变量的影响是否显著。在一元线性回归中，由于只有一个自变量，因此回归系数检验与线性关系检验是等价的。（在多元线性回归中这两种检验不再等价。）其检验假设为：

$H_0:\beta_1=0$（自变量对因变量的影响不显著）

$H_1:\beta_1\neq 0$（自变量对因变量的影响显著）

检验统计量的构造是以回归系数 β_1 的抽样分布为基础的。[①] 统计证明，$\hat{\beta}_1$ 服从正态分布，期望值为 $E(\hat{\beta}_1)=\beta_1$，标准差的估计量为：

$$s_{\hat{\beta}_1}=\frac{s_e}{\sqrt{\sum x_i^{?}-\frac{1}{n}\left(\sum x_i\right)^{?}}} \tag{9.14}$$

将回归系数标准化，就可以得到用于检验回归系数 β_1 的统计量 t。在原假设成立的条件下，$\hat{\beta}_1-\beta_1=\hat{\beta}_1$，因此检验统计量为：

$$t=\frac{\hat{\beta}_1}{s_{\hat{\beta}_1}}\sim t(n-2) \tag{9.15}$$

确定显著性水平 α，并根据自由度 $df=n-2$ 计算出统计量的 P 值，若 $P<\alpha$，则拒绝 H_0，表明 x 对 y 的影响显著。

例如，表 9-5 给出的检验统计量 $t=11.391$，显著性水平 Sig. 接近 0，拒绝 H_0，表明广告支出是影响销售收入的一个显著因素。

除可对回归系数进行检验外，还可对其进行估计。回归系数 β_1 在 $1-\alpha$ 置信水平下的置信区间为：

$$\hat{\beta}_1\pm t_{\alpha/2}(n-2)\frac{s_e}{\sqrt{\sum_{i=1}^{n}(x_i-\bar{x})^2}} \tag{9.16}$$

回归模型中的常数项 β_0 在 $1-\alpha$ 置信水平下的置信区间为：

$$\hat{\beta}_0\pm t_{\alpha/2}(n-2)s_e\sqrt{\frac{1}{n}+\frac{\bar{x}}{\sum_{i=1}^{n}(x_i-\bar{x})^2}} \tag{9.17}$$

例如，表 9-5 中给出的 β_1 的 95%的置信区间为（4.627，6.720），β_0 的 95%的置信区间为（1 767.225，2 920.558）。其中 β_1 的置信区间表示：广告支出每变动 1 万元，销售收入的平均变动量在 4.627 万～6.720 万元之间。

① 回归方程 $\hat{y}_i=\hat{\beta}_0+\hat{\beta}_1x_i$ 是根据样本数据计算的。抽取不同的样本，就会得出不同的估计方程。实际上，$\hat{\beta}_0$ 和 $\hat{\beta}_1$ 是根据最小二乘法得到的用于估计参数 β_0 和 β_1 的统计量，它们都是随机变量，也都有自己的分布。

9.3 利用回归方程进行预测

回归分析的主要目的之一是根据所建立的回归方程用给定的自变量来预测因变量。如果对于 x 的一个给定值 x_0，求出 y 的一个预测值 $\hat{y}_0$，就是点估计。在点估计的基础上，可以求出 y 的一个估计区间。估计区间有两种类型：平均值的置信区间和个别值的预测区间。

9.3.1 平均值的置信区间

平均值的置信区间（confidence interval）是对 x 的一个给定值 x_0，求出 y 的平均值的估计区间。比如，在例 9－1 中，根据销售收入与广告支出的估计回归方程 $\hat{y}=2\,343.892+5.673x$，求出广告支出为 600 万元时销售收入平均值的估计区间，这个区间就是置信区间。

设 x_0 为自变量 x 的一个给定值，$E(y_0)$ 为给定 x_0 时因变量 y 的期望值。当 $x=x_0$ 时，$\hat{y}_0=\hat{\beta}_0+\hat{\beta}_1x_0$ 就是 $E(y_0)$ 的点估计值。一般来说，不能期望点估计值 $\hat{y}_0$ 精确地等于 $E(y_0)$，因此要用 $\hat{y}_0$ 推断 $E(y_0)$ 的区间。根据参数估计的原理，y 的平均值的置信区间等于点估计值±估计误差，即 $\hat{y}_0\pm E$。E 是由所要求的置信水平的分位数值和点估计量 $\hat{y}_0$ 的标准误差构成的。用 $s_{\hat{y}_0}$ 表示 $\hat{y}_0$ 的标准差的估计量，统计证明，求 y 的平均值的置信区间时，$s_{\hat{y}_0}$ 的计算公式为：

$$s_{\hat{y}_0}=s_e\sqrt{\frac{1}{n}+\frac{(x_0-\bar{x})^2}{\sum_{i=1}^{n}(x_i-\bar{x})^2}} \tag{9.18}$$

因此，对于给定的 x_0，平均值 $E(y_0)$ 在 $1-\alpha$ 置信水平下的置信区间为：

$$\hat{y}_0\pm t_{\alpha/2}s_e\sqrt{\frac{1}{n}+\frac{(x_0-\bar{x})^2}{\sum_{i=1}^{n}(x_i-\bar{x})^2}} \tag{9.19}$$

当 $x_0=\bar{x}$ 时，$\hat{y}_0$ 的标准差的估计量最小，此时有 $s_{\hat{y}_0}=s_e\sqrt{1/n}$。也就是说，当 $x_0=\bar{x}$ 时，估计是最准确的。x_0 偏离 $\bar{x}$ 越远，y 的平均值的置信区间就越宽，估计的效果也就越差。

9.3.2 个别值的预测区间

个别值的预测区间（prediction interval）是对 x 的一个给定值 x_0，求出 y 的一个个别值的估计区间。比如，在例9-1中，如果不是想估计广告支出为600万元时销售收入平均值的区间，而只是想估计广告支出为600万元的那家企业（编号为18的企业）销售收入的区间，则这个区间就是个别值的预测区间。

与置信区间类似，y的个别值的预测区间等于点估计值±估计误差，即$\hat{y}_0 \pm E$。E是由所要求的置信水平的分位数值和点估计量$\hat{y}_0$的标准误差构成的。用s_{ind}表示估计y的一个个别值时$\hat{y}_0$的标准差的估计量，统计证明，s_{ind}的计算公式为：

$$s_{ind} = s_e \sqrt{1 + \frac{1}{n} + \frac{(x_0 - \bar{x})^2}{\sum_{i=1}^{n}(x_i - \bar{x})^2}} \tag{9.20}$$

因此，对于给定的x_0，y的一个个别值y_0在$1-\alpha$置信水平下的预测区间为：

$$\hat{y}_0 \pm t_{\alpha/2} s_e \sqrt{1 + \frac{1}{n} + \frac{(x_0 - \bar{x})^2}{\sum_{i=1}^{n}(x_i - \bar{x})^2}} \tag{9.21}$$

与式（9.18）相比，式（9.20）的根号内多了一个1。因此，即使是对同一个x_0，这两个区间的宽度也不一样，预测区间要比置信区间宽一些。这两个区间的示意图如图9-6所示。

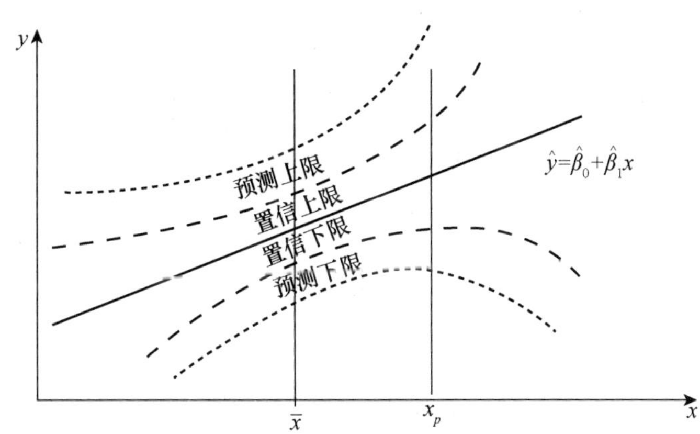

图9-6 置信区间和预测区间示意图

从图9-6可以看出，两个区间的宽度不太一样，y的个别值的预测区间要宽一些。二者的差别表明，估计y的平均值比预测y的一个个别值更准确一些。（请读者想一想为什么。）同样，当$x_0=\bar{x}$时，两个区间都是最准确的。

 **例9-4**

沿用例9-1。求20家企业销售收入的95%的置信区间和预测区间。

解：SPSS给出的95%的置信区间和预测区间如表9-6所示。

表 9-6　　20 家企业销售收入的 95%的置信区间和预测区间

	编号	销售收入	广告支出	PRE_1	RES_1	ZRE_1	LMCI_1	UMCI_1	LICI_1	UICI_1
1	1	4597.5	338.6	4264.9	332.58	.84	3998.3	4531.5	3395.4	5134.5
2	2	6611.0	811.0	6945.1	-334.07	-.85	6590.5	7299.6	6044.6	7845.5
3	3	7349.3	723.5	6448.6	900.66	2.29	6168.1	6729.2	5574.7	7322.6
4	4	5525.7	514.0	5260.0	265.65	.67	5074.8	5445.3	4411.9	6108.2
5	5	4675.9	426.4	4763.1	-87.15	-.22	4552.7	4973.4	3909.1	5617.0
6	6	4418.6	426.3	4762.5	-343.89	-.87	4552.1	4972.9	3908.5	5616.5
7	7	5845.4	679.0	6196.2	-350.77	-.89	5948.7	6443.7	5332.3	7060.1
8	8	7313.0	847.3	7151.0	161.99	.41	6763.5	7538.5	6237.1	8064.9
9	9	5035.4	470.9	5015.5	19.88	.05	4822.9	5208.2	4165.7	5865.3
10	10	4322.6	393.8	4578.1	-255.50	-.65	4349.5	4806.7	3719.5	5436.7
11	11	6389.5	701.0	6321.0	68.51	.17	6057.6	6584.3	5452.4	7189.5
12	12	4152.2	294.0	4011.9	140.31	.36	3710.0	4313.8	3130.9	4892.9
13	13	5544.8	442.6	4855.0	689.84	1.75	4652.1	5057.8	4002.8	5707.1
14	14	6095.1	635.0	5946.5	148.56	.38	5726.9	6166.2	5090.2	6802.9
15	15	3626.2	260.5	3821.8	-195.63	-.50	3491.5	4152.1	2930.7	4713.0
16	16	3745.4	305.0	4074.3	-328.90	-.83	3781.4	4367.2	3196.3	4952.3
17	17	5121.8	624.7	5888.1	-766.30	-1.95	5674.1	6102.1	5033.2	6743.0
18	18	5674.5	600.0	5748.0	-73.47	-.19	5545.7	5950.3	4895.9	6600.0
19	19	4256.6	299.6	4043.7	212.94	.54	3746.4	4341.0	3164.2	4923.1
20	20	5803.7	646.0	6008.9	-205.25	-.52	5782.9	6235.0	5151.0	6866.9

表 9-6 中的 PRE_1 是点估计（预测）值；LMCI_1 和 UMCI_1 表示平均值的置信区间（SPSS 称为均值的预测区间）的下限和上限；LICI_1 和 UICI_1 表示个别值的预测区间的下限和上限。从结果可以看出，预测区间要比置信区间宽一些。从图 9-7 可以更清楚地看出这一点。图中的点是销售收入与广告支出的散点，中间的实线是拟合的回归直线，其两侧的虚线是销售收入平均值的 95%的置信区间，最外面的两条虚线是销售收入个别值的 95%的预测区间。

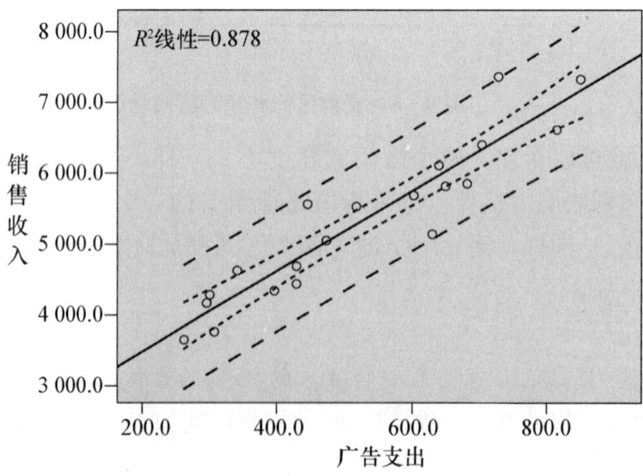

图 9-7　销售收入的置信区间和预测区间

9.4　用残差检验模型的假定

在回归模型 $y=\beta_0+\beta_1x+\varepsilon$ 中，假定 ε 是期望值为 0、方差相等且服从正态分布的一个独立随机变量。如果关于 ε 的假定不成立，那么，此时所做的检验以及预测也就站不住脚。确定有关 ε 的假定是否成立的方法之一就是进行**残差分析**（residual analysis）。

9.4.1　检验方差齐性

首先介绍残差的含义及对残差图的解读。**残差**（residual）是因变量的观测值 y_i 与根据估计的回归方程求出的预测值 $\hat{y}_i$ 之差，用 e 表示，它反映了用估计的回归方程预测 y_i 引起的误差。第 i 个观测值的残差可以写为：

$$e_i=y_i-\hat{y}_i \tag{9.22}$$

检验关于误差项 ε 的假定是否成立，可以通过分析残差图来完成。常用的残差图有关于 x 的残差图、标准化残差图等。关于 x 的残差图是用横轴表示自变量 x_i 的值，用纵轴表示对应的残差 e_i，每个 x_i 的值与对应的残差 e_i 用图中的一个点来表示。

为解读残差图，首先考察一下残差图的形态及其所反映的信息。图 9－8 给出了几种不同形态的残差图。

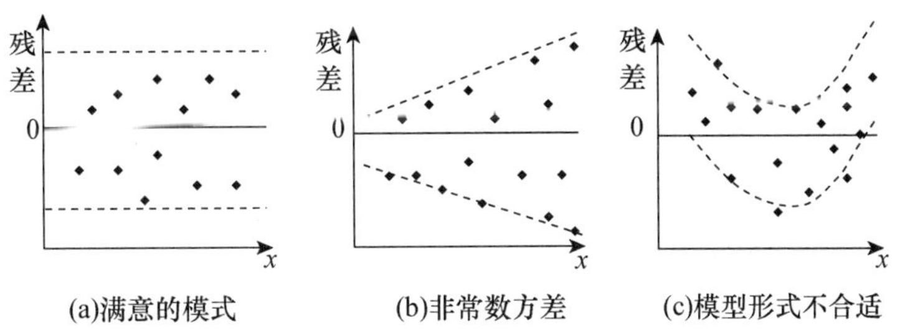

图 9－8　不同形态的残差图

若关于 ε 等方差的假定成立，而且假定描述变量 x 和 y 之间关系的回归模型合理，那么残差图中的所有点都应以均值 0 为中心随机分布在一条水平带中间，如图 9－8（a）所示。但如果对所有的 x 值，ε 的方差是不同的，例如，对于比较大的 x 值相应的残差也比较大（或对于比较大的 x 值相应的残差比较小），如图 9－8（b）所示，这就意味着违背了 ε 方差相等的假设，称之为**异方差性**（heteroscedasticity）。如果残差图如图 9－8（c）所示，则表明所选择的回归模型不合理，这时应考虑非线性回归模型。

例 9-5

沿用例 9-1。求 20 家企业销售收入回归的残差，画出残差图，判断所建立的回归模型中关于 ε 等方差的假定是否成立。

解：由 SPSS 输出的非标准化残差（RES _ 1）见表 9-6 中的 RES _ 1 列。图 9-9 是销售收入预测的残差图。

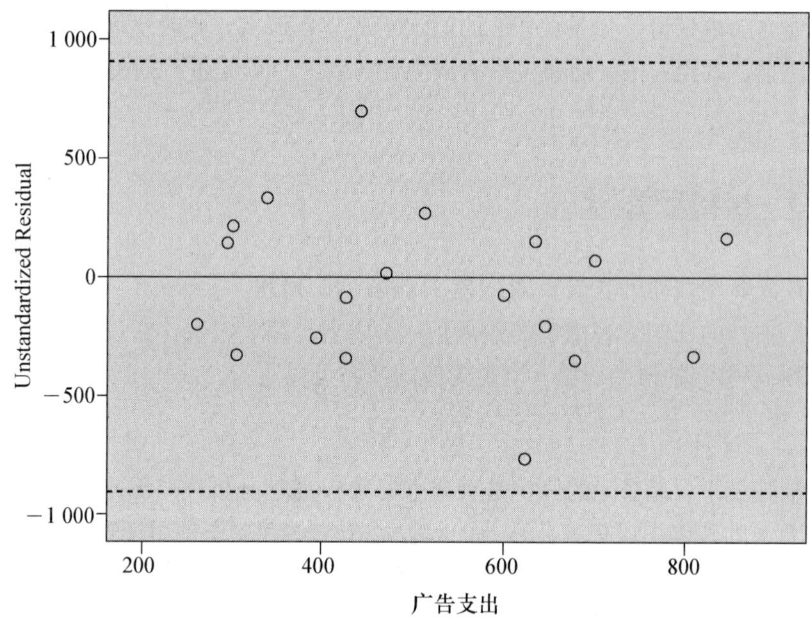

图 9-9 销售收入与广告支出回归的残差图

从图 9-9 可以看出，各残差基本上位于一条水平带中间，而且没有任何固定的模式，呈随机分布。这表明在销售收入与广告支出的一元线性回归中，线性假定以及对 ε 等方差的假定都是成立的。

9.4.2 检验正态性

关于 ε 正态性假定的检验，可以通过标准化残差分析来完成。① **标准化残差**（standardized residual）是残差除以它的标准差后的结果，也称为 **Pearson 残差**或**半学生化残差**（semi-studentized residuals），用 z_e 表示。第 i 个观测值的标准化残差可以表示为：

$$z_{e_i}=\frac{e_i}{s_e}=\frac{y_i-\hat{y}_i}{s_e} \tag{9.23}$$

式中，s_e 是残差的标准差的估计。

① 有非参数检验知识的读者可直接对残差做 K-S 检验。

如果关于 ε 服从正态分布的假定成立，那么标准化残差的分布也应服从正态分布。因此在标准化残差图中，大约有 95%的标准化残差落在−2 和+2 之间。根据表 9－6 给出的标准化残差（ZRE _ 1）绘制的标准化残差图如图 9－10 所示。

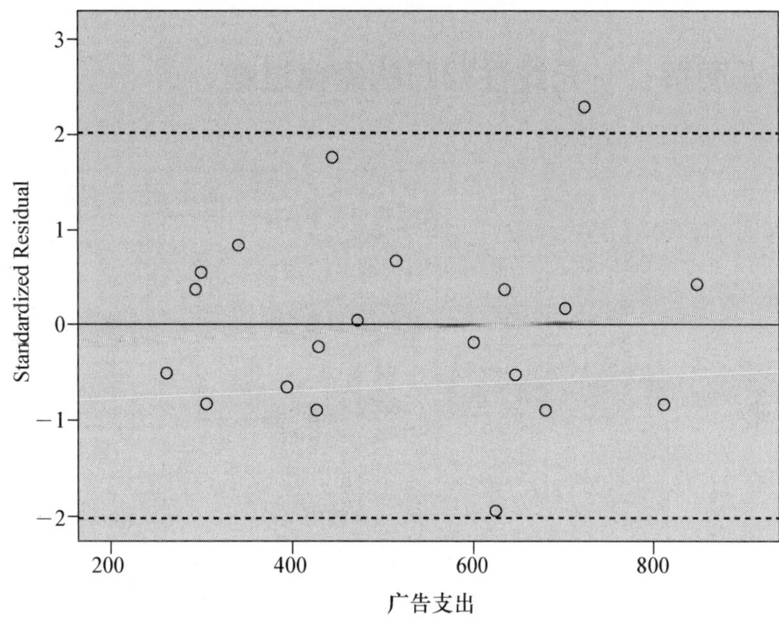

图 9－10　销售收入与广告支出回归的标准化残差图

从图 9－10 可以看出，20 个点中有 19 个点的标准化残差落在−2 和+2 之间，这表明关于 ε 服从正态分布的假定成立。

通过绘制标准化残差的直方图和正态概率图也可以检验残差的正态性假定。销售收入与广告支出回归的标准化残差的直方图和正态概率图如图 9－11 和图 9－12 所示。

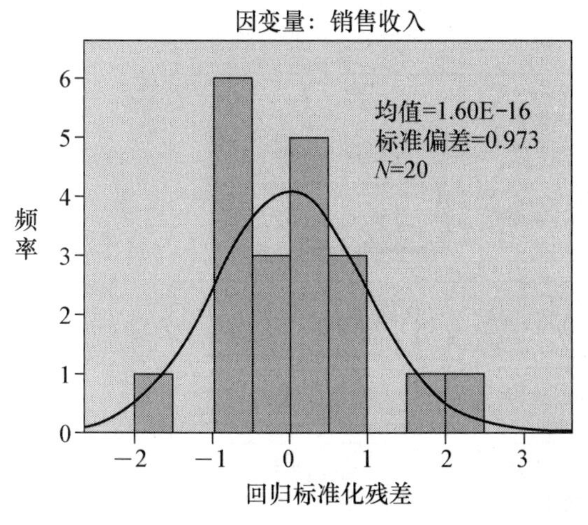

图 9－11　标准化残差的直方图

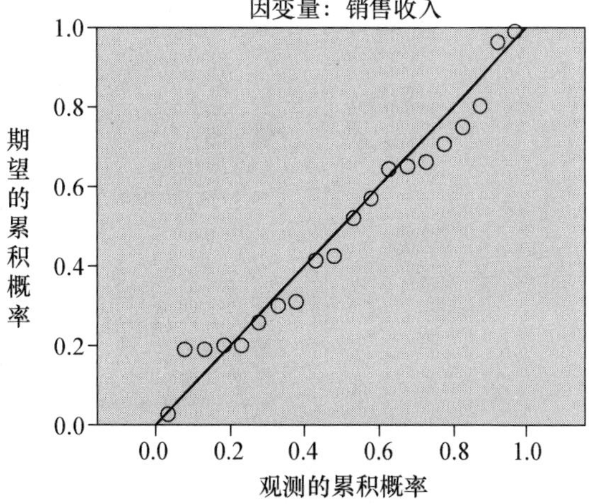

图 9－12　标准化残差的正态概率图

从图 9－12 可以看出，关于 ε 服从正态分布的假定基本上成立。

关于 ε 独立性的检验，通常采用 Durbin-Watson 检验，有关这一问题的讨论请参阅介绍回归的书籍。

□ 本章图解：一元线性回归的建模过程

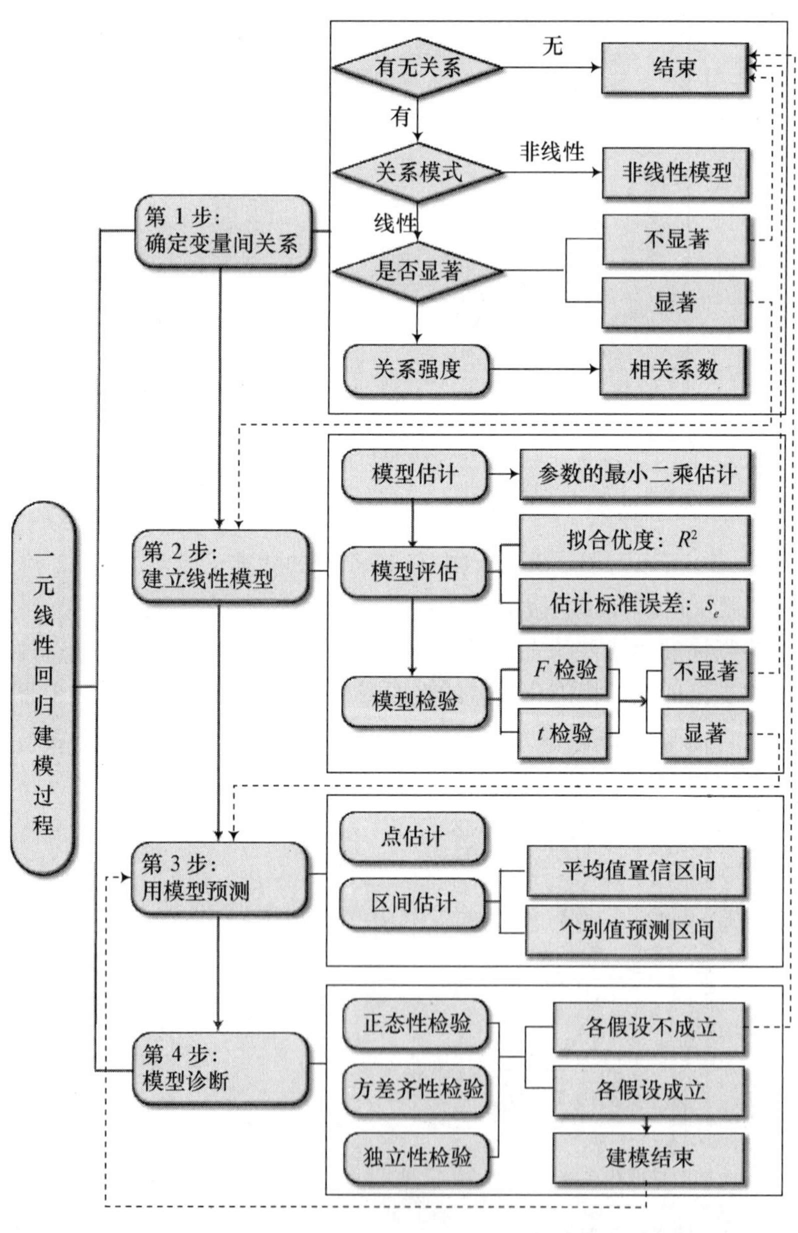

□ 主要术语

- **相关关系**（correlation）：两个变量之间存在的一种不确定的数量关系，一个变量的取值不能由另一个变量唯一确定。
- **相关系数**（correlation coefficient）：也称 **Pearson 相关系数**（Pearson's correlation coefficient），度量两个变量之间线性关系强度的统计量，记为 r。
- **因变量**（dependent variable）：被预测或被解释的变量，用 y 表示。
- **自变量**（independent variable）：用来预测或解释因变量的一个或多个变量，用 x 表示。
- **回归模型**（regression model）：描述因变量 y 如何依赖于自变量 x 和误差项 ε 的方程。一元线性回归模型表示为 $y=\beta_0+\beta_1x+\varepsilon$。
- **估计的回归方程**（estimated regression equation）：根据样本数据求出的回归方程的估计。一元线性回归的估计方程为 $\hat{y}=\hat{\beta}_0+\hat{\beta}_1x$。
- **判定系数**（coefficient of determination）：也称可决系数，回归平方和占总平方和的比例，用 R^2 表示，是对回归方程拟合优度的度量。
- **估计标准误差**（standard error of estimate）：残差均方（MSE）的平方根，用 s_e 表示，它是残差的标准差，是误差项 ε 的标准差 σ 的估计。
- **平均值的置信区间**（confidence interval）：对于自变量的一个给定值 x_0，求出的因变量 y 的平均值的估计区间。
- **个别值的预测区间**（prediction interval）：对于自变量的一个给定值 x_0，求出的因变量 y 的一个个别值的估计区间。
- **残差**（residual）：因变量的观测值 y_i 与根据估计的回归方程求出的预测值 $\hat{y}_i$ 之差，用 e 表示。
- **标准化残差**（standardized residual）：残差除以它的标准差后的结果。

□ 思考与练习

一、思考题

9.1 相关分析主要解决哪些问题?

9.2 简述相关系数的性质。

9.3 简述一元线性回归建模的基本步骤。

9.4 解释回归模型和估计的回归方程的含义。

9.5 一元线性回归模型中有哪些基本的假定?

9.6 简述参数最小二乘估计的基本原理。

9.7 解释判定系数的含义和作用。

9.8 在回归分析中，F 检验和 t 检验各有什么作用？

9.9 什么是平均值的置信区间和个别值的预测区间？二者有何区别？

9.10 简要说明残差分析在回归分析中的作用。

二、练习题

9.1 下面是我国 31 个地区 2011 年的 GDP 和居民消费水平数据。

地区	地区生产总值（亿元）	居民消费水平（元）
北京市	16 251.93	27 760
天津市	11 307.28	20 624
河北省	24 515.76	9 551
山西省	11 237.55	9 746
内蒙古自治区	14 359.88	13 264
辽宁省	22 226.70	15 635
吉林省	10 568.83	10 811
黑龙江省	12 582.00	10 634
上海市	19 195.69	35 439
江苏省	49 110.27	17 167
浙江省	32 318.85	21 346
安徽省	15 300.65	10 055
福建省	17 560.18	14 958
江西省	11 702.82	9 523
山东省	45 361.85	13 524
河南省	26 931.03	9 171
湖北省	19 632.26	10 873
湖南省	19 669.56	10 547
广东省	53 210.28	19 578
广西壮族自治区	11 720.87	9 181
海南省	2 522.66	9 238
重庆市	10 011.37	11 832
四川省	21 026.68	9 903
贵州省	5 701.84	7 389
云南省	8 893.12	8 278
西藏自治区	605.83	4 730
陕西省	12 512.30	10 053
甘肃省	5 020.37	7 493
青海省	1 670.44	8 744
宁夏回族自治区	2 102.21	10 937
新疆维吾尔自治区	6 610.05	8 895

(1) 绘制散点图判断 GDP 与居民消费水平之间的关系，并计算相关系数分析其关系强度。

(2) 以 GDP 为因变量、居民消费水平为自变量建立回归模型，并对回归模型进行综合评估。

9.2　从某一行业中随机抽取 12 家企业，所得的产量与生产费用数据如下：

企业编号	产量（台）	生产费用（万元）	企业编号	产量（台）	生产费用（万元）
1	40	130	7	84	165
2	42	150	8	100	170
3	50	155	9	116	167
4	55	140	10	125	180
5	65	150	11	130	175
6	78	154	12	140	185

(1) 绘制产量与生产费用的散点图，判断二者之间的关系形态。

(2) 计算产量与生产费用之间的线性相关系数，对相关系数的显著性进行检验（$\alpha=0.05$），并说明二者之间的关系强度。

9.3　随机抽取 10 家航空公司，对其最近一年的航班正点率和顾客投诉次数进行调查，所得数据如下：

航空公司编号	航班正点率（%）	投诉次数（次）
1	81.8	21
2	76.6	58
3	76.6	85
4	75.7	68
5	73.8	74
6	72.2	93
7	71.2	72
8	70.8	122
9	91.4	18
10	68.5	125

(1) 用航班正点率作自变量，顾客投诉次数作因变量，求出估计的回归方程，并解释回归系数的意义。

(2) 检验回归系数的显著性（$\alpha=0.05$）。

(3) 如果航班正点率为 80%，估计顾客的投诉次数。

9.4　某汽车生产商欲了解广告支出（x）对销售量（y）的影响，它收集了过去 12 年的有关数据。通过计算得到下面的有关结果：

方差分析表

变差来源	df	SS	MS	F	Significance F
回归					2.17E-09
残差		40 158.07		—	—
总计	11	1 642 866.67	—	—	—

参数估计表

	Coefficients	标准误差	t Stat	P-value	
Intercept	363.689 1	62.455 29	5.823 191	0.000 168	
X Variable 1	1.420 211	0.071 091	19.977 49	2.17E-09	

(1) 完成上面的方差分析表。

(2) 汽车销售量的变差中有多少是由广告支出的变动引起的？

(3) 销售量与广告支出之间的相关系数是多少？

(4) 写出估计的回归方程并解释回归系数的实际意义。

(5) 检验线性关系的显著性（$\alpha=0.05$）。

9.5 随机抽取 7 家超市，得到的广告费支出和销售额数据如下：

超市	广告费支出（万元）	销售额（万元）
A	1	19
B	2	32
C	4	44
D	6	40
E	10	52
F	14	53
G	20	54

(1) 用广告费支出作自变量 x，销售额作因变量 y，求出估计的回归方程。

(2) 检验广告费支出与销售额之间的线性关系是否显著（$\alpha=0.05$）。

(3) 绘制关于 x 的残差图，你觉得关于误差项 ε 的假定是否成立？

(4) 你是选用这个模型，还是另外寻找一个更好的模型？

第 10 章
Chapter 10
多元线性回归

问题与思考：不良贷款受哪些因素影响？

为分析影响不良贷款的因素，以便更好地控制不良贷款，一家商业银行在所属的多家分行中随机抽取 10 家，得到不良贷款、贷款余额、累计应收贷款、贷款项目个数、固定资产投资额等有关数据如下。

不良贷款（亿元）	各项贷款余额（亿元）	累计应收贷款（亿元）	贷款项目个数（个）	固定资产投资额（亿元）
6.3	188.0	10.7	19	82.0
4.7	95.8	10.2	12	22.8
9.3	214.7	19.5	21	71.5
4.2	31.2	5.2	3	10.5
3.1	122.4	13.7	19	28.5
14.0	200.4	30.1	20	52.1
4.1	87.8	12.1	16	72.6
5.5	147.2	14.2	25	85.0
5.0	189.6	15.7	28	125.4
11.7	278.5	18.6	36	155.0

在这 5 个变量中，有一个是特别关注的，即不良贷款，其余 4 个变量可以看作影响不良贷款的因素。如果要用 4 个自变量来预测不良贷款，就需要建立一个多元线性回归模型。建立这样一个模型的假定有哪些？模型拟合得好吗？不良贷款与 4 个自变量之间的线性关系显著吗？每个自变量都是影响不良贷款的显著因素吗？如果 4 个自变量之间显著相关，对模型有哪些影响？这些都是多元线性回归要解决的问题。

本章将讨论涉及两个以及两个以上自变量的回归问题，即多元回归，主要介绍多元线性回归，讨论的重点放在对多元线性回归的计算机输出结果的解释及其应用上。

10.1 多元线性回归模型

在许多实际问题中，影响因变量的因素往往有多个，这种一个因变量同多个自变量的回归就是**多元回归**（multiple regression）。当因变量与各自变量之间为线性关系时，称为**多元线性回归**（multiple linear regression）。多元线性回归分析的原理与一元线性回归基本相同，但计算上要复杂得多，因此需借助统计软件来完成。多元线性回归建模的大体思路如下：

第 1 步：确定所关注的因变量 y 和影响因变量的 k 个自变量。

第 2 步：假定因变量 y 与 k 个自变量之间为线性关系，并建立变量间的线性关系模型。

第 3 步：对模型进行评估和检验。

第 4 步：判别模型中是否存在多重共线性，如果存在，进行处理。

第 5 步：利用回归方程进行预测，并利用预测的残差分析模型的假定。

10.1.1 回归模型与回归方程

设因变量为 y，k 个自变量分别为 x_1，x_2，…，x_k，描述因变量 y 如何依赖于自变量 x_1，x_2，…，x_k 和误差项 ε 的方程称为**多元线性回归模型**（multiple linear regression model）。其一般形式可表示为：

$$y=\beta_0+\beta_1x_1+\beta_2x_2+\cdots+\beta_kx_k+\varepsilon \tag{10.1}$$

式中，β_0，β_1，β_2，…，β_k 是模型的参数；ε 是误差项。

式（10.1）表明，y 是 x_1，x_2，…，x_k 的线性函数（$\beta_0+\beta_1x_1+\beta_2x_2+\cdots+\beta_kx_k$ 部分）加上误差项 ε。误差项反映了除 x_1，x_2，…，x_k 对 y 的线性影响之外的随机因素对 y 的影响，是不能由 x_1，x_2，…，x_k 与 y 之间的线性关系所解释的 y 的变异。

在多元线性回归模型中，对误差项 ε 同样有 3 个基本的假定：

（1）正态性。ε 是一个服从正态分布的随机变量，且期望值为 0，即 $E(\varepsilon)=0$。这意味着对于给定的 x_1，x_2，…，x_k 的值，y 的期望值为 $E(y)=\beta_0+\beta_1x_1+\beta_2x_2+\cdots+\beta_kx_k$。

（2）方差齐性。对于自变量 x_1，x_2，…，x_k 的所有值，ε 的方差 σ^2 都相同。

（3）独立性。对于自变量 x_1，x_2，…，x_k 的一组特定值，其所对应的 ε 与 x_1，x_2，…，x_k 任意一组其他值所对应的 ε 不相关。同样，对于给定的 x_1，x_2，…，x_k 的值，因变量 y 也是一个服从正态分布的随机变量。

根据回归模型的假定，有

$$E(y)=\beta_0+\beta_1x_1+\beta_2x_2+\cdots+\beta_kx_k \tag{10.2}$$

式（10.2）称为**多元线性回归方程**（multiple linear regression equation），它描述了因变量 y 的期望值与自变量 x_1，x_2，…，x_k 之间的关系。

一元线性回归在二维坐标系中的图像是一条直线，但多元线性回归的图像很难画出来。为了对式（10.2）的回归方程有一个直观的了解，可考虑含有两个自变量的二元线性回归方程，其形式为：

$$E(y)=\beta_0+\beta_1x_1+\beta_2x_2$$

在三维空间中可以将这个方程的图像画出来，二元线性回归方程的图像是三维空间中的一个平面，如图 10－1 所示。

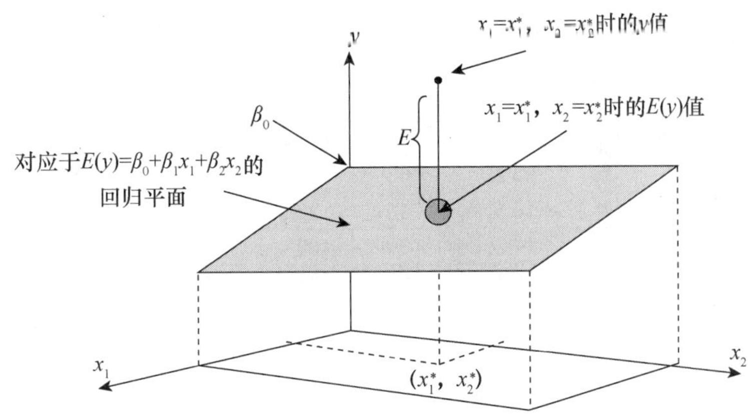

图 10－1　二元线性回归方程的图示

回归模型中的参数 β_0，β_1，β_2，…，β_k 是未知的，需要利用样本数据去估计。当用样本统计量 $\hat{\beta}_0$，$\hat{\beta}_1$，$\hat{\beta}_2$，…，$\hat{\beta}_k$ 去估计模型中的参数 β_0，β_1，β_2，…，β_k 时，就得到了**估计的多元线性回归方程**（estimated multiple linear regression equation），其一般形式为：

$$\hat{y}=\hat{\beta}_0+\hat{\beta}_1x_1+\hat{\beta}_2x_2+\cdots+\hat{\beta}_kx_k \tag{10.3}$$

式中，$\hat{\beta}_0$，$\hat{\beta}_1$，$\hat{\beta}_2$，…，$\hat{\beta}_k$ 是参数 β_0，β_1，β_2，…，β_k 的估计量；$\hat{y}$ 是因变量 y 的估计量。其中，$\hat{\beta}_1$，$\hat{\beta}_2$，…，$\hat{\beta}_k$ 称为偏回归系数。$\hat{\beta}_1$ 表示当 x_2，x_3，…，x_k 不变时，x_1 每改变一个单位因变量 y 的平均改变量；$\hat{\beta}_2$ 表示当 x_1，x_3，…，x_k 不变时，x_2 每改变一个单位因变量 y 的平均改变量，其余偏回归系数的含义类似。

10.1.2　参数的最小二乘估计

多元线性回归模型中的参数 $\hat{\beta}_0$，$\hat{\beta}_1$，$\hat{\beta}_2$，…，$\hat{\beta}_k$ 仍然采用最小二乘法来估计，也就是使残差平方和最小，即

$$Q=\sum(y_i-\hat{y}_i)^2=\sum(y_i-\hat{\beta}_0-\hat{\beta}_1x_1-\cdots-\hat{\beta}_kx_k)^2=\min \quad (10.4)$$

由此得到求解 $\hat{\beta}_0$，$\hat{\beta}_1$，$\hat{\beta}_2$，…，$\hat{\beta}_k$ 的标准方程组为：

$$\begin{cases}\dfrac{\partial Q}{\partial \beta_0}\Big|_{\beta_0=\hat{\beta}_0}=0\\ \dfrac{\partial Q}{\partial \beta_i}\Big|_{\beta_i=\hat{\beta}_i}=0, \quad i=1,2,\cdots,k\end{cases} \quad (10.5)$$

例 10-1

餐馆的营业额受多种因素的影响，比如客流量、价格、交通便捷程度、服务水平、同业竞争者的数量，等等。为分析营业额的影响因素，一家市场调查公司在某城市随机抽取 25 家餐馆，调查得到的有关数据如表 10-1 所示。

表 10-1 25 家餐馆的调查数据

	餐馆编号	y	x1	x2	x3	x4	x5
1	1	53.2	163	168.6	6004	5	6.5
2	2	18.5	15	22.5	209	11	16.0
3	3	11.3	88	109.4	1919	10	18.2
4	4	84.7	152	277.0	7287	7	10.0
5	5	7.3	79	17.4	5311	15	17.5
6	6	17.9	60	93.0	6109	8	3.6
7	7	2.5	53	21.5	4057	17	18.5
8	8	27.3	109	114.5	4161	3	4.0
9	9	5.9	49	61.3	2166	10	11.6
10	10	23.9	143	129.8	11125	9	14.2
11	11	69.4	215	159.4	13937	2	2.5
12	12	20.6	66	91.0	4000	18	12.0
13	13	1.9	13	6.1	2841	14	12.8
14	14	3.0	61	60.3	1273	26	7.8
15	15	7.3	21	51.1	2404	34	2.7
16	16	46.2	114	73.6	6109	12	3.2
17	17	78.8	300	171.7	15571	4	7.6
18	18	11.1	79	38.8	4228	11	11.0
19	19	8.6	90	105.3	3772	15	28.4
20	20	48.9	160	161.5	6451	5	6.2
21	21	22.1	84	122.6	3275	9	10.8
22	22	11.1	79	38.8	4228	10	33.7
23	23	8.6	90	105.3	3772	14	16.5
24	24	48.9	160	161.5	6451	6	9.3
25	25	22.1	84	122.6	3275	10	11.6

说明：y=日均营业额（万元）；x_1=周边居民人数（万人）；x_2=用餐平均支出（元/人）；x_3=周边居民月平均收入（元）；x_4=周边餐馆数（个）；x_5=距市中心距离（千米）。

试建立多元线性回归模型，并解释各回归系数的含义。

解：利用 SPSS 做多元线性回归与一元回归类似，只需要将所有的自变量选入【自变量】框即可。SPSS 输出的多元线性回归结果如表 10-2 至表 10-4 所示。

表 10-2　模型的主要统计量

模型汇总

模型	R	R 方	调整 R 方	标准 估计的误差
1	.923[a]	.852	.813	10.6446

a. 预测变量：(常量), x5, x4, x3, x2, x1。

表 10-3　模型的方差分析表

Anova[b]

模型		平方和	df	均方	F	Sig.
1	回归	12374.645	5	2474.929	21.843	.000[a]
	残差	2152.837	19	113.307		
	总计	14527.482	24			

a. 预测变量：(常量), x5, x4, x3, x2, x1。
b. 因变量：y。

表 10-4　模型参数的估计和检验

系数[a]

模型		非标准化系数		标准系数	t	Sig.	B 的 95.0% 置信区间		共线性统计量	
		B	标准 误差	试用版			下限	上限	容差	VIF
1	(常量)	4.259	10.468		.407	.689	-17.65	26.16		
	x1	.127	.096	.336	1.327	.200	-.074	.328	.121	8.233
	x2	.161	.056	.413	2.884	.010	.044	.277	.380	2.630
	x3	.001	.001	.113	.563	.580	-.002	.004	.193	5.184
	x4	-.333	.399	-.096	-.836	.414	-1.167	.501	.587	1.702
	x5	-.575	.309	-.178	-1.86	.078	-1.221	.071	.852	1.174

a. 因变量：y。

根据表 10-4 的结果，得到的多元线性回归方程为：

$$\hat{y}=4.259+0.127x_1+0.161x_2+0.001x_3-0.333x_4-0.575x_5$$

各回归系数的实际意义为：

$\hat{\beta}_1=0.127$ 表示，在用餐平均支出、周边居民月平均收入、周边餐馆数和距市中心距离不变的条件下，周边居民人数每变动 1 万人，日均营业额平均变动 0.127 万元。

$\hat{\beta}_2=0.161$ 表示，在周边居民人数、周边居民月平均收入、周边餐馆数和距市中心距离不变的条件下，用餐平均支出每变动 1 元/人，日均营业额平均变动 0.161 万元。

$\hat{\beta}_3=0.001$ 表示，在周边居民人数、用餐平均支出、周边餐馆数和距市中心距离不变的条件下，周边居民月平均收入每变动 1 元，日均营业额平均变动 0.001 万元。

$\hat{\beta}_4=-0.333$ 表示，在周边居民人数、用餐平均支出、周边居民月平均收入和距市中心距离不变的条件下，周边餐馆数每变动 1 个，日均营业额平均变动 -0.333 万元。

$\hat{\beta}_5=-0.575$ 表示，在周边居民人数、用餐平均支出、周边居民月平均收入和周边餐馆数不变的条件下，距市中心距离每变动 1 千米，日均营业额平均变动 -0.575 万元。

表 10－4 还给出了各个回归系数的置信区间。[①] 比如，给出的 β_1 的 95%的置信区间为（-0.074，0.328），它的含义是：在用餐平均支出、周边居民月平均收入、周边餐馆数和距市中心距离不变的条件下，周边居民人数每变动 1 万人，日均营业额的平均变动在 -0.074 万～0.328 万元之间。其他几个回归系数置信区间的含义类似。

表 10－4 中给出的**标准化回归系数**（standardized regression coefficient）是将因变量和所有自变量都标准化后进行回归得到的回归系数，用 $\bar{\beta}$ 表示。标准化回归系数 $\bar{\beta}_i$ 的含义是：在其他自变量取值不变的条件下，自变量 x_i（这里是指原始数据）每变动一个标准差，因变量平均变动 $\bar{\beta}_i$ 个标准差。显然，$\bar{\beta}_i$ 的绝对值越大，说明该自变量 x_i 对因变量的影响就越大，相对于其他自变量而言，它对因变量的预测也就越重要。比如，x_1 的标准化回归系数 $\bar{\beta}_1=0.336$ 表示：在其他自变量不变的条件下，周边居民人数每改变 1 个标准差，日均营业额平均改变 0.336 个标准差。其他系数的含义类似。按标准化回归系数的绝对值大小排序为：$|\bar{\beta}_2|>|\bar{\beta}_1|>|\bar{\beta}_5|>|\bar{\beta}_3|>|\bar{\beta}_4|$。可见在 5 个自变量中，用餐平均支出（$x_2$）是预测日均营业额最重要的变量，周边餐馆个数（$x_4$）则是最不重要的变量。

10.2 拟合优度和显著性检验

10.2.1 模型的拟合优度

多元线性回归模型的拟合优度可以用多重判定系数、估计标准误差等统计量来评价。

1. 多重判定系数

在多元线性回归中，因变量的总误差平方和 $SST=\sum(y_i-\bar{y})^2$ 同样被分解成两部分：回归平方和 $SSR=\sum(\hat{y}_i-\bar{y})^2$ 与残差平方和 $SSE=\sum(y_i-\hat{y}_i)^2$，显然有 $SST=SSR+SSE$。

多重判定系数（multiple coefficient of determination）是多元线性回归中回归平方和占总平方和的比例，计算公式为：

① 回归系数 β_i 在 $1-\alpha$ 置信水平下的置信区间为：$\hat{\beta}_i\pm t_{\alpha/2}(n-k-1)s_{\hat{\beta}_i}$。

$$R^2=\frac{SSR}{SST} \tag{10.6}$$

R^2 度量了多元线性回归模型的拟合优度，它表示在因变量 y 的总变差中被多个自变量共同解释的比例。

在多元线性回归中，由于自变量个数的增加将影响到因变量中被估计的回归方程所解释的变差数量，因此增加自变量会使预测误差变小，从而减少残差平方和 SSE。当 SSE 变小时，SSR 就会变大，从而使 R^2 变大。如果模型中增加一个自变量，即使这个自变量在统计上并不显著，R^2 也会变大。因此，为避免因自变量增加而高估 R^2，统计学家提出用样本量 n 和自变量的个数 k 去调整 R^2，计算出**调整的多重判定系数**（adjusted multiple coefficient of determination），记为 R_a^2，其计算公式为：

$$R_a^2=1-(1-R^2)\times\frac{n-1}{n-k-1} \tag{10.7}$$

R_a^2 的解释与 R^2 类似，不同的是 R_a^2 同时考虑了样本量（n）和模型中自变量的个数（k）的影响，这就使得 R_a^2 的值始终小于 R^2，而且 R_a^2 的值不会由于模型中自变量个数的增加而越来越接近 1。因此，在多元线性回归分析中，通常用调整的多重判定系数来评价回归方程的拟合优度。

R^2 的平方根称为多重相关系数，也称为复相关系数，它度量了因变量同 k 个自变量的总体相关程度。

例如，根据表 10－2 的输出结果，多重判定系数 $R^2=0.852=85.2\%$。调整的多重判定系数 $R_a^2=0.813=81.3\%$，其意义与 R^2 相同，表示在用样本量和模型中自变量的个数进行调整后，在日均营业额取值的总变差中，被周边居民人数、用餐平均支出、周边居民月平均收入、周边餐馆数和距市中心距离这 5 个自变量解释的比例为 81.3%。多重相关系数 $R=0.923$，它表示日均营业额同 5 个自变量的总体相关系数为 0.923，说明相关程度比较高。

2. 估计标准误差

多元线性回归中的估计标准误差是其残差均方的平方根，它是多元回归模型中误差项 ε 的方差 σ^2 的一个估计量。计算公式为：

$$s_e=\sqrt{\frac{\sum(y_i-\hat{y}_i)^2}{n-k-1}}=\sqrt{\frac{SSE}{n-k-1}} \tag{10.8}$$

式中，k 为自变量的个数。

由于 s_e 是预测误差的标准差的估计量，因此，其含义可解释为：根据自变量 x_1，x_2，…，x_k 来预测因变量 y 时的平均预测误差。

例如，根据表 10－2 的输出结果，$s_e=10.6446$。其含义是：根据所建立的多元线性回归方程，用周边居民人数、用餐平均支出、周边居民月平均收入、周边餐馆数和距市中心距离这 5 个自变量预测日均营业额时，平均的预测误差为10.644 6万元。

10.2.2 模型的显著性检验

在一元线性回归中，由于只有一个自变量，因此 F 检验（线性关系检验）与 t 检验（回归系数检验）是等价的。在多元回归中，这两种检验不再等价。F 检验主要是检验因变量同多个自变量的整体线性关系是否显著，在 k 个自变量中，只要有一个自变量同因变量的线性关系显著，F 检验就显著，但这不一定意味着每个自变量同因变量的关系都显著。t 检验则是对各个回归系数分别进行检验，以判断各个自变量对因变量的影响是否显著。

1. 线性关系检验

线性关系检验是检验因变量 y 与 k 个自变量之间的关系是否显著，也称为总体显著性检验。检验的具体步骤为：

第 1 步：提出假设：

$$H_0:\beta_1=\beta_2=\cdots=\beta_k=0$$

$$H_1:\beta_1,\beta_2,\cdots,\beta_k \text{ 至少有一个不等于 } 0$$

第 2 步：计算检验统计量 F：

$$F=\frac{SSR/k}{SSE/(n-k-1)}\sim F(k,n-k-1) \tag{10.9}$$

第 3 步：做出决策。给定显著性水平 α，根据分子自由度$=k$，分母自由度$=n-k-1$ 计算出统计量的 P 值。若 $P<\alpha$，则拒绝原假设，表明 y 与 k 个自变量之间的线性关系显著。

2. 回归系数检验

要判断每个自变量对因变量的影响是否都显著，需要对各回归系数 β_i 分别进行 t 检验，具体步骤如下：

第 1 步：提出假设。对于任意参数 β_i（$i=1$，2，…，k），有

$$H_0:\beta_i=0$$

$$H_1:\beta_i\neq 0$$

第 2 步：计算检验的统计量 t：

$$t_i=\frac{\hat{\beta}_i}{s_{\hat{\beta}_i}}\sim t(n-k-1) \tag{10.10}$$

式中，$s_{\hat{\beta}_i}$ 是回归系数 $\hat{\beta}_i$ 的抽样分布的标准差。

第 3 步：做出决策。给定显著性水平 α，根据自由度$=n-k-1$ 计算出统计量的 P 值。若 $P<\alpha$，则拒绝原假设，表明回归系数 β_i 显著。

 例 10-2

沿用例 10-1。对回归模型的线性关系和回归系数分别进行显著性检验（α=0.05）。

解：检验线性关系提出的假设如下：

H_0：$\beta_1=\beta_2=\beta_3=\beta_4=\beta_5=0$

H_1：β_1，β_2，β_3，β_4，β_5 至少有一个不等于 0

表 10-3 中给出的 F=21.843，显著性水平 Sig. 接近 0（实际值为 2.83E-7），因此拒绝 H_0。这表明日均营业额与周边居民人数、用餐平均支出、周边居民月平均收入、周边餐馆数和距市中心距离之间的线性关系显著。

下面检验回归系数提出的假设。对于任意参数 β_i（i=1，2，3，4，5），有

H_0：$\beta_i=0$

H_1：$\beta_i\neq0$

根据表 10-4 的结果可知，$t_1=1.327$，$t_2=2.884$，$t_3=0.563$，$t_4=-0.836$，$t_5=-1.86$，相应的显著性水平（Sig.）分别为 0.200，0.010，0.580，0.414 和 0.078。只有 β_2 所对应的显著性水平小于 0.05，其余 4 个系数所对应的显著性水平均大于 0.05，未通过检验。这表明在影响日均营业额的 5 个自变量中，只有用餐平均支出的影响是显著的，其他 4 个自变量均不显著。

当然，要得出上述分析结论还需要有其他证据。因为这 4 个变量没有通过检验，也可能是其他原因造成的。比如，若 5 个自变量之间高度相关，就有可能造成某一个或几个回归系数通不过检验，但这并不一定意味着没有通过检验的那些自变量对因变量的影响就不显著。实际上，单独做每个自变量与日均营业额的一元线性回归可以发现，各回归系数检验的显著性水平（Sig.）均接近 0，结果都是显著的（请读者自己去验证）。自变量之间相关造成的这种问题在统计上称为多重共线性。

10.3 多重共线性及其处理

当回归模型中使用两个或两个以上的自变量时，这些自变量往往会提供多余的信息。也就是说，这些自变量之间彼此相关。比如，在例 10-1 所建立的回归模型中，使用了 5 个自变量，虽然它们对预测日均营业额都有作用，但由于这 5 个自变量之间可能存在相关关系，因此在预测中所提供的信息就是重复的。

10.3.1 多重共线性及其识别

当回归模型中两个或两个以上的自变量彼此相关时，称回归模型中存在**多重共线性**（multicollinearity）。在有些问题中，所使用的自变量之间存在相关是一件很平常

的事情，但是在回归分析中存在多重共线性会产生某些问题。

1. 多重共线性产生的问题

多重共线性会给回归分析带来以下问题。

首先，变量之间高度相关时，可能会使回归的结果混乱，甚至会把分析引入歧途。比如，在例 10-1 的回归中，F 检验表明日均营业额与 5 个自变量之间的线性关系是显著的，而 t 检验表明只有 β_2 显著，其他 4 个回归系数均不显著。这种检验结果看起来矛盾，实则不然。因为 F 检验表明线性关系显著时，只是说日均营业额至少同 5 个自变量中的一个线性关系显著，并非意味着同每个自变量的线性关系都显著。事实上，5 个自变量在预测日均营业额时可能都有贡献（读者可就 5 个自变量分别进行一元线性回归来验证），只不过一些自变量的贡献与另一些自变量的贡献相互重叠了。

其次，多重共线性可能对参数估计值的正负号产生影响，特别是 β_i 的正负号有可能同预期的相反，甚至会导致对回归系数的错误估计。因此，当存在多重共线性时，对回归系数的解释要慎重。

2. 多重共线性的识别和处理

识别多重共线性的方法有多种，有些已超出本书的范围。这里只介绍几种简单的识别方法。

（1）对模型中各对自变量之间的相关系数进行显著性检验。如果有一个或多个相关系数显著，就表示模型中所使用的自变量之间显著相关，因而可能存在多重共线性。例如，根据例 10-1 的数据，计算的各自变量之间的相关系数及其检验结果如表 10-5 所示。

表 10-5　　5 个自变量的相关系数及其检验

相关性

		x1	x2	x3	x4	x5
x1	Pearson 相关性	1	.738**	.883**	-.623**	-.277
	显著性（双侧）		.000	.000	.001	.179
	N	25	25	25	25	25
x2	Pearson 相关性	.738**	1	.553**	-.538**	-.323
	显著性（双侧）	.000		.004	.006	.115
	N	25	25	25	25	25
x3	Pearson 相关性	.883**	.553**	1	-.523**	-.291
	显著性（双侧）	.000	.004		.007	.158
	N	25	25	25	25	25
x4	Pearson 相关性	-.623**	-.538**	-.523**	1	.095
	显著性（双侧）	.001	.006	.007		.651
	N	25	25	25	25	25
x5	Pearson 相关性	-.277	-.323	-.291	.095	1
	显著性（双侧）	.179	.115	.158	.651	
	N	25	25	25	25	25

**. 在 .01 水平（双侧）上显著相关。

检验结果表明，在 5 个自变量中，只有 x_5（距市中心距离）与其他 4 个自变量之间的关系不显著，其他 4 个自变量之间均两两显著相关。因此，例 10－1 所建立的多元线性回归模型中可能存在多重共线性。

（2）考察各回归系数的显著性。若模型的 F 检验显著，而几乎所有回归系数 β_i 的 t 检验都不显著，则表示模型中可能存在多重共线性。本例的回归结果就出现了这种情况。

（3）分析回归系数的正负号。如果回归系数的正负号与预期的相反，则表示模型中可能存在多重共线性。本例中未出现这种情况。

（4）用**容忍度**（tolerance）和**方差扩大因子**（variance inflation factor，VIF）来识别多重共线性。某个自变量的容忍度等于 1 减去以该自变量为因变量、其余 $k-1$ 个自变量为预测变量所得到的线性回归模型的判定系数，即 $1-R_i^2$。容忍度越小，多重共线性越严重。通常认为容忍度小于 0.1 时，存在严重的多重共线性。方差扩大因子等于容忍度的倒数，即 $VIF=\frac{1}{1-R_i^2}$。显然，VIF 越大，多重共线性就越严重。一般地，如果 VIF 大于 10（严格一些，也可以将 VIF 大于 5 作为标准），则认为存在严重的多重共线性。例如，从表 10－4 给出的结果看，容忍度均大于 0.1，VIF 均小于 10，这说明本例建立的回归模型中多重共线性并不严重。但如果用 VIF 大于 5 作为标准，则因本例中对应于 x_1 和 x_3 的 VIF 大于 5，也可以认为这两个变量间存在多重共线性。

一旦发现模型中存在多重共线性，就应采取某种解决措施。① 至于采取什么样的方法来解决，要看多重共线性的严重程度。比如，可以将一个或多个相关的自变量从模型中剔除，使保留的自变量尽可能不相关。如果要在模型中保留所有的自变量，就应该避免对单个参数 β_i 进行 t 检验，并将对因变量 y 值的推断限定在自变量样本值的范围内。

当自变量间存在多重共线性时，如果在建立模型之前就有选择地确定进入模型的自变量，则可以避免多重共线性问题。

10.3.2 变量选择与逐步回归

在建立多元线性回归模型时，不要试图引入更多的自变量，除非确实有必要。究竟哪些自变量应该引入模型呢？变量的选择方法主要有**向前选择**（forward selection）、**向后剔除**（backward elimination）、**逐步回归**（stepwise regression）等。

1. 向前选择

向前选择法是从模型中没有自变量开始，然后按下面的步骤选择自变量来拟合模型。

① 处理多重共线性问题有很多种办法，感兴趣的读者可参考有关回归的书籍。

首先，分别拟合因变量 y 对 k 个自变量 x_1，x_2，…，x_k 的一元线性回归模型，共有 k 个，然后找出 F 统计量的值最大（或 P 值最小）的模型及其自变量 x_i，并将该自变量首先引入模型。如果所有模型均无统计上的显著性，则运算过程终止，没有模型被拟合。

其次，在模型已经引入 x_i 的基础上，再分别拟合引入模型外的 $k-1$ 个自变量 x_1，…，x_{i-1}，x_{i+1}，…，x_k 的回归模型，即自变量组合为 x_i+x_1，…，x_i+x_{i-1}，x_i+x_{i+1}，…，x_i+x_k 的 $k-1$ 个回归模型。然后分别考察这 $k-1$ 个模型，挑选出 F 统计量的值最大（或 P 值最小）的含有两个自变量的模型，并将使 F 值最大（或 P 值最小）的那个自变量 x_j 引入模型。如果除 x_i 之外的 $k-1$ 个自变量中没有一个是统计上显著的，则运算过程终止。如此反复，直至模型外的自变量均无统计显著性为止。

向前选择法的特点是：只要某个自变量被选入模型，这个变量就一定会保留在模型中。

2. 向后剔除

与向前选择法相反，向后剔除法的基本过程如下：

首先，拟合因变量对所有 k 个自变量的回归模型。然后考察 p（$p<k$）个去掉一个自变量的模型（这些模型中的每一个都有 $k-1$ 个自变量），使模型的 SSE 值减小最少的自变量（F 统计量的值最小或其 P 值最大）被挑选出来并从模型中剔除。

其次，考察 $p-1$ 个去掉一个自变量的模型（这些模型中的每一个都有 $k-2$ 个自变量），使模型的 SSE 值减小最少的自变量被挑选出来并从模型中剔除。如此反复，直至剔除一个自变量不会使 SSE 显著减小为止。这时，模型中剩余的自变量都是显著的。

向后剔除法的特点是：只要某个自变量从模型中剔除，这个变量就不会再进入模型。

3. 逐步回归

逐步回归法是避免多重共线性的有效方法之一①，它将上述两种方法结合起来筛选自变量。前两步与向前选择相同。不过在新增加一个自变量后，它会对模型中所有的变量重新考察，看看有没有可能剔除某个自变量。如果在新增加一个自变量后，前面增加的某个自变量对模型的贡献变得不再显著，这个变量就会被剔除。按此方法不停地增加变量并考虑剔除以前增加的变量的可能性，直至增加变量已经不能导致 SSE 显著减小（这个过程可通过 F 检验来完成）。

逐步回归法的特点是：在前面步骤中增加的自变量在后面的步骤中有可能被剔除，而在前面步骤中剔除的自变量在后面的步骤中也可能重新进入模型。

① 除了逐步回归外，**岭回归**（ridge regression）是一种专门用于分析多重共线性数据的回归方法。它实际上是一种改良的最小二乘法，通过放弃最小二乘法的无偏性，以损失部分信息、降低精度为代价来寻求效果稍差但回归系数更符合实际的回归方程。当然，由于存在多重共线性，有些重要的解释变量也可能无法得到分析。

例 10 - 3

沿用例 10 - 1。用逐步回归法建立日均营业额（y）与周边居民人数（x_1）、用餐平均支出（x_2）、周边居民月平均收入（x_3）、周边餐馆数（x_4）和距市中心距离（x_5）的回归方程。

解：下面的文本框中给出了利用 SPSS 进行逐步回归的操作步骤。

逐步回归

第 1 步：选择【分析】→【回归—线性】，进入主对话框。

第 2 步：在对话框中将因变量选入【因变量】，将所有自变量选入【自变量】，并在【方法】下选择【逐步】。

第 3 步：点击【选项】，并在【步进方法标准】下选中【使用 F 的概率】，并在【进入】框中输入增加变量所要求的显著性水平（隐含值为 0.05，一般不用改变）；在【删除】框中输入剔除变量所要求的显著性水平（隐含值为 0.10，一般不用改变）。点击【继续】回到主对话框。点击【确定】。

（注：需要预测时，点击【保存】，在【预测值】下选中【未标准化】（输出点预测值）；在【预测区间】下选中【均值】和【单值】（输出置信区间和预测区间）；在【置信区间】中选择所要求的置信水平（隐含值为 95%，一般不用改变）。需要进行残差分析时，在【残差】下选中所需的残差。需要输出标准化残差的直方图和正态概率图时，点击【绘制】，在【标准化残差图】下选中【直方图】和【正态概率图】。）

由 SPSS 输出的逐步回归结果如表 10 - 6 至表 10 - 9 所示。

表 10 - 6 最先引入的自变量是周边居民人数 x_1（模型 1），其次是用餐平均支出 x_2（模型 2），而其他 3 个自变量（周边居民月平均收入、周边餐馆数和距市中心距离）均被剔除出模型。

表 10 - 6　　　变量的进入和移出标准

输入／移去的变量[a]

模型	输入的变量	移去的变量	方法
1	x1	.	步进（准则: F-to-enter 的概率 <= .050，F-to-remove 的概率 >= .100）。
2	x2	.	步进（准则: F-to-enter 的概率 <= .050，F-to-remove 的概率 >= .100）。

a. 因变量: y。

表 10 - 7 给出了两个回归模型的一些主要统计量，包括多重相关系数 R、判定系数 R^2、调整的判定系数 R_a^2 以及估计标准误差 s_e 等。

从表 10 - 7 可以看到，只含有周边居民人数一个自变量的回归方程，其 $R^2=0.723$；含有周边居民人数和用餐平均支出两个自变量的回归方程，其调整的 $R_a^2=0.799$。表明两个模型的拟合程度都比较高。

表 10-7　　两个模型的主要统计量

模型汇总[c]

模型	R	R方	调整R方	标准 估计的误差
1	.851[a]	.723	.711	13.2182
2	.903[b]	.816	.799	11.0193

a. 预测变量：(常量), x1。
b. 预测变量：(常量), x1, x2。
c. 因变量：y。

表 10-8 给出了回归的方差分析表。两个模型 F 检验的显著性水平均接近 0，表明两个模型都是显著的。

表 10-8　　两个模型的方差分析表

Anova[c]

模型		平方和	df	均方	F	Sig.
1	回归	10508.924	1	10508.924	60.147	.000[a]
	残差	4018.558	23	174.720		
	总计	14527.482	24			
2	回归	11856.120	2	5928.060	48.821	.000[b]
	残差	2671.361	22	121.426		
	总计	14527.482	24			

a. 预测变量：(常量), x1。
b. 预测变量：(常量), x1, x2。
c. 因变量：y。

表 10-9 给出了两个模型参数的估计值，即回归系数和**标准化回归系数**①(standardized coefficients)，以及用于检验的 t 统计量和相应的显著性水平，检验结果均显著。

表 10-9　　模型参数的估计和检验

系数[a]

模型		非标准化系数		标准系数	t	Sig.
		B	标准 误差	试用版		
1	(常量)	-6.101	4.960		-1.230	.231
	x1	.322	.042	.851	7.755	.000
2	(常量)	-10.793	4.368		-2.471	.022
	x1	.196	.051	.517	3.818	.001
	x2	.175	.053	.451	3.331	.003

a. 因变量：y。

根据上面的回归结果，可考虑使用二元线性回归模型，其估计方程为：

$$\hat{y}=-10.793+0.196x_1+0.175x_2$$

① 计算标准化回归系数时，首先将因变量和各个自变量标准化，然后根据标准化后的值进行回归，得到的方程称为标准化回归方程，该方程中的回归系数就是标准化回归系数，用 $\bar{\beta}$ 表示。标准化偏回归系数 $\bar{\beta}_i$ 的含义是：在其他自变量取值不变的条件下，自变量 x_i（这里是指原始数据）每变动一个标准差，因变量平均变动 $\bar{\beta}_i$ 个标准差。

10.4　利用回归方程进行预测

建立多元线性回归模型后，可根据给定的 k 个自变量，求出因变量 y 的平均值的置信区间和个别值的预测区间。置信区间和预测区间的计算公式复杂，这里不再给出。利用 SPSS 很容易得到结果。

例 10－4

沿用例 10－1。用逐步回归法得到的回归方程为 $\hat{y}=-10.793+0.196x_1+0.175x_2$，求日均营业额 95%的置信区间和预测区间。

解：由 SPSS 逐步回归得到的日均营业额 95%的置信区间和预测区间如表 10－10 所示。

表 10－10　　日均营业额的置信区间和预测区间

	餐馆编号	y	PRE_1	RES_1	ZRE_1	LMCI_1	UMCI_1	LICI_1	UICI_1
1	1	53.2	50.73	2.47	.22	43.81	57.66	26.85	74.61
2	2	18.5	-4.00	22.50	2.04	-11.88	3.87	-28.18	20.17
3	3	11.3	25.69	-14.39	-1.31	20.57	30.80	2.27	49.11
4	4	84.7	67.52	17.18	1.56	51.02	84.02	39.33	95.71
5	5	7.3	7.76	-.46	-.04	-.94	16.46	-16.69	32.21
6	6	17.9	17.36	.54	.05	11.39	23.33	-6.26	40.98
7	7	2.5	3.40	-.90	-.08	-4.03	10.84	-20.63	27.44
8	8	27.3	30.56	-3.26	-.30	25.84	35.28	7.22	53.90
9	9	5.9	9.51	-3.61	-.33	3.59	15.42	-14.10	33.11
10	10	23.9	39.97	-16.07	-1.46	34.50	45.43	10.47	63.46
11	11	69.4	59.25	10.15	.92	49.60	68.90	34.44	84.06
12	12	20.6	18.03	2.57	.23	12.48	23.58	-5.49	41.55
13	13	1.9	-7.14	9.04	.82	-15.59	1.32	-31.50	17.23
14	14	3.0	11.72	-8.72	-.79	6.20	17.24	-11.79	35.23
15	15	7.3	2.33	4.97	.45	-5.07	9.73	-21.69	26.35
16	16	46.2	24.52	21.68	1.97	18.46	30.58	.88	48.16
17	17	78.8	78.02	.78	.07	61.20	94.85	49.64	106.40
18	18	11.1	11.48	-.38	-.03	4.60	18.35	-12.39	35.34
19	19	8.6	25.32	-16.72	-1.52	20.44	30.20	1.95	48.69
20	20	48.9	48.96	-.06	-.01	42.36	55.56	25.17	72.74
21	21	22.1	27.18	-5.08	-.46	21.07	33.30	3.52	50.84
22	22	11.1	11.48	-.38	-.03	4.61	18.35	-12.38	35.35
23	23	8.6	25.31	-16.71	-1.52	20.44	30.19	1.95	48.68
24	24	48.9	48.95	-.05	.00	42.36	55.55	25.17	72.74
25	25	22.1	27.19	-5.09	-.46	21.07	33.31	3.53	50.85

表 10－10 中的 PRE _ 1 是用周边居民人数和用餐平均支出两个自变量得到的日均营业额的点估计值；RES _ 1 是预测的残差（$y_i-\hat{y}_i$）；ZRE _ 1 是标准化残差；LMCI _ 1 和 UMCI _ 1 是置信区间的下限和上限；LICI _ 1 和 UICI _ 1 是预测区间的下限和上限。

图 10－2 和图 10－3 给出了标准化残差的直方图和正态概率图。可以看出，标准化残差基本上服从正态分布。

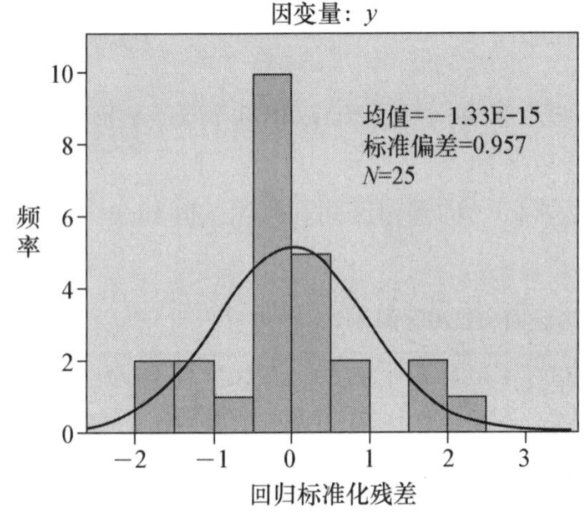

图 10－2 标准化残差的直方图

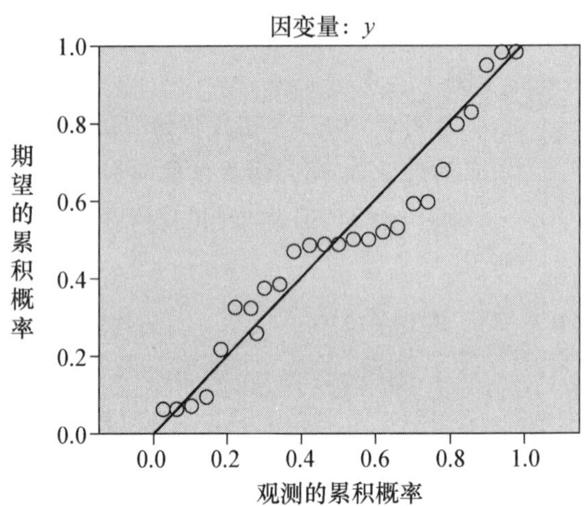

图 10－3 标准化残差的正态概率图

10.5 哑变量回归

前面介绍的回归自变量都是数值型的。但在实际中，有时需要利用类别自变量来处理问题，比如，性别（男、女），贷款企业的类型（家电、医药、其他）。由于这些类别变量的取值本身是用文字描述的，因此要把它们放进回归模型中，必须先将文字用代码来表示，这种代码化的类别自变量称为**哑变量**（dummy variable）或虚拟变量。在回归模型中使用哑变量时称为哑变量回归或虚拟自变量回归。

10.5.1 在模型中引入哑变量

怎样将哑变量引入回归模型呢？当类别自变量只有两个水平（取值）时，比如，性别（男、女），可在回归中引入一个哑变量；当类别自变量有两个以上水平时，比如，服务企业的类型（零售业、旅游业、航空业，等等），需要在回归模型中引入一个以上的哑变量。一般而言，如果类别自变量有 k 个水平，则需要在回归模型中引入 $k-1$ 个哑变量。对于有 k 个水平的类别自变量，引入的哑变量表示为：

$$x_1=\begin{cases}1, & \text{水平 }1\\0, & \text{其他水平}\end{cases},\ x_2=\begin{cases}1, & \text{水平 }2\\0, & \text{其他水平}\end{cases},\ \cdots,\ x_{k-1}=\begin{cases}1, & \text{水平 }k-1\\0, & \text{其他水平}\end{cases}$$

下面通过一个例子说明如何引入哑变量。

 例 10-5

为研究考试分数与性别之间的关系，随机抽取 10 名学生，得到统计学的考试分数，如表 10-11 所示。

表 10-11　　10 名学生统计学的考试分数

考试成绩（y）	性别	性别（x）
96	女	0
68	男	1
51	男	1
78	女	0
81	女	0
72	男	1
76	女	0
45	男	1
65	女	0
95	女	0

为将“性别”这一变量引入回归模型，需要引进下面的哑变量：

$$x=\begin{cases}1, & \text{男性}\\ 0, & \text{女性}\end{cases}$$

对于性别变量的两个水平（男性、女性），将哪个水平指定为 1，哪个水平指定为 0 完全是任意的。这里将男性指定为 1，女性指定为 0，得到引入哑变量的数据，如表 10-11 的最后一列所示。

10.5.2　含有一个哑变量的回归

下面通过一个例子来说明，将一个哑变量引入回归模型后应如何解释回归结果。

例 10-6

沿用例 10-1。假定在分析影响日均营业额的因素中，再考虑“交通方便程度”变量，并设其取值为“方便”和“不方便”。为便于理解，原来的 5 个自变量中只保留用餐平均支出一个数值自变量。假定调查得到的数据如表 10-12 所示。

表 10－12　25 家餐馆的日均营业额、用餐平均支出和交通方便程度数据

	餐馆编号	日均营业额	用餐平均支出	交通方便程度
1	1	53.2	168.6	方便
2	2	18.5	22.5	方便
3	3	11.3	109.4	不方便
4	4	84.7	277.0	方便
5	5	7.3	17.4	不方便
6	6	17.9	93.0	方便
7	7	2.5	21.5	不方便
8	8	27.3	114.5	方便
9	9	5.9	61.3	不方便
10	10	23.9	129.8	方便
11	11	69.4	159.4	方便
12	12	20.6	91.0	方便
13	13	1.9	6.1	不方便
14	14	3.0	60.3	不方便
15	15	7.3	51.1	不方便
16	16	46.2	73.6	方便
17	17	78.8	171.7	方便
18	18	11.1	38.8	不方便
19	19	8.6	105.3	不方便
20	20	48.9	161.5	不方便
21	21	22.1	122.6	不方便
22	22	11.1	38.8	方便
23	23	8.6	105.3	不方便
24	24	48.9	161.5	不方便
25	25	22.1	122.6	不方便

建立以下两个模型，并比较引入哑变量和不引入哑变量对回归结果的影响。

(1) 日均营业额与用餐平均支出的一元回归模型。

(2) 日均营业额与用餐平均支出和交通方便程度的二元回归模型。

解：日均营业额与用餐平均支出的一元回归结果如表 10－13、表 10－14 和表 10－15 所示。

表 10－13　日均营业额与用餐平均支出回归模型的主要统计量

模型汇总

模型	R	R 方	调整 R 方	标准 估计的误差
1	.833[a]	.694	.681	13.8962

a. 预测变量：(常量)，用餐平均支出。

表 10－13 给出的 $R^2=69.4\%$，表明用餐平均支出解释了日均营业额误差的 69.4%；表 10－14 给出的显著性水平接近 0（实际值为 2.34E－7），表明模型显著；表 10－15 给出的回归系数 $\hat{\beta}_1=0.324$，表示用餐平均支出每变动 1 元/人，日均营业额平均变动 0.324 万元。

表 10-14 日均营业额与用餐平均支出回归模型的方差分析

Anova[b]

模型		平方和	df	均方	F	Sig.
1	回归	10086.070	1	10086.070	52.231	.000[a]
	残差	4441.411	23	193.105		
	总计	14527.482	24			

a. 预测变量：(常量)，用餐平均支出。
b. 因变量：营业额(万元)

表 10-15 日均营业额与用餐平均支出回归模型的参数估计和检验

系数[a]

模型		非标准化系数		标准系数	t	Sig.
		B	标准 误差	试用版		
1	(常量)	-5.752	5.251		-1.095	.285
	用餐平均支出	.324	.045	.833	7.227	.000

a. 因变量：营业额(万元)

现在建立引入“交通方便程度”这一类别变量的二元回归模型，看看对回归结果有什么影响。设用餐平均支出为 x_1，交通方便程度为 x_2，引入下面的哑变量：

$$x_2=\begin{cases}0, & \text{方便}\\1, & \text{不方便}\end{cases}$$

下面的文本框中给出了利用 SPSS 进行哑变量回归的操作步骤。

哑变量回归

使用 SPSS 进行哑变量回归时，不需要将分类自变量的取值类别虚拟化为 0 和 1，直接使用类别即可。具体操作步骤如下：

第 1 步：选择【分析】→【一般线性模型—单变量】，进入主对话框。

第 2 步：将因变量（本例为“日均营业额”）选入【因变量】，将哑变量（本例为“交通方便程度”）选入【固定因子】（如果模型中还含有数值自变量，将数值自变量（本例为“用餐平均支出”）选入【协变量】)。

第 3 步：点击【模型】，并点击【指定】，将哑变量选入【模型】（若模型中含有数值自变量，将其也选入【模型】)；在【建模项】下选择【主效应】。点击【继续】回到主对话框。

第 4 步：点击【选项】，在【输出】下选中【参数估计】(估计模型中的参数)。点击【继续】回到主对话框。

第 5 步：(需要进行预测和残差分析时）点击【保存】，在【预测值】下选择【未标准化】；在【残差】下选择【未标准化】。点击【继续】回到主对话框。点击【确定】。

由 SPSS 输出的回归结果如表 10－16 和表 10－17 所示。

表 10－16　日均营业额与用餐平均支出和交通方便程度回归的模型检验

主体间效应的检验

因变量:营业额(万元)

源	III 型平方和	df	均方	F	Sig.
校正模型	11267.238[a]	2	5633.619	38.015	.000
截距	8.157	1	8.157	.055	.817
交通方便程度	1181.168	1	1181.168	7.970	.010
用餐平均支出	7074.116	1	7074.116	47.736	.000
误差	3260.243	22	148.193		
总计	32009.610	25			
校正的总计	14527.482	24			

a. R 方＝.776（调整 R 方＝.755）

表 10－16 中的第 1 行给出了回归模型的显著性检验。由于显著性水平 Sig. 接近 0（实际值为 7.272E－8），表明日均营业额与用餐平均支出和交通方便程度的二元回归模型显著。“交通方便程度”这一类别变量的效应检验的显著性水平为 0.01，表明它对日均营业额的影响显著。用餐平均支出检验的显著性水平接近 0（实际值为 6.15E－7），表明用餐平均支出对日均营业额的影响显著。表的下方给出的调整的判定系数为 0.755 即 75.5%，表明用餐平均支出和交通方便程度共同解释了日均营业额差异的 75.5%，比不加入交通方便程度变量时的 69.4%高出了很多。这表明交通方便程度是影响日均营业额的一个重要因素。

表 10－17　日均营业额与用餐平均支出和交通方便程度回归的参数估计和检验

参数估计

因变量:营业额(万元)

参数	B	标准 误差	t	Sig.	95% 置信区间	
					下限	上限
截距	6.164	6.243	.987	.334	-6.782	19.111
[交通方便程度=不方便]	-14.619	5.178	-2.823	.010	-25.358	-3.880
[交通方便程度=方便]	0[a]	.	.	.	.	.
用餐平均支出	.286	.041	6.909	.000	.200	.372

a. 此参数为冗余参数，将被设为零。

表 10－17 给出了回归模型的参数估计和检验结果。用餐平均支出和交通方便程度的回归系数均显著。得到的二元回归方程为：

$$\hat{y}=6.164+0.286x_1-14.619x_2$$

为解释回归方程中各系数的含义，先考察含有一个数值自变量（用餐平均支出 x_1）和一个哑变量（交通方便程度 x_2）的回归方程 $E(y)=\beta_0+\beta_1x_1+\beta_2x_2$。

当方程中含有一个哑变量时，为合理地解释 β_1 和 β_2，先考虑 $x_2=0$（交通为“方

便”）的情形，用$E(y|方便)$表示已知交通为“方便”时的日均营业额，则有

$$E(y|方便)=\beta_0+\beta_1x_1+\beta_2\times0=\beta_0+\beta_1x_1$$

同样，交通为“不方便”（$x_2=1$）时，则有

$$E(y|不方便)=\beta_0+\beta_1x_1+\beta_2\times1=(\beta_0+\beta_2)+\beta_1x_1$$

通过比较可以看出，这两个方程的斜率都是β_1，但截距不同。交通为“方便”时，方程的截距是β_0；交通为“不方便”时，方程的截距是$\beta_0+\beta_2$。

β_0 表示交通为“方便”时的期望日均营业额。

$\beta_0+\beta_2$ 表示交通为“不方便”时的期望日均营业额。

β_1 表示用餐平均支出每变动 1 元/人，交通为“方便”或“不方便”时日均营业额的平均增加值。

β_2 表示交通为“不方便”时的期望营业额与交通为“方便”时的期望营业额之间的差值，即$(\beta_0+\beta_2)-\beta_0=\beta_2$。

如果β_2是正的，表示交通为“不方便”时的日均营业额高于交通为“方便”时的日均营业额；如果β_2是负的，表示交通为“不方便”时的日均营业额低于交通为“方便”时的日均营业额；如果$\beta_2=0$，表示交通为“不方便”时的日均营业额与交通为“方便”时的日均营业额之间没有差别。

根据本例得到的二元回归方程 $\hat{y}=6.164+0.286x_1-14.619x_2$ 可知，$\hat{\beta}_0=6.164$，表示交通为“方便”时日均营业额的期望值为 6.164 万元。

$\hat{\beta}_0+\hat{\beta}_2=6.164-14.619=-8.455$ 表示：交通为“不方便”时，日均营业额的期望值为-8.455万元。

$\hat{\beta}_1=0.286$ 表示：用餐平均支出每变动 1 元/人，交通为“方便”或“不方便”时，日均营业额的平均增加值为 0.286 万元。

$\hat{\beta}_2=-14.619$ 表示：交通为“不方便”时日均营业额的期望值比交通为“方便”时日均营业额的期望值低 14.619 万元。

因此，当$x_2=0$（交通为“方便”）时，有

$$\hat{y}=6.164+0.286x_1$$

当$x_2=1$（交通为“不方便”）时，有

$$\hat{y}=(6.164-14.619)+0.286x_1=-8.455+0.286x_1$$

实际上，将“交通方便程度”作为哑变量引入模型，为预测日均营业额提供了两个方程：一个对应于交通为“方便”时的日均营业额，另一个对应于交通为“不方便”时的日均营业额。这两个方程的唯一区别是截距不同，而它们的截距差值正是交通为“不方便”时和交通为“方便”时的日均营业额期望值的差值（-14.619万元）。

根据日均营业额与用餐平均支出和交通方便程度的二元回归方程，预测的日均营业额及其残差如表 10－18 所示。

表 10－18　根据用餐平均支出和交通方便程度预测的日均营业额及其残差

	餐馆编号	日均营业额	用餐平均支出	交通方便程度	PRE_1	RES_1
1	1	53.2	168.6	方便	54.46	-1.26
2	2	18.5	22.5	方便	12.61	5.89
3	3	11.3	109.4	不方便	22.88	-11.58
4	4	84.7	277.0	方便	85.50	-.80
5	5	7.3	17.4	不方便	-3.47	10.77
6	6	17.9	93.0	方便	32.80	-14.90
7	7	2.5	21.5	不方便	-2.30	4.80
8	8	27.3	114.5	方便	38.96	-11.66
9	9	5.9	61.3	不方便	9.10	-3.20
10	10	23.9	129.8	方便	43.34	-19.44
11	11	69.4	159.4	方便	51.82	17.58
12	12	20.6	91.0	方便	32.23	-11.63
13	13	1.9	6.1	不方便	-6.71	8.61
14	14	3.0	60.3	不方便	8.82	-5.82
15	15	7.3	51.1	不方便	6.18	1.12
16	16	46.2	73.6	方便	27.25	18.95
17	17	78.8	171.7	方便	55.34	23.46
18	18	11.1	38.8	不方便	2.66	8.44
19	19	8.6	105.3	不方便	21.71	-13.11
20	20	48.9	161.5	不方便	37.80	11.10
21	21	22.1	122.6	不方便	26.66	-4.56
22	22	11.1	38.8	方便	17.29	-6.19
23	23	8.6	105.3	不方便	21.70	-13.10
24	24	48.9	161.5	不方便	37.80	11.10
25	25	22.1	122.6	不方便	26.67	-4.57

□ 本章图解：多元线性回归的建模过程

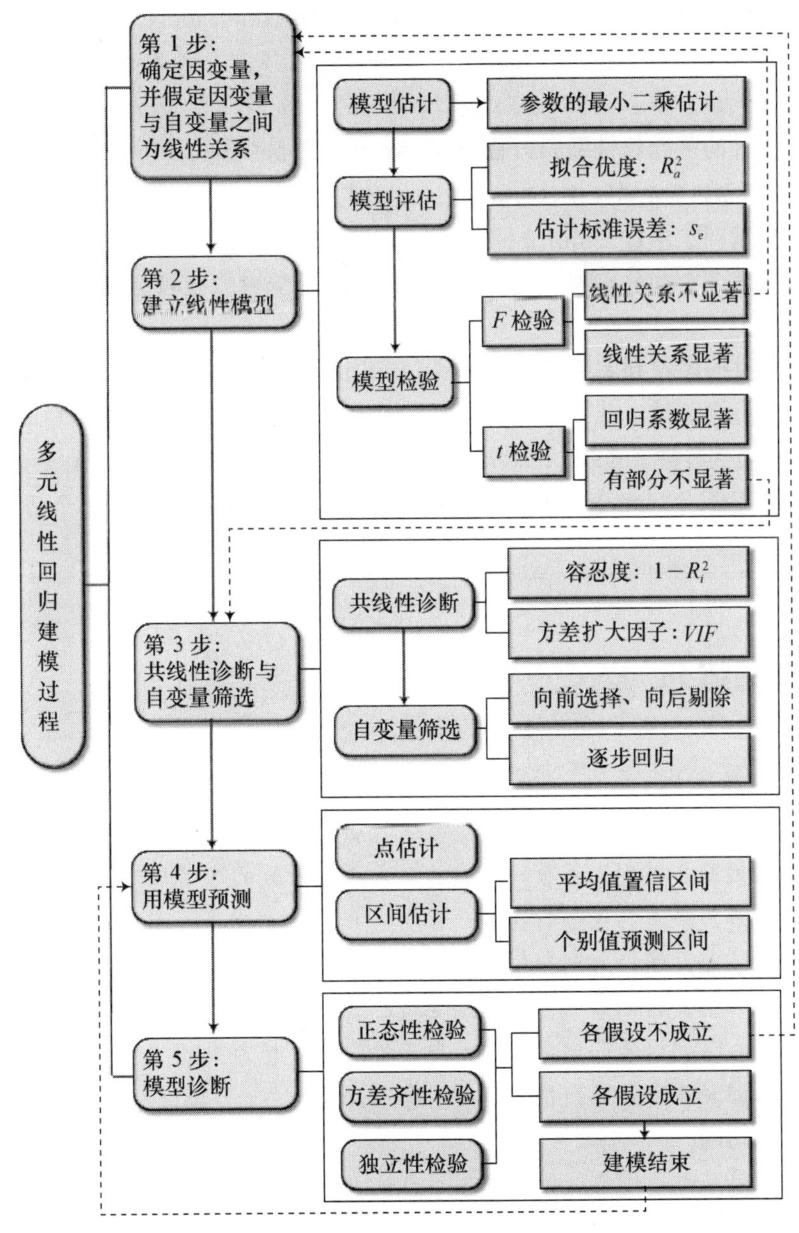

□ 主要术语

● **多元线性回归模型**（multiple linear regression model）：描述因变量 y 如何依赖于自变量 x_1，x_2，…，x_k 和误差项 ε 的方程。一般形式为：$y=\beta_0+\beta_1x_1+\beta_2x_2+\cdots+\beta_kx_k+\varepsilon$。

● **估计的多元线性回归方程**（estimated multiple linear regression equation）：根据样本数据求出的多元回归方程的估计。一般形式为：$\hat{y}=\hat{\beta}_0+\hat{\beta}_1x_1+\hat{\beta}_2x_2+\cdots+\hat{\beta}_kx_k$。

● **多重判定系数**（multiple coefficient of determination）：多元线性回归中回归平方和占总平方和的比例，反映因变量 y 取值的变差中能被估计的多元回归方程解释的比例。

● **调整的多重判定系数**（adjusted multiple coefficient of determination）：用样本量 n 和自变量的个数 k 进行调整的判定系数，记为 R_a^2。

● **多重共线性**（multicollinearity）：回归模型中两个或两个以上的自变量彼此相关。

● **哑变量**（dummy variable）：也称虚拟变量，用数字代码表示的回归模型中的类别自变量。

□ 思考与练习

一、思考题

10.1 简述多元线性回归建模的基本步骤。

10.2 解释多重判定系数和调整的多重判定系数的含义与作用。

10.3 解释多重共线性的含义。

10.4 多重共线性对回归模型有哪些影响?

10.5 多重共线性的判别方法主要有哪些?

10.6 在多元线性回归中，选择自变量的方法有哪些?

10.7 解释哑变量回归中各参数的含义。

二、练习题

10.1 一家电器销售公司的管理人员认为每月的销售额是广告费用的函数，想通过广告费用对月销售额做出估计。下面是近8个月的销售额与广告费用数据：

月销售收入 y（万元）	电视广告费用 x_1（万元）	报纸广告费用 x_2（万元）
96	5.0	1.5
90	2.0	2.0

续前表

月销售收入 y（万元）	电视广告费用 x_1（万元）	报纸广告费用 x_2（万元）
95	4.0	1.5
92	2.5	2.5
95	3.0	3.3
94	3.5	2.3
94	2.5	4.2
94	3.0	2.5

(1) 用月销售额作因变量，电视广告费用作自变量，建立估计的回归方程。

(2) 用月销售额作因变量，电视广告费用和报纸广告费用作自变量，建立估计的回归方程，并说明回归系数的意义。

(3) 上述 (1) 和 (2) 所建立的估计方程，电视广告费用的系数是否相同？对其回归系数分别进行解释。

(4) 根据 (1) 和 (2) 所建立的估计方程，说明它们的 R^2 的意义。

10.2　某农场通过试验取得早稻收获量与春季降雨量和春季温度的数据如下：

收获量 y（kg/hm²）	降雨量 x_1（mm）	温度 x_2（℃）
2 250	25	6
3 450	33	8
4 500	45	10
6 750	105	13
7 200	110	14
7 500	115	16
8 250	120	17

建立早稻收获量对春季降雨量和春季温度的二元线性回归方程，并对回归模型的线性关系和回归系数进行检验（$\alpha=0.05$）。你认为模型中是否存在多重共线性？

10.3　一家房地产评估公司想对某城市的房地产销售价格（y）与地产的评估价值（x_1）、房产的评估价值（x_2）和使用面积（x_3）建立一个模型，以便对销售价格做出合理预测。为此，收集了 20 栋住宅的房地产评估数据如下：

房地产编号	销售价格 y（元/平方米）	地产估价 x_1（万元）	房产估价 x_2（万元）	使用面积 x_3（平方米）
1	6 890	596	4 497	18 730
2	4 850	900	2 780	9 280
3	5 550	950	3 144	11 260
4	6 200	1 000	3 959	12 650
5	11 650	1 800	7 283	22 140
6	4 500	850	2 732	9 120

续前表

房地产编号	销售价格 y（元/平方米）	地产估价 x_1（万元）	房产估价 x_2（万元）	使用面积 x_3（平方米）
7	3 800	800	2 986	8 990
8	8 300	2 300	4 775	18 030
9	5 900	810	3 912	12 040
10	4 750	900	2 935	17 250
11	4 050	730	4 012	10 800
12	4 000	800	3 168	15 290
13	9 700	2 000	5 851	24 550
14	4 550	800	2 345	11 510
15	4 090	800	2 089	11 730
16	8 000	1 050	5 625	19 600
17	5 600	400	2 086	13 440
18	3 700	450	2 261	9 880
19	5 000	340	3 595	10 760
20	2 240	150	578	9 620

利用 SPSS 进行逐步回归，确定估计方程，并给出销售价格的预测值及其 95%的置信区间和预测区间。

10.4　为分析某行业中男性与女性的薪水有无差异，从该行业中随机抽取 15 名员工，得到的有关数据如下：

月薪 y（元）	工龄 x_1（年）	性别 x_2（1=男性，0=女性）
1 548	3.2	1
1 629	3.8	1
1 011	2.7	0
1 229	3.4	0
1 746	3.6	1
1 528	4.1	1
1 018	3.8	0
1 190	3.4	0
1 551	3.3	1
985	3.2	0
1 610	3.5	1
1 432	2.9	1
1 215	3.3	0
990	2.8	0
1 585	3.5	1

进行回归并对结果加以分析。

10.5 下表是我国 2010 年各地区生产总值和税收额数据。

地区	所属区域	地区生产总值（亿元）	税收额（亿元）
北　京	东部	14 113.58	6 229.73
天　津	东部	9 224.46	2 730.21
河　北	东部	20 394.26	2 377.21
山　西	中部	9 200.86	1 635.23
内蒙古	西部	11 672.00	1 550.10
辽　宁	东北	18 457.27	3 314.93
吉　林	东北	8 667.58	1 072.16
黑龙江	东北	10 368.60	1 301.85
上　海	东部	17 165.98	8 003.43
江　苏	东部	41 425.48	7 234.77
浙　江	东部	27 722.31	5 634.81
安　徽	中部	12 359.33	1 654.94
福　建	东部	14 737.12	2 155.36
江　西	中部	9 451.26	1 120.67
山　东	东部	39 169.92	5 135.03
河　南	中部	23 092.36	1 923.05
湖　北	中部	15 967.61	1 779.19
湖　南	中部	16 037.96	1 514.67
广　东	东部	46 013.06	10 051.19
广　西	西部	9 569.85	1 064.74
海　南	东部	2 064.50	475.82
重　庆	西部	7 925.58	1 084.93
四　川	西部	17 185.48	2 072.87
贵　州	西部	4 602.16	811.16
云　南	西部	7 224.18	1 636.81
西　藏	西部	507.46	50.14
陕　西	西部	10 123.48	1 622.44
甘　肃	西部	4 120.75	604.51
青　海	西部	1 350.43	200.62
宁　夏	西部	1 689.65	254.43
新　疆	西部	5 437.47	1 092.88

建立税收额与地区生产总值和所属区域（哑变量）的二元线性回归模型，并对模型进行评价和分析。

第 11 章 时间序列预测

Chapter 11

问题与思考：如何预测社会消费品零售总额?

社会消费品零售总额包括企业（单位、个体户）通过交易直接出售给个人、社会集团非生产、非经营用的实物商品金额，以及提供餐饮服务所取得的收入金额。

各年度的社会消费品零售总额不仅反映了一个社会当期的消费水平，也能反映出消费的成长潜力和趋势，进而反映出对经济的拉动程度，因而成为制定宏观经济政策的一个重要参考指标。合理预测未来的社会消费品零售总额，对未来政策的制定具有极其重要的参考价值。下面的图形显示了我国 2002 年 1 月至 2012 年 12 月各月社会消费品零售总额的走势。

怎样预测下个年度各月的社会消费

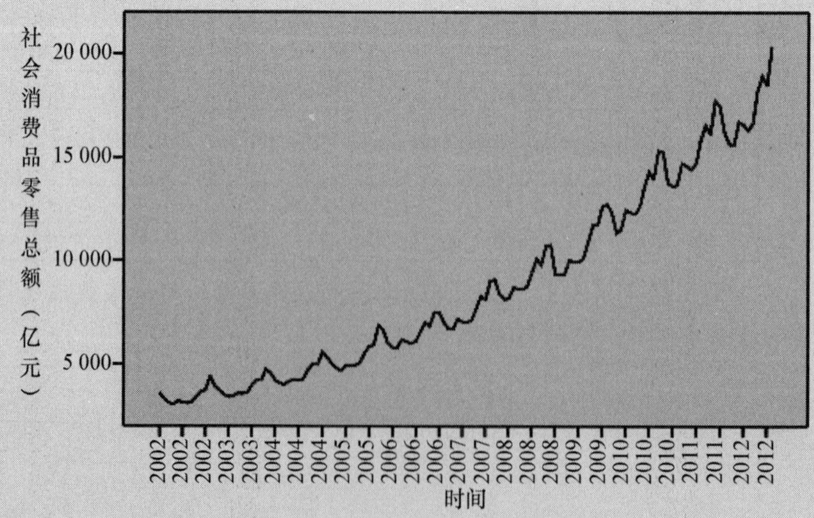

品零售总额呢？首先需要弄清楚它在2002 年 1 月至 2012 年 12 月这段时间里是如何变化的，找出其变化的模式。如果预期过去的变化模式在未来的一段时间里能够延续，就可以根据这一模式找到适当的预测模型进行预测。本章介绍的内容就是有关时间序列的预测问题。

明年的企业销售额会达到多少？下个月的汽车销售价格会下降吗？这只股票明天会上涨吗？现实生活中经常会关心未来的事，也就是要对未来做出预测。而做出预测的依据之一就是这些现象在过去一段时间里的变化情况，这就需要考察时间序列的变化模式，并假定这种模式在未来一段时间会延续，进而建立适当的模型进行预测。

11.1 时间序列的成分和预测方法

时间序列（time series）是按时间顺序记录的一组数据。其中观察的时间可以是年份、季度、月份或其他任何时间形式。为便于表述，本章中使用 t 表示观察的时间，Y_t（$t=1, 2, \cdots, n$）表示在时间 t 上的观测值。

11.1.1 时间序列的成分

时间序列的变化可能受一种或几种因素的影响，导致它在不同时间上取值的差异，这些影响因素就是时间序列的**组成要素**（components）。一个时间序列通常由 4 种要素组成，即趋势、季节变动、循环波动和不规则波动。

趋势（trend）是时间序列在一段较长时期内呈现出来的持续向上或持续向下的变动。比如，你可以想象一个地区的 GDP 是年年增长的，一个企业的生产成本是逐年下降的，这些都是趋势。趋势在一定观察期内可能呈线性变化，但随着时间的推移也可能呈现出非线性变化。

季节变动（seasonal fluctuation）是时间序列呈现出的以年为周期长度的固定变动模式，这种模式年复一年重复出现。它是诸如气候条件、生产条件、节假日或人们的风俗习惯等各种因素影响的结果。农业生产、交通运输、旅游、商品销售等都有明显的季节变动特征。比如，一个商场在节假日的打折促销会使销售额增加，铁路和航空客运在节假日会迎来客流高峰，一个水力发电企业会因水流高峰的到来而发电量猛增，这些都是由季节变化引起的。

循环波动（cyclical fluctuation）也称周期波动，它是时间序列呈现出的非固定长度的周期性变动。比如，人们经常听到的景气周期、加息周期这类术语就是循环波动。循环波动的周期可能会持续一段时间，但与趋势不同，它不是朝着单一方向的持续变动，而是涨落相间的交替波动，比如经济从低谷到高峰，又从高峰慢慢滑入低谷，尔后又慢慢回升；它也不同于季节变动，季节变动有比较固定的规律，且变动周期为一年，循环波动则无固定规律，变动周期多在一年以上，且周期长短不一。观察循环波动需要非常长的时间序列，就大多数商务与经济数据而言，由于数据量的限制，难以找出波动的周期，因此，当序列较短时，可不必考虑循环波动。

不规则波动（irregular variations）也称随机波动，它是时间序列中除去趋势、季节变动和循环波动之后剩余的波动。随机波动是由一些偶然因素引起的，通常总是夹杂在时间序列中，致使时间序列产生一种波浪形或振荡式变动。随机波动的因素不可预知，也不能控制，因此在分析时通常不单独考虑。

时间序列的 4 个组成部分，即趋势（T）、季节变动（S）、循环波动（C）和不规则波动（I）与观测值的关系可以用加法模型（additive model）表示，也可以用乘法模型（multiplicative model）表示。其中较常用的是乘法模型，其表现形式为：

$$Y_t = T_t \times S_t \times C_t \times I_t \tag{11.1}$$

图 11－1 给出了含有不同成分的时间序列图。

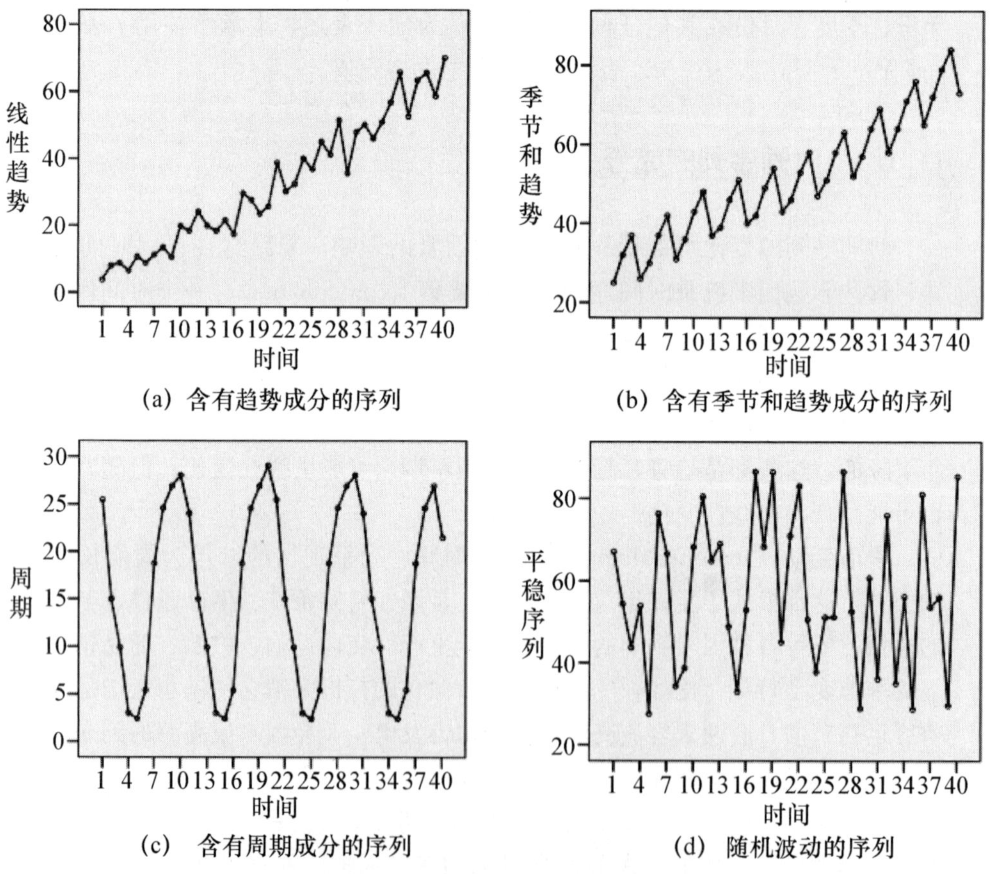

(a) 含有趋势成分的序列

(b) 含有季节和趋势成分的序列

(c) 含有周期成分的序列

(d) 随机波动的序列

图 11－1　含有不同成分的时间序列

一个时间序列可能仅有一种成分，也可能同时含有几种成分。通过观察时间序列的图形可以大致判断出时间序列所包含的成分。下面通过几个实际的时间序列来观察其所包含的成分。

例 11-1

表 11-1 是 2000—2015 年我国粮食产量、人均 GDP、原煤产量和居民消费价格指数（CPI）的时间序列。绘制图形观察其所包含的成分。

表 11-1　2000—2015 年我国的粮食产量等时间序列

	年份	粮食产量（万吨）	人均GDP（元）	原煤产量（亿吨）	CPI（上年100）
1	2000	46217.5	7942	13.8	100.4
2	2001	45263.7	8717	14.7	100.7
3	2002	45705.8	9506	15.5	99.2
4	2003	43069.5	10666	18.4	101.2
5	2004	46947.0	12487	21.2	103.9
6	2005	48402.2	14368	23.7	101.8
7	2006	49804.2	16738	25.7	101.5
8	2007	50160.3	20505	27.6	104.8
9	2008	52870.9	24121	29.0	105.9
10	2009	53082.1	26222	31.2	99.3
11	2010	54647.7	30876	34.3	103.3
12	2011	57120.9	36403	37.6	105.4
13	2012	58958.0	40007	39.5	102.6
14	2013	60193.8	43852	39.7	102.6
15	2014	60702.6	47203	38.7	102.0
16	2015	62143.9	50251	37.5	101.4

说明：人均 GDP 数据按当年价格计算。
资料来源：国家统计局网站．www. stats. gov. cn.

图 11-2 给出了 4 个时间序列的图形。

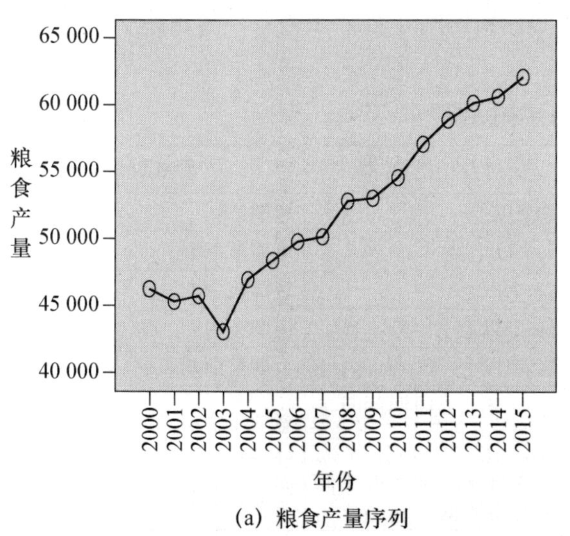

(a) 粮食产量序列

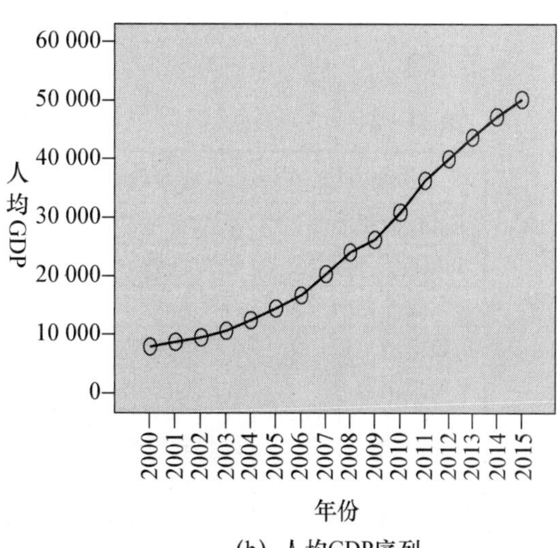

(b) 人均GDP序列

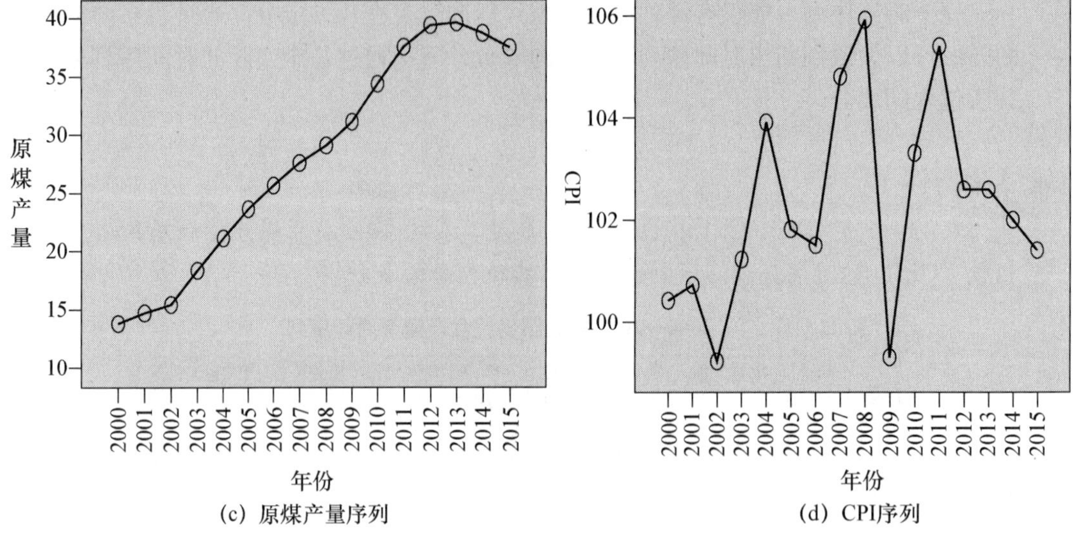

(c) 原煤产量序列 (d) CPI序列

图 11－2　表 11－1 中 4 个时间序列的线图

从图 11－2 可以看出，粮食产量序列呈现出线性趋势；人均 GDP 序列呈现出指数变化趋势；原煤产量序列呈现出多阶曲线变化；CPI 序列没有明显的趋势，呈现出随机波动。

11.1.2　预测方法的选择与评估

选择什么样的方法进行预测，首先取决于历史数据的变化模式，即时间序列所包含的成分；其次，取决于所能获得的历史数据的多少，有些方法只要有少量的数据就能进行预测，有些方法却要求有较多数据；最后，方法的选择还取决于所要求的预测期的长短，有些方法只能进行短期预测，有些方法则可进行相对长期的预测。表 11－2 给出了本章要介绍的预测方法及其所适合的数据模式、对数据的要求和预测期的长短等信息。

表 11－2　预测方法的选择

预测方法	适合的数据模式	对数据的要求	预测期
简单指数平滑	平稳序列	5 个以上	短期
Holt 指数平滑	线性趋势	5 个以上	短期至中期
一元线性回归	线性趋势	10 个以上	短期至中期
指数模型	非线性趋势	10 个以上	短期至中期
多项式函数	非线性趋势	10 个以上	短期至中期
Winter 指数平滑	趋势和季节成分	至少有 4 个周期的季度或月份数据	短期至中期
分解预测	趋势、季节和循环成分	至少有 4 个周期的季度或月份数据	短期、中期、长期

在选择了预测方法并利用该方法进行预测后，反过来需要对所选择的方法进行评估，以确定所选择的方法是否正确。

一种预测方法的好坏取决于预测误差的大小。预测误差是预测值与实际值的差距，度量指标有平均误差（mean error）、平均绝对误差（mean absolute deviation）、均方误差（mean square error）、平均百分比误差（mean percentage error）和平均绝对百分比误差（mean absolute percentage error）等，其中较为常用的是均方误差。对于同一个时间序列有几种可供选择的预测方法时，以预测误差最小者为宜。

均方误差是误差平方和的平均数，用 MSE 表示，计算公式为：

$$MSE=\frac{\sum_{i=1}^{n}(Y_i-F_i)^2}{n} \tag{11.2}$$

式中，Y_i 是第 i 期的实际值；F_i 是第 i 期的预测值；n 为预测误差的个数。

11.2　平稳序列的预测

平稳序列（stationary series）是指不含趋势、季节变动和循环波动的序列，其波动主要是随机成分所致，序列的平均值不随时间的推移而变化，图 11-1（d）显示的就是一个平稳序列。平稳序列的预测方法有简单平均法（simple average）、移动平均法（moving average）、简单指数平滑法（simple exponential smoothing）、Box-Jenkins 方法（ARIMA 模型）等。前几种方法是通过对时间序列进行平滑以消除其随机波动的，因而也称为平滑法。本节主要介绍简单指数平滑法。

简单指数平滑预测是加权平均的一种特殊形式，它是把 t 期的实际值 Y_t 和 t 期的平滑值 S_t 加权平均作为 $t+1$ 期的预测值。观测值的权数随着时间离现时期的距离的变化呈现指数下降，因而称为指数平滑。

就简单指数平滑而言，$t+1$ 期的预测值是 t 期实际值 Y_t 和 t 期平滑值 S_t 的线性组合，其预测模型为：

$$F_{t+1}=\alpha Y_t+(1-\alpha)S_t \tag{11.3}$$

式中，F_{t+1} 为 $t+1$ 期的预测值；Y_t 为 t 期的实际值；S_t 为 t 期的平滑值；α 为平滑系数（$0\leqslant\alpha\leqslant1$）。

在开始计算时，还没有第 1 个时期的平滑值 S_1，通常设 S_1 等于 1 期的实际值，即 $S_1=Y_1$，或者设 $S_1=(Y_1+Y_2+Y_3)/3$。在使用 SPSS 做指数平滑预测时，系统会自动确定一个适当的初始值 S_1。

使用简单指数平滑法预测的关键是确定一个合适的平滑系数 α，因为不同的 α 对预测结果会产生不同的影响。当 $\alpha=0$ 时，预测值仅仅是重复上一期的预测结果；当 $\alpha=1$ 时，预测值就是上一期的实际值。α 越接近 1，模型对时间序列变化的反应就越及时，因为它对当前的实际值赋予了比预测值更大的权数。同样，α 越接近 0，模型对时间序列变化的反应就越慢，因为它对当前的预测值赋予了更大的权数。一般而言，当时间序列有较大的随机波动时，宜选较小的 α；如果倾向于使用近期的值进行预测，则宜选较大的 α。但实际应用时，还应考虑预测误差。预测时可选择几个 α 进行比较，然后找出预测误差最小的作为最后的 α 值。α 的取值一般不大于 0.5。若 α 大于 0.5 才能接近实际值，通常说明序列有某种趋势或波动过大，一般不适合用简单指数平滑法进行预测。在使用 SPSS 做指数平滑预测时，系统会自动确定一个适当的 α 值。

简单指数平滑法的优点是只需要少数几个观测值就能进行预测，方法相对简单，其缺点是预测值往往滞后于实际值，而且无法考虑趋势和季节成分。

例 11－2

沿用例 11－1。采用简单指数平滑法预测 2016 年的 CPI，计算出预测误差，并将实际值和预测后的序列绘制成图形进行比较。

解：下面的文本框中给出了利用 SPSS 做指数平滑预测的操作步骤。

指数平滑预测

使用 SPSS 进行时间序列预测时，首先需要对观测值序列附加时间因素。方法是选择【数据】→【定义日期】，然后在【个案为】下根据需要选择序列的时间形式，如【年份】【年份、季度】，等等，然后在【第 1 个个案为】中指定第一个观测值的开始时间。这样，SPSS 会在观测值序列之后加上时间变量。

第 1 步：选择【分析—预测】→【创建模型】，进入主对话框。

第 2 步：将预测变量选入【因变量】。在【专家建模器】下选择【指数平滑】，点击【条件】，在【模型类型】下选择【简单】（进行简单指数平滑预测），点击【继续】返回主对话框。

（注：做 Holt 指数平滑预测选择【Holt 线性趋势】。做 Winter 指数平滑预测选择【Winters 可加性】或【Winters 相乘性】。如果序列的趋势不依赖于序列的水平，选择【Winters 可加性】；如果序列的趋势依赖于序列的水平，选择【Winters 相乘性】。）

第 3 步：点击【保存】，在【保存】下选择需要输出的结果（变量），如【预测值】、【置信区间】下限和上限、【噪声残差】等。点击【选项】，在【预测阶段】下选中【模型评估期后的第一个个案到指定日期之间的个案】，进行简单指数平滑和 Holt 指数平滑预测时，在【Date】框内输入要预测的时期。比如要预测 2016 年的值，在【年】中输入要预测的年份，如 2016。进行 Winter 指数平滑预测时，在【日期】下的【年】中输入要预测的年份，在【季度】中输入要预测的季节值个数，比如要预测 2016 年 1—4 季度的值，在【年】中输入 2016，在【季度】中输入 4。

第 4 步：点击【图表】，在【每张图显示的内容】下选择图中要绘制的变量，如拟合值等（注：预测值是对未来的预测，拟合值是对历史数据的预测）。点击【确定】。

由 SPSS 输出的预测结果如表 11－3 所示。观测值和预测值的图形如图 11－3 所示。

表 11－3　　CPI 的简单指数平滑预测

	CPI	YEAR_	P_CPI_模型_1	NResidual_CPI_模型_1
1	100.4	2000	101.80	-1.40
2	100.7	2001	101.72	-1.02
3	99.2	2002	101.66	-2.46
4	101.2	2003	101.50	-.30
5	103.9	2004	101.49	2.41
6	101.8	2005	101.63	.17
7	101.5	2006	101.64	-.14
8	104.8	2007	101.64	3.16
9	105.9	2008	101.83	4.07
10	99.3	2009	102.08	-2.78
11	103.3	2010	101.91	1.39
12	105.4	2011	101.99	3.41
13	102.6	2012	102.20	.40
14	102.6	2013	102.23	.37
15	102.0	2014	102.25	-.25
16	101.4	2015	102.23	-.83
17	.	2016	102.18	.

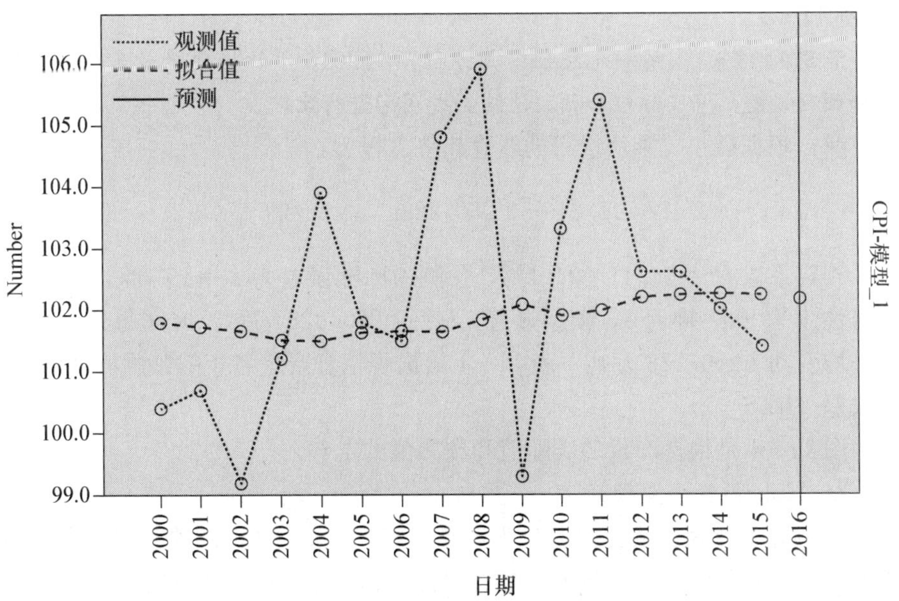

图 11－3　CPI 的简单指数平滑预测

11.3 趋势序列的预测

如果序列存在明显的线性趋势，可以使用线性趋势模型进行预测。如果序列存在某种非线性变化形态，则可以使用非线性模型进行预测。

11.3.1 线性趋势预测

线性趋势（linear trend）是指时间序列以一个固定的常数（不变的斜率）增长或下降。例如，观察图 11－2（a）中粮食产量序列就会发现其有明显的线性趋势。序列中含有线性趋势时，可以使用一元线性回归模型进行预测，也可以使用 Holt 指数平滑模型进行预测。

1. 一元线性回归预测

用 $\hat{Y}_t$ 表示 Y_t 的预测值，t 表示时间变量，一元线性回归的预测方程可表示为：

$$\hat{Y}_t=b_0+b_1t \tag{11.4}$$

式中，b_1 是趋势线的斜率，表示时间 t 改变一个单位时，观测值的平均改变量。趋势方程中的两个待定系数 b_0 和 b_1 根据最小二乘法求得。一元线性回归预测的误差可用估计标准误差（即残差的标准差）来衡量。

例 11－3

沿用例 11－1。用一元线性回归方程预测 2016 年的粮食产量，并给出各年的预测值和预测误差，将实际值和预测值绘制成图形进行比较。

解：根据最小二乘法求得的线性趋势方程为：

$$\hat{Y}_t=-2\,477\,702.846+1\,260.228t$$

判定系数 $R^2=0.941=94.1\%$，预测的标准误差为 $s_e=1\,548.317\,2$。模型检验的显著性水平 Sig. 接近 0，模型显著。$b_1=1\,260.228$ 表示：时间每变动一年，粮食产量平均变动 1 260.228 万吨。表 11－4 给出了粮食产量各年的预测值（PRE _ 1）和预测误差（RES _ 1）。

图 11－4 是粮食产量的实际值和预测值的走势。

2. Holt 指数平滑预测

Holt 指数平滑预测是以其提出者霍尔特（C.C. Holt）的名字命名的，通常简称为 Holt 模型（Holt's model）。当时间序列存在趋势时，简单指数平滑的预测结果总是滞后于实际值。而 Holt 模型弥补了简单指数平滑的弱点，它将趋势成分也考虑进

表 11-4 粮食产量的一元线性回归预测

	粮食产量	YEAR_	PRE_1	RES_1
1	46217.5	2000	42753.92	3463.58
2	45263.7	2001	44014.15	1249.55
3	45705.8	2002	45274.38	431.42
4	43069.5	2003	46534.60	-3465.10
5	46947.0	2004	47794.83	-847.83
6	48402.2	2005	49055.06	-652.86
7	49804.2	2006	50315.29	-511.09
8	50160.3	2007	51575.52	-1415.22
9	52870.9	2008	52835.75	35.15
10	53082.1	2009	54095.97	-1013.87
11	54647.7	2010	55356.20	-708.50
12	57120.9	2011	56616.43	504.47
13	58958.0	2012	57876.66	1081.34
14	60193.8	2013	59136.89	1056.91
15	60702.6	2014	60397.12	305.48
16	62143.9	2015	61657.34	486.56
17	.	.	62917.57	.

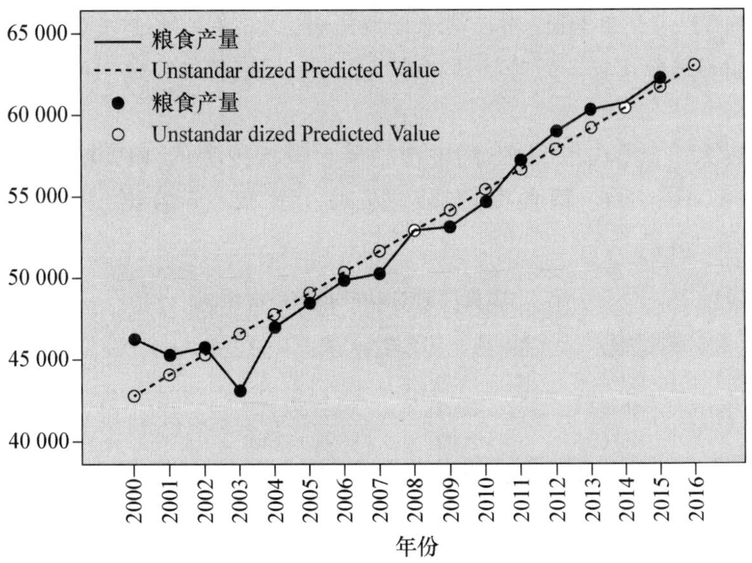

图 11-4 粮食产量的一元线性回归预测

来，用平滑值对序列的线性趋势进行修正，建立线性平滑模型进行预测。Holt 模型使用 α 和 γ 两个参数和以下三个方程：

平滑值：$S_t=\alpha Y_t+(1-\alpha)(S_{t-1}+T_{t-1})$ (11.5)

趋势项更新：$T_t=\gamma(S_t-S_{t-1})+(1-\gamma)T_{t-1}$ (11.6)

未来第 k 期的预测值：$F_{t+k}=S_t+kT_t$ (11.7)

式 (11.5) 中，S_t 是 t 期的指数平滑值；Y_t 是 t 期的实际值；α 是平滑参数 ($0\leqslant\alpha\leqslant1$)；$S_{t-1}$ 是 $t-1$ 期的平滑值；T_{t-1} 是 $t-1$ 期的趋势值。式 (11.5) 实际上是对 t 期平滑值 S_t 的修正，它把上一期的趋势值 T_{t-1} 加到 S_{t-1} 上，这样可以消除因趋势而

产生的滞后，使其尽可能接近实际观测值 Y_t。

式（11.6）中，T_t 是 t 期趋势的平滑值；γ 是平滑参数（$0 \leqslant \gamma \leqslant 1$）。该方程实际上是对趋势的修正。$T_t$ 被表示成相邻两项平滑值之差（$S_t - S_{t-1}$），如果序列存在趋势，则新的观测值总是高于（上升趋势）或低于（下降趋势）前一期数值，同时由于随机波动的影响，需要用 γ 来平滑（$S_t - S_{t-1}$）的趋势，然后再将平滑的结果加到前一期趋势的估计值 T_{t-1} 与（$1-\gamma$）的乘积上。

式（11.7）是用于预测的模型。它是把修正的趋势值 T 加到修正的平滑值 S 上。k 是用于预测的时期数。当 $k=1$ 时，$t+1$ 期的预测值就是 t 期的平滑值 S_t 加上 t 期的修正趋势值 T_t。

在开始计算时，还没有初始的平滑值 S_1，通常可以设 $S_1 = Y_1$，或者设 $S_1 = [(Y_2 - Y_1) + (Y_4 - Y_3)]/2$。在使用 SPSS 做 Holt 指数平滑预测时，系统会自动确定一个初始值 S_1，以及平滑系数 α 和 γ 的最佳组合。

例 11－4

沿用例 11－1。用 Holt 指数平滑模型预测 2016 年的粮食产量，并将实际值和预测值绘制图形进行比较，同时将预测的残差与一元线性回归预测的残差绘制图形进行比较。

解：表 11－5 给出了 SPSS 的输出结果，包括预测值（P _粮食产量_模型_ 1）、预测误差（NResidual _粮食产量_模型_ 1）。图 11－5 给出了实际值和预测值的比较。

表 11－5　　粮食产量的 Holt 指数平滑预测

	粮食产量	YEAR_	P_粮食产量_模型_1	NResidual_粮食产量_模型_1
1	46217.5	2000	45667.41	550.09
2	45263.7	2001	47346.35	-2082.65
3	45705.8	2002	46956.40	-1250.60
4	43069.5	2003	47214.62	-4145.12
5	46947.0	2004	45192.72	1754.28
6	48402.2	2005	47798.06	604.14
7	49804.2	2006	49504.10	300.10
8	50160.3	2007	50972.83	-812.53
9	52870.9	2008	51567.42	1303.48
10	53082.1	2009	53823.73	-741.63
11	54647.7	2010	54475.54	172.16
12	57120.9	2011	55843.79	1277.11
13	58958.0	2012	58081.55	876.45
14	60193.8	2013	60008.01	185.79
15	60702.6	2014	61393.91	-691.31
16	62143.9	2015	62090.57	53.33
17	.	2016	63370.79	.

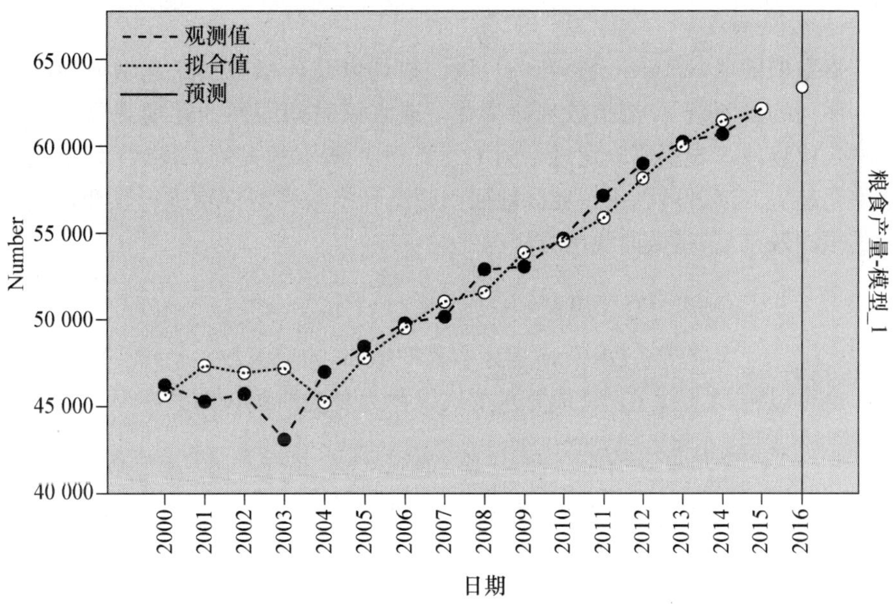

图 11-5　粮食产量的 Holt 指数平滑预测

为了比较用一元线性回归模型和 Holt 指数平滑模型的预测效果，图 11-6 给出两种方法预测的残差图。从残差图可以看出，Holt 模型预测的残差比线性回归模型预测的残差要小，因此，选择 Hol 指数平滑预测更合适。

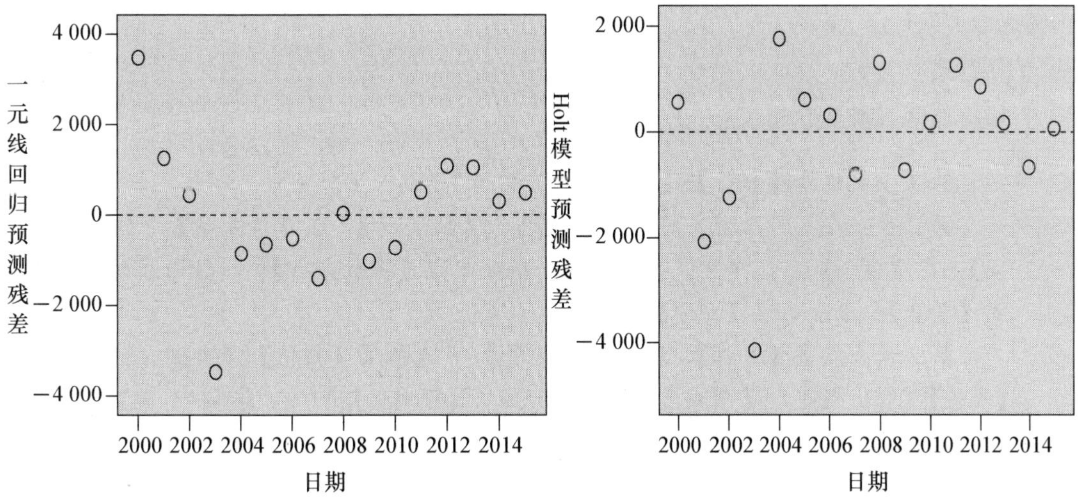

图 11-6　粮食产量一元线性回归预测和 Holt 指数平滑预测的残差图

11.3.2　非线性趋势预测

非线性趋势（non-linear trend）有各种各样复杂的形态。例如，图 11-2（b）和图 11-2（c）就有明显的非线性形态。下面介绍几种常用的非线性预测方法。

1. 指数曲线

指数曲线（exponential curve）用于描述以几何级数形式递增或递减的现象，即时间序列的观测值 Y_t 按指数规律变化，或者说时间序列的逐期观测值按一定的增长率增长或衰减。观察可以发现，图 11-2（b）所示的人均 GDP 序列就呈现出某种指数变化趋势（读者可以用一元线性回归模型和指数模型分别进行预测，还可以比较二者的预测效果）。指数曲线的方程为：

$$\hat{Y}_t = b_0 \exp(b_1 t) = b_0 e^{b_1 t} \tag{11.8}$$

式中，b_0，b_1 为待定系数；exp 表示自然对数 ln 的反函数；e=2.718 281 828 459。

也可以将式（11.8）写成算术形式，称为复合曲线，即

$$\hat{Y}_t = b_0 b_1^t \tag{11.9}$$

将指数曲线"线性化"（比如两端取对数），就可以按最小二乘法求得方程中的 b_0，b_1。

 **例 11-5**

沿用例 11-1。用指数曲线预测 2016 年的人均 GDP，并将实际值和预测值绘制图形进行比较。

解：SPSS 提供了几种常用的非线性趋势模型，下面的文本框中给出了进行曲线估计的操作步骤。

非线性趋势预测

第 1 步：选择【分析】→【回归—曲线估计】，进入主对话框。

第 2 步：在主对话框中将预测变量选入【因变量】；在【自变量】下选中【时间】；在【模型】下选择所需的曲线，如指数曲线【指数分布】、指数曲线的算术形式【复合】、三阶曲线【立方】，等等。

第 3 步：点击【保存】，在【保存变量】下选中【预测值】（输出点预测值）、【残差】（输出残差）、【预测区间】（输出 95%的预测区间）；在【预测个案】下点击【预测范围】，在【年】框中输入要预测的时期。点击【继续】回到主对话框。点击【确定】。

由 SPSS 求得的指数曲线方程为：

$$\hat{Y}_t = (2.662\mathrm{E}-113)\exp(0.134t) = (2.662\mathrm{E}-113)e^{0.134t}$$

或表示为复合曲线形式：

$$\hat{Y}_t = (2.662\mathrm{E}-113) \times 1.143^t$$

表 11-6 给出了人均 GDP 各年的预测值（FIT _ 1）、预测残差（ERR _ 1）。图 11-7 显示的是人均 GDP 的实际值和预测值的变化趋势。

表 11-6　　人均 GDP 的指数曲线预测

	人均GDP	YEAR_	FIT_1	ERR_1
1	7942	2000	7628.84	313.16
2	8717	2001	8723.43	-6.43
3	9506	2002	9975.07	-469.07
4	10666	2003	11406.29	-740.29
5	12487	2004	13042.87	-555.87
6	14368	2005	14914.26	-546.26
7	16738	2006	17054.16	-316.16
8	20505	2007	19501.10	1003.90
9	24121	2008	22299.12	1821.88
10	26222	2009	25498.60	723.40
11	30876	2010	29157.14	1718.86
12	36403	2011	33340.61	3062.39
13	40007	2012	38124.33	1882.67
14	43852	2013	43594.41	257.59
15	47203	2014	49849.34	-2646.34
16	50251	2015	57001.74	-6750.74
17	.	2016	65180.35	.

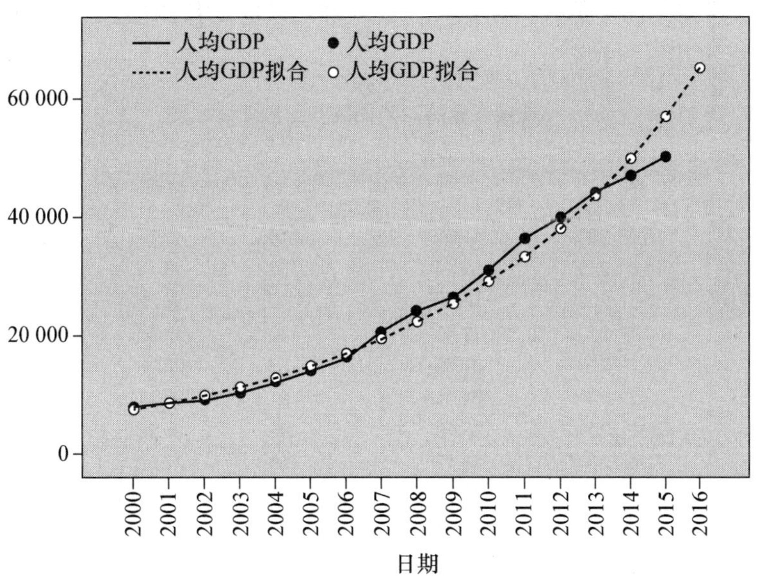

图 11-7　人均 GDP 的指数曲线预测

2. 多阶曲线

有些现象的变化形态比较复杂，它们不是按照某种固定的形态变化，而是有升有降，在变化过程中可能有几个拐点，这时就需要拟合多项式函数。当只有一个拐点时，可以拟合二阶曲线，即抛物线；当有两个拐点时，需要拟合三阶曲线；当有 $k-1$

个拐点时，需要拟合 k 阶曲线。k 阶曲线函数的一般形式为：

$$\hat{Y}_t = b_0 + b_1 t + b_2 t^2 + \cdots + b_k t^k \tag{11.10}$$

将其线性化后可根据回归中的最小二乘法求得曲线的系数 b_0，b_1，b_2，…，b_k。

例 11－6

沿用例 11－1。分别拟合二阶曲线和三阶曲线预测 2016 年原煤产量，并将实际值和预测值绘制图形进行比较，同时将二阶曲线的预测残差与三阶曲线的预测残差绘制图形进行比较。

解：从图 11－2（c）可以看出，拟合原煤产量的变化可利用二阶曲线（即抛物线，视为有一个拐点），也可以考虑三阶曲线（视为有两个拐点）或四阶曲线（视为有三个拐点），等等。这里分别拟合二阶曲线和三阶曲线进行预测（读者也可以采用其他阶数的曲线进行预测），并对预测效果进行比较。由 SPSS 得到的二阶曲线方程为：

$$\hat{Y}_t = 8.844 + 2.857t - 0.055t^2$$

三阶曲线方程为：

$$\hat{Y}_t = 13.599 - 0.066t + 0.362t^2 - 0.016t^3$$

表 11－7 给出了原煤产量的二阶曲线和三阶曲线预测值及其残差（读者可计算均方误差比较其预测效果）。

表 11－7　　原煤产量的二阶曲线和三阶曲线预测

	原煤产量	YEAR_	二阶曲线预测 FIT_1	二阶曲线预测残差 ERR_1	三阶曲线预测 FIT_2	三阶曲线预测残差 ERR_2
1	13.8	2000	11.65	2.15	13.88	-.08
2	14.7	2001	14.34	.36	14.79	-.09
3	15.5	2002	16.92	-1.42	16.22	-.72
4	18.4	2003	19.40	-1.00	18.09	.31
5	21.2	2004	21.76	-.56	20.28	.92
6	23.7	2005	24.01	-.31	22.71	.99
7	25.7	2006	26.16	-.46	25.28	.42
8	27.6	2007	28.19	-.59	27.89	-.29
9	29.0	2008	30.12	-1.12	30.43	-1.43
10	31.2	2009	31.94	-.74	32.81	-1.61
11	34.3	2010	33.64	.66	34.94	-.64
12	37.6	2011	35.24	2.36	36.72	.88
13	39.5	2012	36.73	2.77	38.04	1.46
14	39.7	2013	38.10	1.60	38.80	.90
15	38.7	2014	39.37	-.67	38.92	-.22
16	37.5	2015	40.53	-3.03	38.30	-.80
17	.	2016	41.58	.	36.82	.

图 11－8 给出了实际值和预测值的变化趋势。

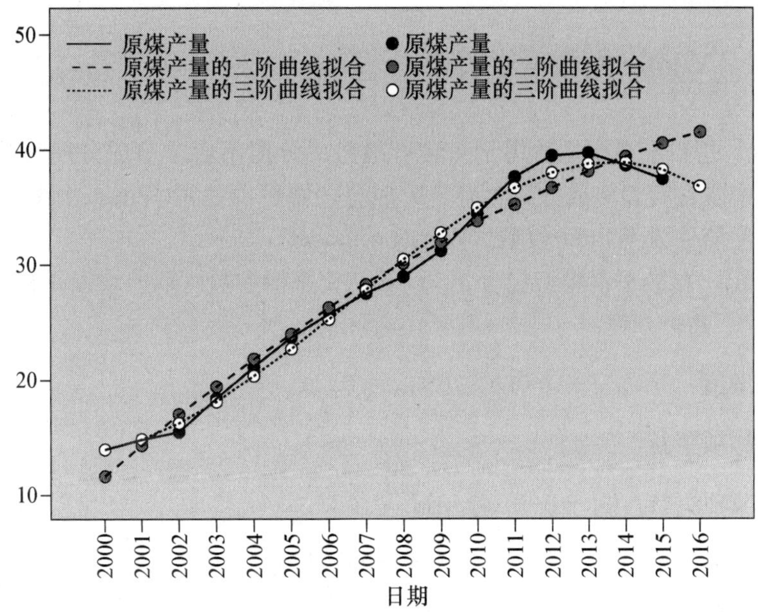

图 11-8 原煤产量的二阶曲线和三阶曲线预测

图 11-9 给出了二阶曲线预测和三阶曲线预测的残差图。可以看出，三阶曲线预测的残差明显小于二阶曲线预测的残差。

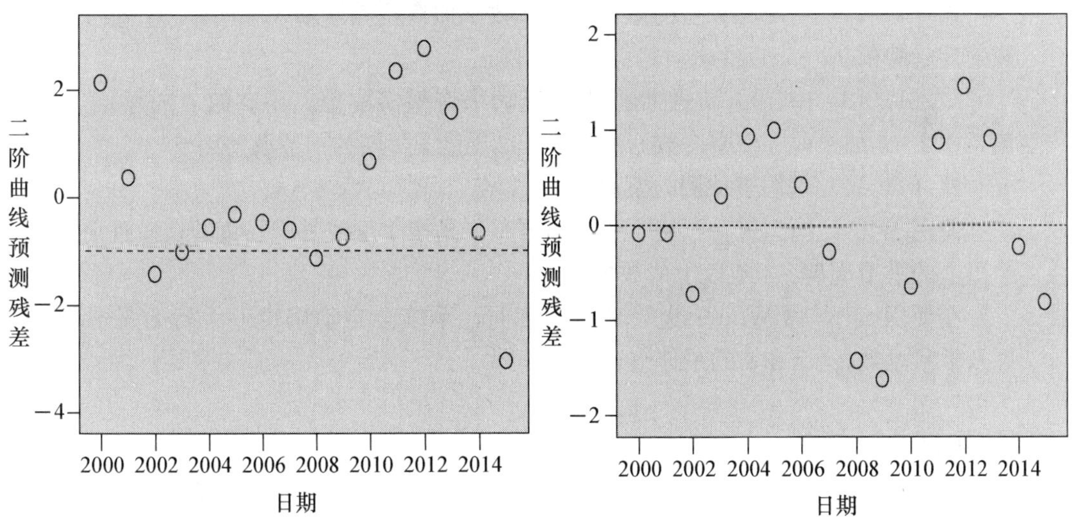

图 11-9 原煤产量的二阶曲线和三阶曲线预测残差图

11.4 多成分序列的预测

如果时间序列同时包含趋势、季节变动和随机波动等多种成分，则可以使用 Winter 指数平滑模型和分解法等进行预测。

11.4.1 Winter 指数平滑预测

Holt 指数平滑模型适用于对含有趋势成分但不含季节成分序列的预测。如果时间序列中既含有趋势成分又含有季节成分，则可以使用 Winter 指数平滑模型进行预测，通常简称为 Winter 模型（Winter's model）。

Winter 指数平滑模型包含 α，γ，δ 三个平滑参数（取值均在 0 和 1 之间，含 0 和 1）和以下四个方程：

平滑值：$S_t=\alpha\dfrac{Y_t}{I_{t-L}}+(1-\alpha)(S_{t-1}+T_{t-1})$ (11.11)

趋势项更新：$T_t=\gamma(S_t-S_{t-1})+(1-\gamma)T_{t-1}$ (11.12)

季节项更新：$I_t=\delta\dfrac{Y_t}{S_t}+(1-\delta)I_{t-L}$ (11.13)

未来第 k 期的预测值：$F_{t+k}=(S_t+kT_t)I_{t-L+k}$ (11.14)

式中，L 为季节周期的长度，若为季度数据，$L=4$，若为月份数据，$L=12$；I 为季节调整因子。

式（11.11）用来求平滑值。Y_t/I_{t-L}是用季节调整因子 I_{t-L} 去除观测值 Y_t，以消除季节变动。

式（11.12）是对趋势值的修正。用参数 γ 加权趋势增量（S_t-S_{t-1}），用 $1-\gamma$ 加权前期趋势值 T_{t-1}，以此来对趋势值进行修正。

式（11.13）中，Y_t/S_t 是根据季节变动来调整实际值。用参数 δ 加权这一调整值，用 $1-\delta$ 加权前一个季度数据 I_{t-L}，其结果就是 t 期的季节调整因子。

式（11.14）是用于预测的模型。

使用 Winter 模型进行预测，要求数据至少是按季度或月份收集的，而且需要有 4 个以上的季节周期（4 年以上的数据）。

在使用 SPSS 做 Winter 指数平滑预测时，系统会自动确定一个初始平滑值 S_1，以及平滑系数 α，γ 和 δ 的最佳组合。

例 11－7

表 11－8 是一家饮料生产企业 2008—2013 年各季度的销售量数据。

表 11－8　某饮料生产企业 2008—2013 年各季度的销售量数据　单位：万吨

年份	季度			
	1	2	3	4
2008	123	132	137	126
2009	130	138	142	132
2010	138	141	150	137
2011	143	147	158	143

续前表

年份	季度			
	1	2	3	4
2012	147	153	166	151
2013	159	163	174	161

采用 Winter 模型预测 2014 年的销售量，并将实际值和预测值绘制图形进行比较。

解：表 11－9 给出了 SPSS 输出的结果，包括预测值（P _ 销售量 _ 模型 _ 1）和预测误差（NResidual _ 销售量 _ 模型 _ 1），以及 2014 年各季度饮料销售量的预测值。从图 11－10 给出的实际值和预测值的比较可以看出，预测效果非常好。

表 11－9　　　　饮料销售量的 Winter 指数平滑预测

	销售量	YEAR_	QUARTER_	DATE_	P_销售量_模型_1	NResidual_销售量_模型_1
1	123	2008	1	Q1 2008	124.66	-1.66
2	132	2008	2	Q2 2008	129.97	2.03
3	137	2008	3	Q3 2008	139.55	-2.55
4	126	2008	4	Q4 2008	126.09	-.09
5	130	2009	1	Q1 2009	131.04	-1.04
6	138	2009	2	Q2 2009	136.20	1.80
7	142	2009	3	Q3 2009	145.41	-3.41
8	132	2009	4	Q4 2009	131.32	.68
9	138	2010	1	Q1 2010	136.09	1.91
10	141	2010	2	Q2 2010	142.03	-1.03
11	150	2010	3	Q3 2010	150.34	-.34
12	137	2010	4	Q4 2010	137.09	-.09
13	143	2011	1	Q1 2011	141.78	1.22
14	147	2011	2	Q2 2011	147.53	-.53
15	158	2011	3	Q3 2011	155.99	2.01
16	143	2011	4	Q4 2011	143.66	-.66
17	147	2012	1	Q1 2012	148.57	-1.57
18	153	2012	2	Q2 2012	153.62	-.62
19	166	2012	3	Q3 2012	161.93	4.07
20	151	2012	4	Q4 2012	150.22	.78
21	159	2013	1	Q1 2013	155.87	3.13
22	163	2013	2	Q2 2013	163.12	-.12
23	174	2013	3	Q3 2013	172.85	1.15
24	161	2013	4	Q4 2013	161.36	-.36
25	.	2014	1	Q1 2014	167.42	.
26	.	2014	2	Q2 2014	174.13	.
27	.	2014	3	Q3 2014	184.02	.
28	.	2014	4	Q4 2014	172.23	.

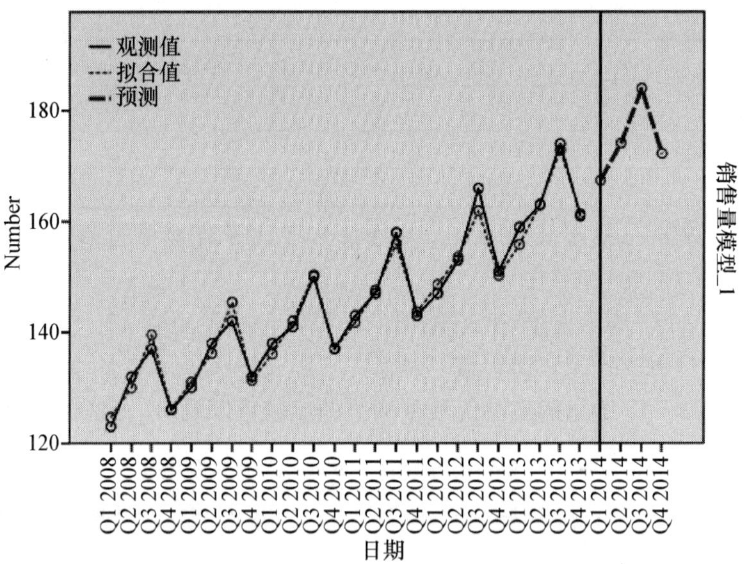

图 11-10　饮料销售量的 Winter 指数平滑预测

11.4.2　分解预测

分解预测是先将时间序列的各个成分依次分解出来，然后再进行预测。该方法是适合对含有趋势、季节变动、循环波动等多种成分的序列进行预测的一种古典方法。由于该方法相对来说容易理解，结果易于解释，而且在很多情况下能给出很好的预测结果，因此至今仍得到广泛应用。

采用分解法进行预测时，需要先找出季节成分并将其从序列中分离出去，然后建立预测模型进行预测。分解预测通常按下列步骤进行。

第 1 步：确定并分离季节成分。季节成分一般用**季节指数**[①]（seasonal index）来表示，将季节成分从时间序列中分离出去，即用序列的每一个观测值除以相应的季节指数，以消除季节成分。

第 2 步：建立预测模型并进行预测。根据消除季节成分后的序列建立预测模型。当消除季节成分后的序列呈现出线性趋势时，可用一元线性回归模型预测；当其呈现出非线性趋势时，可选择适当的非线性模型进行预测。

第 3 步：计算出最后的预测值。将第 2 步得到的预测值乘以相应的季节指数，得到最终的预测值。

下面通过一个例子来说明分解预测的过程。

① 季节指数可按移动平均趋势剔除法计算，其基本步骤是：(1) 计算移动平均值（季度数据采用 4 项移动平均，月份数据则采用 12 项移动平均），并将其结果进行“中心化”处理，也就是对移动平均的结果再进行一次 2 项的移动平均，即得出“中心化移动平均值”(CMA)。(2) 计算移动平均的比值，也称为季节比率，即将序列的各观测值除以相应的中心化移动平均值，然后再计算出各比值的季度平均值，即为季节指数。

例 11－8

沿用例 11－7。采用分解法预测 2014 年各季度的饮料销售量，并将实际值和预测值绘制图形进行比较，同时将预测的残差与 Winter 指数平滑预测的残差绘制成图形进行比较。

解：第 1 步：确定并分离季节成分。季节分离过程的计算比较烦琐，为节省篇幅，这里不再演示其计算过程。直接使用 SPSS 中的【分析】→【预测】→【季节性分解】(seasonal decomposition) 过程得到随机误差（ERR _ 1）、季节性调整序列（SAS _ 1）、季节因子（SAF _ 1）以及趋势和循环成分（STC _ 1）。采用乘法模型得到的分解结果如表 11－10 所示。显然有：实际销售量＝随机误差（ERR _ 1）× 季节性调整序列（SAS _ 1）× 季节因子（SAF _ 1）× 趋势和循环成分（STC _ 1）。图 11－11 给出了分解后的各成分图。

表 11－10　　饮料销售量的分解

	销售量	时间	DATE_	ERR_1	SAS_1	SAF_1	STC_1
1	123	1	Q1 2008	.97621	124.92557	.98459	127.96969
2	132	2	Q2 2008	1.02328	131.74423	1.00194	128.74734
3	137	3	Q3 2008	.99439	129.57221	1.05733	130.30263
4	126	4	Q4 2008	.99830	131.77892	.95615	132.00315
5	130	5	Q1 2009	.99109	132.03515	.98459	133.22243
6	138	6	Q2 2009	1.01965	137.73261	1.00194	135.07816
7	142	7	Q3 2009	.98536	134.30113	1.05733	136.29693
8	132	8	Q4 2009	1.00076	138.05411	.95615	137.94942
9	138	9	Q1 2010	1.00577	140.16039	.98459	139.35683
10	141	10	Q2 2010	.99919	140.72679	1.00194	140.84150
11	150	11	Q3 2010	.99827	141.86739	1.05733	142.11352
12	137	12	Q4 2010	.99849	143.28343	.95615	143.50048
13	143	13	Q1 2011	1.00010	145.23867	.98459	145.22380
14	147	14	Q2 2011	.99857	146.71517	1.00194	146.92580
15	158	15	Q3 2011	1.00712	149.43365	1.05733	148.37650
16	143	16	Q4 2011	1.00034	149.55861	.95615	149.50716
17	147	17	Q1 2012	.98885	149.30129	.98459	150.98464
18	153	18	Q2 2012	.99720	152.70354	1.00194	153.13302
19	166	19	Q3 2012	1.00709	156.99991	1.05733	155.89426
20	151	20	Q4 2012	.99663	157.92553	.95615	158.46027
21	159	21	Q1 2013	1.00425	161.48915	.98459	160.80588
22	163	22	Q2 2013	.99842	162.68417	1.00194	162.94143
23	174	23	Q3 2013	.99609	164.56617	1.05733	165.21150
24	161	24	Q4 2013	1.01225	168.38417	.95615	166.34654

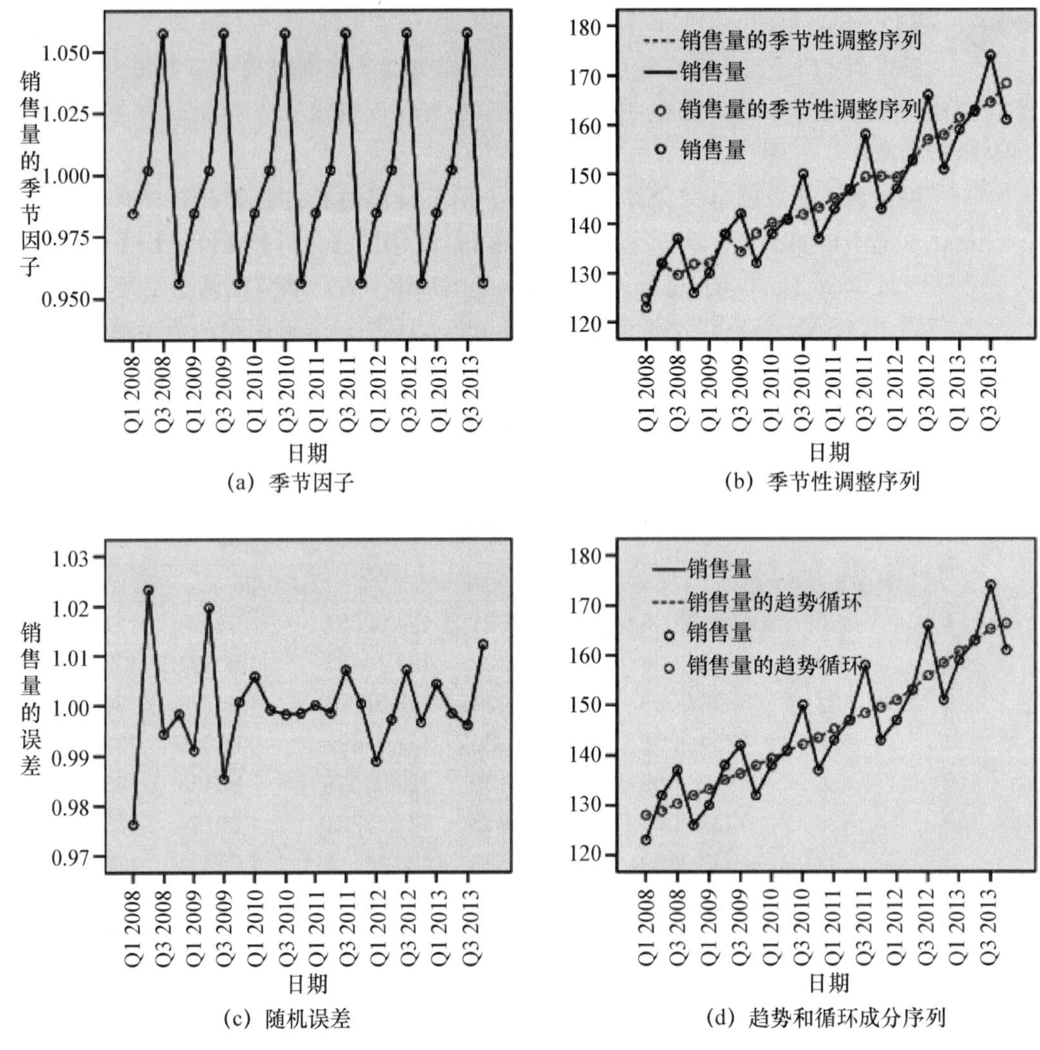

(a) 季节因子　　(b) 季节性调整序列

(c) 随机误差　　(d) 趋势和循环成分序列

图 11-11　饮料销售量的分解图

第 2 步：建立预测模型并进行预测。为了进行预测，需要根据季节性调整序列（SAS_1）观察形态的变化。从图 11-11（b）可以看出，经季节调整后，饮料销售量呈线性趋势，因此可建立一元线性回归模型进行预测（也可以根据趋势和循环成分（STC_1）序列建立线性模型，预测效果差不多）。根据最小二乘法得到的线性趋势方程为 $\hat{Y}_t=124.317+1.692t$。根据这一方程可以得到回归预测值。最后，再将回归预测值乘以相应的季节因子（SAF_1），即可得到最终的预测值①，结果如表 11-11 所示。图 11-12 给出了实际值和预测值的对比。

从图 11-12 给出的饮料销售量的实际值和预测值可以看出，预测效果非常好。

① 由于回归预测值是不含季节性因素的，它表示在没有季节因素的影响下饮料销售量的预测值，因此如果要求得出含有季节性因素的销售量的最终预测值，则需要将回归预测值乘以相应的季节指数。

表 11 - 11 饮料销售量的分解预测

	销售量	时间	DATE_	回归预测值	回归预测残差	最终预测值	最终预测残差
1	123	1	Q1 2008	126.01	-1.08	120.48	2.52
2	132	2	Q2 2008	127.70	4.04	127.95	4.05
3	137	3	Q3 2008	129.39	.18	136.81	.19
4	126	4	Q4 2008	131.08	.69	125.34	.66
5	130	5	Q1 2009	132.78	-.74	130.73	-.73
6	138	6	Q2 2009	134.47	3.26	134.73	3.27
7	142	7	Q3 2009	136.16	-1.86	143.97	-1.97
8	132	8	Q4 2009	137.85	.20	131.81	.19
9	138	9	Q1 2010	139.54	.62	137.39	.61
10	141	10	Q2 2010	141.24	-.51	141.51	-.51
11	150	11	Q3 2010	142.93	-1.06	151.12	-1.12
12	137	12	Q4 2010	144.62	-1.34	138.28	-1.28
13	143	13	Q1 2011	146.31	-1.07	144.06	-1.06
14	147	14	Q2 2011	148.00	-1.29	148.29	-1.29
15	158	15	Q3 2011	149.70	-.26	158.28	-.28
16	143	16	Q4 2011	151.39	-1.83	144.75	-1.75
17	147	17	Q1 2012	153.08	-3.78	150.72	-3.72
18	153	18	Q2 2012	154.77	-2.07	155.07	-2.07
19	166	19	Q3 2012	156.46	.54	165.43	.57
20	151	20	Q4 2012	158.15	-.23	151.22	-.22
21	159	21	Q1 2013	159.85	1.64	157.38	1.62
22	163	22	Q2 2013	161.54	1.15	161.85	1.15
23	174	23	Q3 2013	163.23	1.34	172.59	1.41
24	161	24	Q4 2013	164.92	3.46	157.69	3.31
25	.	25	Q1 2014	166.61	.	164.05	.
26	.	26	Q2 2014	168.31	.	168.63	.
27	.	27	Q3 2014	170.00	.	179.74	.
28	.	28	Q4 2014	171.69	.	164.16	.

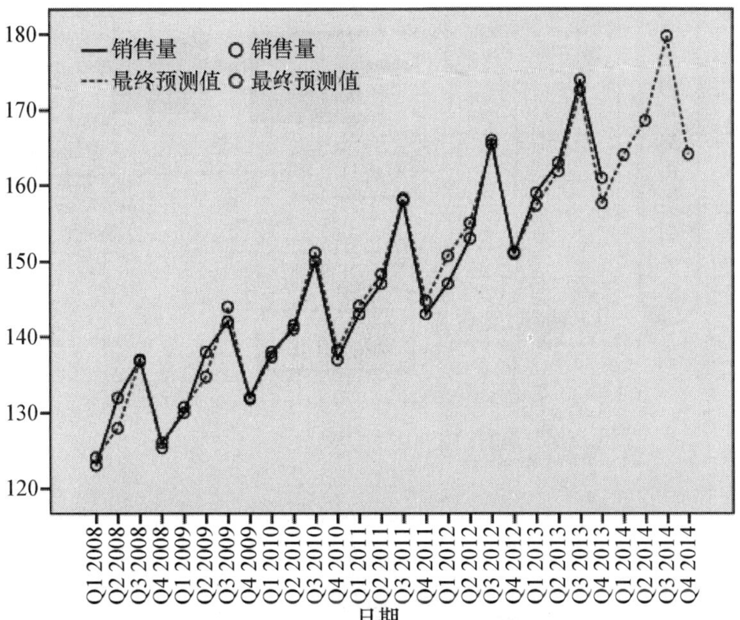

图 11 - 12 饮料销售量的分解预测

为比较不同预测方法的预测效果，图 11-13 给出了 Winter 指数平滑预测和分解预测的残差图，可以看出，Winter 指数平滑预测的残差分布更接近零轴，且分布更随机。这表明 Winter 指数平滑预测的效果更好。

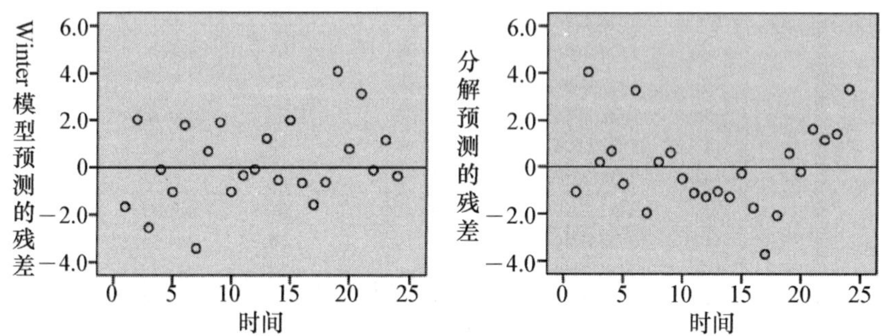

图 11-13 饮料销售量 Winter 指数平滑预测和分解预测的残差图

□ 本章图解：时间序列预测的程序和方法

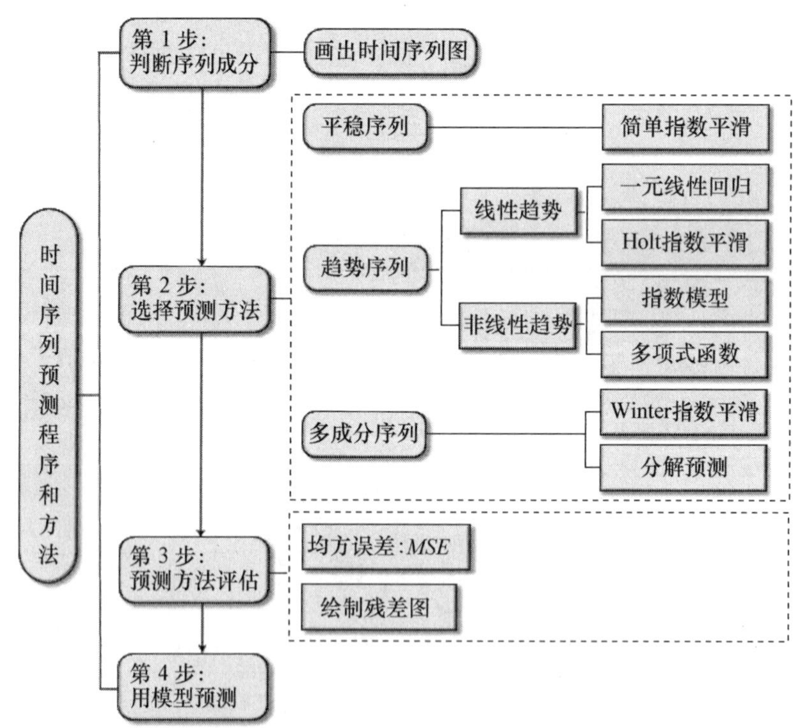

□ 主要术语

- **时间序列**（time series）：按时间顺序记录的一组数据。
- **趋势**（trend）：时间序列在一段较长时期内呈现出来的持续向上或持续向下的变动。
- **季节变动**（seasonal fluctuation）：时间序列呈现出的以年为周期长度的固定变动模式，这种模式年复一年重复出现。
- **循环波动**（cyclical fluctuation）：也称周期波动，时间序列呈现出的非固定长度的周期性变动。
- **不规则波动**（irregular variations）：也称随机波动，时间序列中除去趋势、季节变动和循环波动之后剩余的波动。
- **平稳序列**（stationary series）：只含有随机波动的序列。

□ 思考与练习

一、思考题

11.1　时间序列由哪几个要素组成？

11.2　简述时间序列不同预测方法的特点。

11.3　简单指数平滑预测和 Holt 指数平滑预测有何不同？

11.4　一元线性回归预测和 Holt 指数平滑预测适用于怎样的数据模式？

11.5　Holt 指数平滑预测和 Winter 指数平滑预测有哪些不同？

11.6　简述分解预测的步骤。

二、练习题

11.1　下表是 1991—2008 年我国的小麦产量数据：

年份	小麦产量（万吨）	年份	小麦产量（万吨）
1991	9 595.3	2000	9 963.6
1992	10 158.7	2001	9 387.3
1993	10 639.0	2002	9 029.0
1994	9 929.7	2003	8 648.8
1995	10 220.7	2004	9 195.2
1996	11 056.9	2005	9 744.5
1997	12 328.9	2006	10 846.6
1998	10 972.6	2007	10 929.8
1999	11 388.0	2008	11 246.4

采用指数平滑法预测 2009 年的小麦产量，并将实际值和预测值绘制成图进行比较。

11.2 下表是 1990—2010 年我国的原油产量数据：

年份	原油产量（万吨）	年份	原油产量（万吨）
1990	13 831.0	2001	16 395.9
1991	14 099.0	2002	16 700.0
1992	14 210.0	2003	16 960.0
1993	14 524.0	2004	17 587.3
1994	14 608.0	2005	18 135.3
1995	15 005.0	2006	18 476.6
1996	15 733.4	2007	18 631.8
1997	16 074.1	2008	19 043.1
1998	16 100.0	2009	18 949.0
1999	16 000.0	2010	20 301.4
2000	16 300.0		

分别采用一元线性回归模型和 Holt 指数平滑模型预测 2011 年的原油产量，并对两种方法的预测效果进行比较。

11.3 下表是 1991—2008 年我国财政收入数据：

年份	财政收入（亿元）	年份	财政收入（亿元）
1991	3 149.48	2000	13 395.23
1992	3 483.37	2001	16 386.04
1993	4 348.95	2002	18 903.64
1994	5 218.10	2003	21 715.25
1995	6 242.20	2004	26 396.47
1996	7 407.99	2005	31 649.29
1997	8 651.14	2006	38 760.20
1998	9 875.95	2007	51 321.78
1999	11 444.08	2008	61 330.35

分别采用 Holt 指数平滑模型和指数模型预测 2009 年的财政收入，并对两种方法的预测效果进行比较。

11.4 下表是某只股票连续 35 个交易日的收盘价格：

时间 t	观测值 Y	时间 t	观测值 Y
1	372	19	360
2	370	20	357
3	374	21	356
4	375	22	352
5	377	23	348
6	377	24	353
7	374	25	356
8	372	26	356
9	373	27	356
10	372	28	359
11	369	29	360
12	367	30	357
13	367	31	357
14	365	32	355
15	363	33	356
16	359	34	363
17	358	35	365
18	359		

分别拟合回归直线 $\hat{Y}_t=b_0+b_1t$，二阶曲线 $\hat{Y}_t=b_0+b_1t+b_2t^2$ 和三阶曲线 $\hat{Y}_t=b_0+b_1t+b_2t^2+b_3t^3$，并对结果进行比较。

11.5　一家贸易公司主要经营产品的外销业务，为了合理地组织货源，需要了解外销订单的变化状况。下表是 2009—2013 年各月份的外销订单金额（单位：万元）：

月份	2009 年	2010 年	2011 年	2012 年	2013 年
1	54.3	49.1	56.7	64.4	61.1
2	46.6	50.4	52.0	54.5	69.4
3	62.6	59.3	61.7	68.0	76.5
4	58.2	58.5	61.4	71.9	71.6
5	57.4	60.0	62.4	69.4	74.6
6	56.6	55.6	63.6	67.7	69.9
7	56.1	58.0	63.2	68.0	71.4
8	52.9	55.8	63.9	66.3	72.7
9	54.6	55.8	63.2	67.8	69.9
10	51.3	59.8	63.4	71.5	74.2
11	54.8	59.4	64.4	70.5	72.7
12	52.1	55.5	63.8	69.4	72.5

分别采用 Holt 指数平滑模型和 Winter 指数平滑模型预测 2014 年各月份的外销订单金额，并对两种方法的预测效果进行比较。你的结论是什么？

11.6　下表是 2002—2007 年我国社会消费品零售总额数据（单位：亿元）：

月份	2002 年	2003 年	2004 年	2005 年	2006 年	2007 年
1	3 596.1	3 907.4	4 569.4	5 300.9	6 641.6	7 488.3
2	3 324.4	3 706.4	4 211.4	5 012.2	6 001.9	7 013.7
3	3 114.8	3 494.8	4 049.8	4 799.1	5 796.7	6 685.8
4	3 052.2	3 406.9	4 001.8	4 663.3	5 774.6	6 672.5
5	3 202.1	3 463.3	4 166.1	4 899.2	6 175.6	7 157.5
6	3 158.8	3 576.9	4 250.7	4 935.0	6 057.8	7 026.0
7	3 096.6	3 562.1	4 209.2	4 934.9	6 012.2	6 998.2
8	3 143.7	3 609.6	4 262.7	5 040.8	6 077.4	7 116.6
9	3 422.4	3 971.8	4 717.7	5 495.2	6 553.6	7 668.4
10	3 661.9	4 204.4	4 983.2	5 846.6	6 997.7	8 263.0
11	3 733.1	4 202.7	4 965.6	5 909.0	6 821.7	8 104.7
12	4 404.4	4 735.7	5 562.5	6 850.4	7 499.2	9 015.3

分别使用 Winter 指数平滑模型和分解法预测 2008 年各月份的社会消费品零售总额，并将实际值和预测值绘制图形进行比较。

附录　SPSS 操作提示

本附录并未详细介绍 SPSS 操作的所有技巧，有兴趣的读者可以参考有关 SPSS 操作的书籍。其实，SPSS 是基于 Windows 的一款统计软件，操作十分简单便捷。读者只要有少量的 Windows 操作知识，就可以使用 SPSS。本书各章的例题中都给出了每种方法的详细操作步骤，这里只对本书用到的 SPSS 部分方法做些补充说明。

一、SPSS 简介

SPSS 的原名是社会科学统计软件包（Statistical Package for the Social Science），现已改名为统计解决方案服务软件（Statistical Product and Service Solutions），是世界著名的统计分析软件之一。SPSS 的特点是操作比较方便，统计方法比较齐全，绘制图形、表格较为方便，输出结果比较直观，适合对社会科学研究中的数据进行分析处理。

SPSS 是较早引入国内并得到广泛使用的统计软件，目前已有汉化版。它使用 Windows 的窗口方式展示各种管理和分析数据方法的功能，使用对话框展示各种功能选择项，只要掌握了一定的 Windows 操作技能，对统计方法有一定的了解，就可以使用该软件进行数据分析。SPSS 的基本功能包括数据管理、统计分析、图表分析、输出管理，等等。统计分析过程包括描述性统计、均值比较、一般线性模型、相关分析、回归分析、对数线性模型、聚类分析、数据降维、生存分析、时间序列分析、多重响应等几大类，每类中包括多个统计过程，比如回归分析中包括线性回归分析、曲线估计、Logistic 回归、Probit 回归、加权估计、两阶段最小二乘法、非线性回归等。SPSS 也有专门的绘图系统，可以根据数据绘制各种统计图形。

二、数据的录入与读取

本书用到的 SPSS（19.0 中文版）主要涉及三个窗口：一是数据视图窗口，主要用于数据的录入、编辑和外部数据的调用；二是变量视图窗口，主要用于对变量的编辑；三是结果输出窗口，主要用于对运算结果的输出和编辑。

（一）外部数据文件的读取

在启动 SPSS 时，系统会出现提示窗口。如果需要调用外部数据，点击【确定】。如果要进入数据编辑视图，点击【取消】。

点击【确定】调用外部数据时，出现的对话框如图 1 所示。在【查找范围】中指定文件所在的路径；在【文件类型】中选择数据文件的类型，隐含为 SPSS 文件，其中提供了多种文件类型，包括 Excel 文件，根据需要选择即可。如果是 SPSS 数据文件，点击【打开】即可，如果是 Excel 文件，点击【打开】后会出现提示，如图 2 所示。

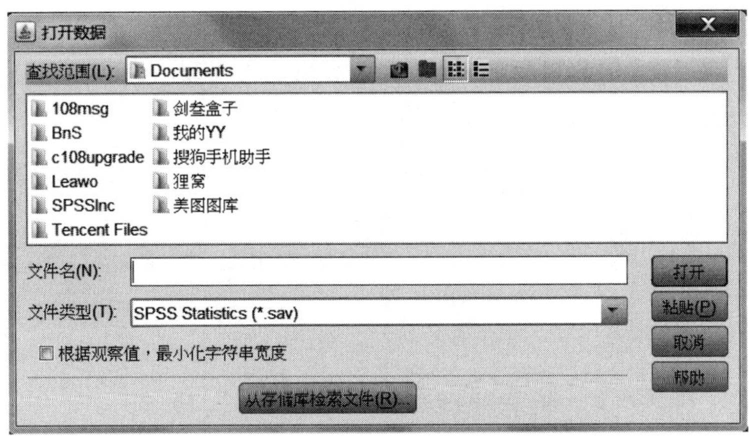

图 1　外部数据调用窗口

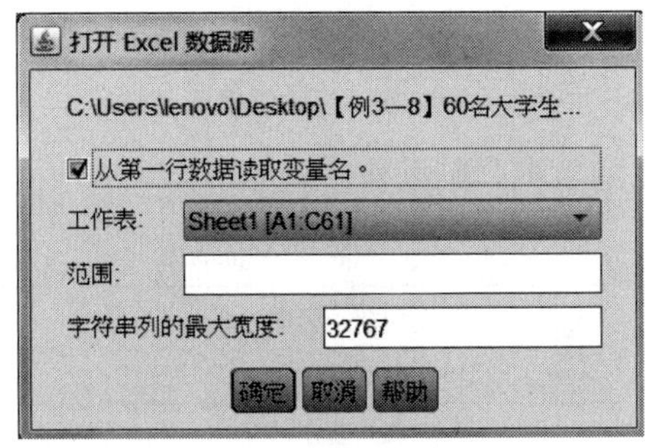

图 2　外部数据调用提示窗口

隐含为【从第一行数据读取变量名】。如果你的 Excel 工作表中的第一行是变量名，比如“生活费支出”，从第二行起为数据，则使用隐含选项，SPSS会将“生活费支出”读为变量名。如果你的Excel工作表中的第一行就是数据，则将隐含的“√”去掉即可。图3是打开一个文件后出现的【数据视图】窗口。

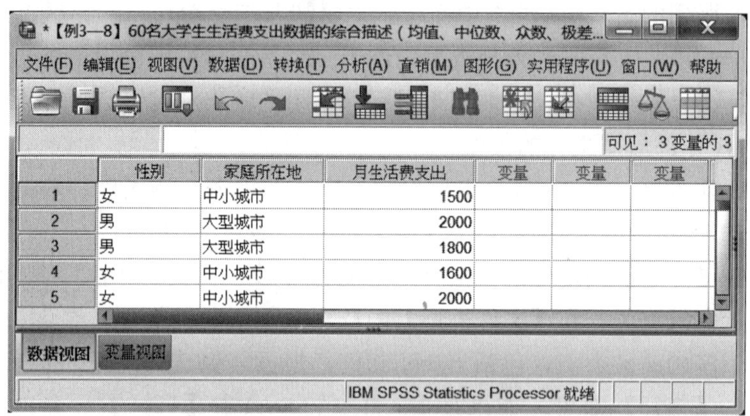

图3　调用外部数据文件后的窗口

（二）数据的录入与编辑

在启动SPSS时出现的提示窗口中，如果点击【取消】，则直接进入【数据视图】窗口。在此可进行数据的录入和编辑，如图4所示。

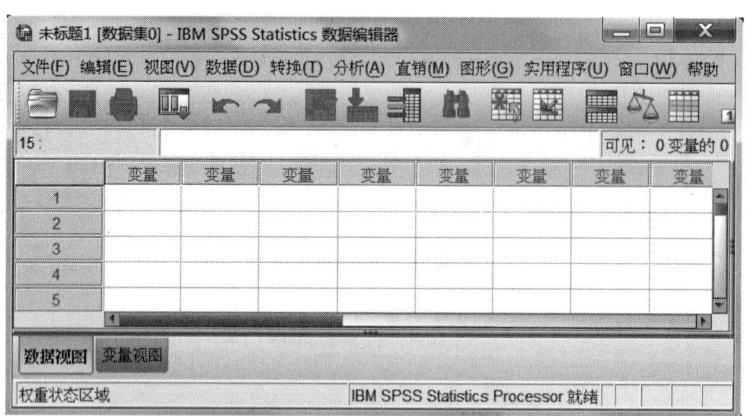

图4　数据视图窗口

假定要录入表1的数据，则操作步骤如下：

表1　　需录入的数据

性别	家庭所在地	月生活费支出（元）
女	中小城市	1 500
男	大型城市	2 000
男	大型城市	1 800
女	中小城市	1 600

首先，点击【变量视图】，修改变量名、变量类型、宽度、要保留的小数位等。

类别变量的类型为字符串，数值变量则为数值。变量名比较长时，需修改宽度，以足够容纳变量名，如图 5 所示。

* 【例3—8】60名大学生生活费支出数据的综合描述（均值、中位数、众数、极差...

文件(F) 编辑(E) 视图(V) 数据(D) 转换(T) 分析(A) 直销(M) 图形(G) 实用程序(U) 窗口(W) 帮助

	名称	类型	宽度	小数	标签	值
1	性别	字符串	2	0		无
2	家庭所在地	字符串	8	0		无
3	月生活费支出	数值(N)	11	0		无
4						
5						
6						

数据视图 变量视图

IBM SPSS Statistics Processor 就绪

图 5 变量视图窗口

如果要在录入数据过程中插入新的变量，则在【数据视图】窗口点击图标；若插入个案（数据），则点击图标即可。录入好的数据如图 3 所示。录入好的数据文件需要保存为 SPSS 文件，也可以保存为其他格式的数据文件。

三、输出结果的保存

SPSS 会将数据分析的结果单独作为一个窗口弹出，如图 6 所示。

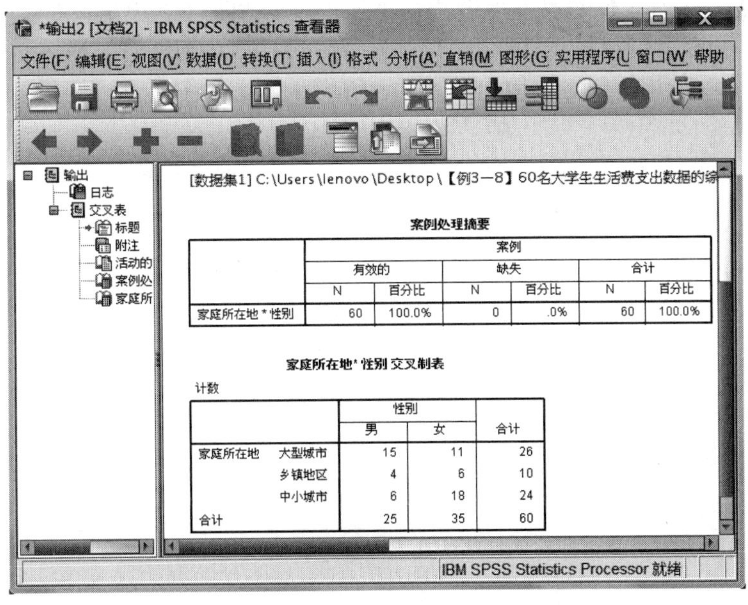

案例处理摘要

	有效的 N	有效的 百分比	缺失 N	缺失 百分比	合计 N	合计 百分比
家庭所在地 * 性别	60	100.0%	0	.0%	60	100.0%

家庭所在地 * 性别 交叉制表

		性别 男	性别 女	合计
家庭所在地	大型城市	15	11	26
	乡镇地区	4	6	10
	中小城市	6	18	24
合计		25	35	60

图 6 输出结果的窗口

对于输出的图表均可以进行编辑，双击图表即可进入编辑状态。输出结果可作为单独的文件予以保存。

四、函数的使用说明

SPSS 提供了多个函数，但这些函数需要在数据文件中运行。因此，对于一个空的数据视图，需要在单元格中输入任意一个数据，如图 7 所示。

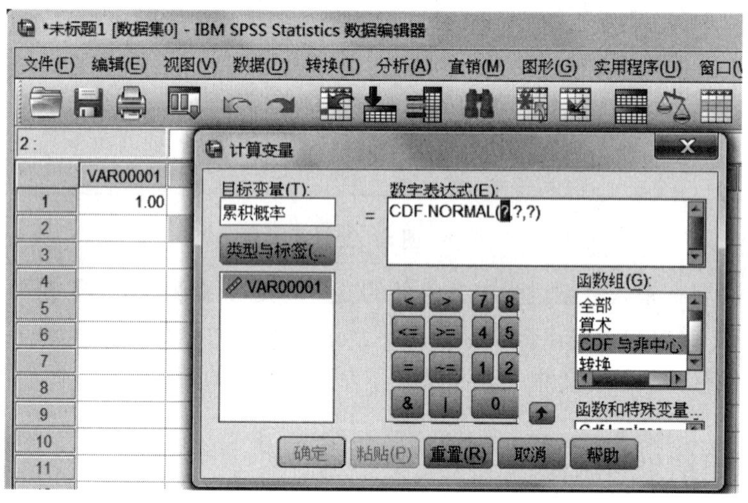

图 7　SPSS 的函数使用

【数字表达式】中为选定的函数表达式，也可以自己输入一个要计算的表达式。对这一表达式可以进行修改和编辑，以符合自己计算的需要。对于每个函数，在下方都有参数和使用说明。要输出函数的计算结果，必须在【目标变量】中输入要输出的结果变量的名称。

参考文献

[1] 贾俊平. 统计学. 7 版. 北京：中国人民大学出版社，2018.

[2] 贾俊平. 统计学——基于 R. 2 版. 北京：中国人民大学出版社，2017.

[3] 张文彤，闫洁. SPSS 统计分析基础教程. 北京：高等教育出版社，2004.

[4] 薛薇. 统计分析与 SPSS 的应用. 北京：中国人民大学出版社，2001.

[5] William Navidi. 统计学——科学与工程应用. 北京：清华大学出版社，2007.

[6] 肯·布莱克. 商务统计学：第四版. 北京：中国人民大学出版社，2006.

[7] 戴维·R. 安德森，丹尼斯·J. 斯威尼，托马斯·A. 威廉姆斯. 商务与经济统计. 北京：机械工业出版社，2006.

[8] Terry Sincich. 例解商务统计学. 北京：清华大学出版社，2001.

[9] Mario F. Triola. 初级统计学：第 8 版. 北京：清华大学出版社，2004.

[10] 道格拉斯·C. 蒙哥马利，乔治·C. 朗格尔，诺尔马·法里斯·于贝尔. 工程统计学. 北京：中国人民大学出版社，2005.

图书在版编目（CIP）数据

统计学：基于 SPSS/贾俊平编著. —3 版. —北京：中国人民大学出版社，2019.4
21 世纪统计学系列教材
ISBN 978-7-300-26837-8

Ⅰ.①统… Ⅱ.①贾… Ⅲ.①统计学-高等学校-教材②统计分析-软件包-高等学校-教材 Ⅳ.①C8

中国版本图书馆 CIP 数据核字（2019）第 051840 号

21 世纪统计学系列教材
统计学——基于 SPSS（第 3 版）
贾俊平　编著
Tongjixue——Jiyu SPSS

出版发行	中国人民大学出版社		
社　　址	北京中关村大街 31 号	**邮政编码**	100080
电　　话	010－62511242（总编室）		010－62511770（质管部）
	010－82501766（邮购部）		010－62514148（门市部）
	010－62515195（发行公司）		010 －62515275（盗版举报）
网　　址	http://www.crup.com.cn		
经　　销	新华书店		
印　　刷	北京昌联印刷有限公司	**版　　次**	2014 年 7 月第 1 版
规　　格	185 mm×260 mm　16 开本		2019 年 4 月第 3 版
印　　张	17.75 插页 1	**印　　次**	2022 年 1 月第 6 次印刷
字　　数	385 000	**定　　价**	38.00 元

教师教学服务说明

中国人民大学出版社管理分社以出版经典、高品质的工商管理、统计、市场营销、人力资源管理、运营管理、物流管理、旅游管理等领域的各层次教材为宗旨。

为了更好地为一线教师服务，近年来管理分社着力建设了一批数字化、立体化的网络教学资源。教师可以通过以下方式获得免费下载教学资源的权限：

在中国人民大学出版社网站 www. crup. com. cn 进行注册，注册后进入“会员中心”，在左侧点击“我的教师认证”，填写相关信息，提交后等待审核。我们将在一个工作日内为您开通相关资源的下载权限。

如您急需教学资源或需要其他帮助，请在工作时间与我们联络：

中国人民大学出版社　管理分社

联系电话：010－82501048，62515782，62515735

电子邮箱：glcbfs@crup. com. cn

通讯地址：北京市海淀区中关村大街甲 59 号文化大厦 1501 室（100872）